W0301517

Martina Meuth · Bernd Neuner-Duttenhofer

LIGURIEN

Küche, Land und Leute

Kulinarische Landschaften

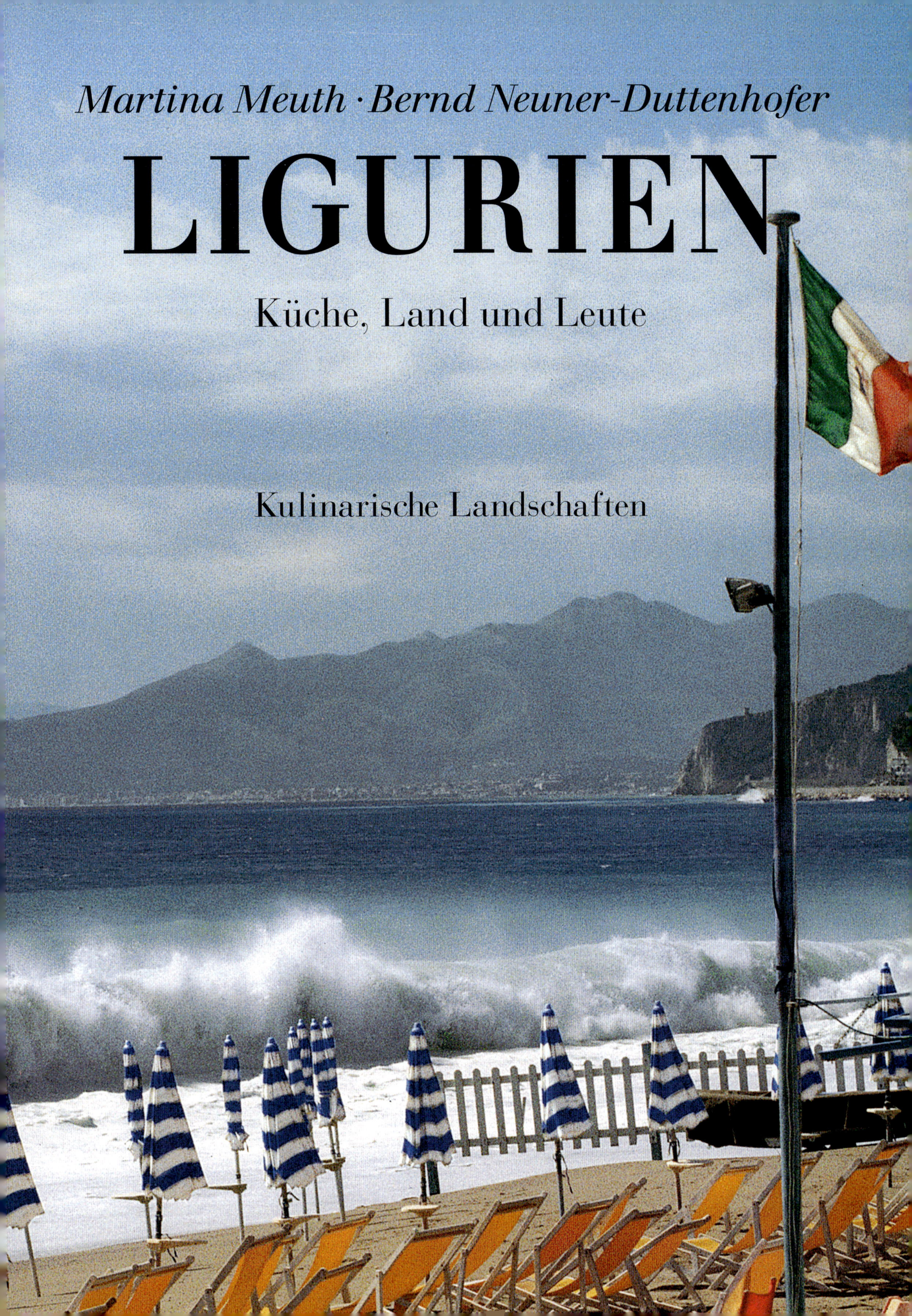

Photos von Martina Meuth

ISBN: 978-3-8094-2150-4

© 2007 by Bassermann Verlag,
einem Unternehmen der Verlagsgruppe
Random House GmbH, 81673 München
Copyright der Originalausgabe
© 1997 by Droemersche Verlags-
anstalt Th. Knaur, München
Alle Rechte vorbehalten.
Das Werk darf – auch teilweise – nur mit
Genehmigung des Verlages wieder-
gegeben werden.
Gestaltung und Herstellung:
Horst Schöck, Schramberg
Reproduktion: Fotolitho Longo, Bozen
Umschlaggestaltung:
Atelier Versen, Bad Aibling
Umschlagphotos: Martina Meuth
Karte: Computergraphik Jörg Mair,
Eching a. A.
Druck und Verarbeitung:
Těšínská tiskárna a.s., Český Těšín

Printed in the Czech Republic

817 2635 4453 62 71

Inhalt

Martina Meuth und
Bernd Neuner-Duttenhofer
haben Ligurien entdeckt – und auf
Anhieb liebgewonnen!

Vorwort

Ligurien, auf der Landkarte nicht viel mehr als ein schmaler Küstenstreifen zwischen Seealpen, Apennin und Mittelmeer, reicht von Frankreich über Genua bis zur Toskana: klassisches Urlaubsland und Feinschmeckerparadies. Trotzdem hat das Wort »Ligurien« nicht den verführerischen Klang von »Provence« oder »Toskana«. Ligurien kennt und liebt man eher stellenweise: Die einen haben ihre ersten Ferien am Meer in Alassio verbracht, die anderen reisten mit ihren Eltern immer nach Sestri Levante. Manche genießen die milde Riviera von San Remo, andere wandern gerne in den archaischen Cinque Terre. Das alles ist Ligurien, ganz unterschiedlich von Ort zu Ort. Und mit so vielen Namen: Östlich von Genua heißt die Küste *Levante*, weil hier die Sonne aufgeht, westlich davon *Ponente*, weil sie dort hinter den Bergen versinkt. Von Imperia bis Ventimiglia schmückt sie sich schließlich mit dem Wort *Riviera dei fiori*, Blumenriviera.

Im Schutze von Alpen und Apennin säumt das sonnenverwöhnte, im Winter milde, im Sommer vom Meer erfrischte Ligurien den Golf von Genua und das Tyrrhenische Meer. In keiner Provinz Italiens liegen die Gegensätze zwischen Touristenrummel und Ursprünglichkeit so nahe beieinander. Und kein Küstenland bietet so viel Abwechslung, heroische Landschaften, atemberaubend gelegene Orte, aus Natur und menschlichem Anspruch gewachsener Anmut und Schönheit. Wie Perlen auf einer Schnur reihen sich die berühmten Badeorte aneinander. An der Levante sind es Camogli, Santa Margherita, Portofino, Rapallo, Sestri Levante, Deiva Marina und Levanto, anschließend die Cinque Terre und Portovenere, dann der Golf von La Spezia mit den Städtchen San Terenzo, Lerici und Tellaro sowie die Yachthäfen Bocca di Magra und Marinella di Sarzana an der Grenze zur Toskana. An der Ponente glänzen Varazze, Albisola, Spotorno, Noli, Varigotti, Finale und Pietra Ligure, Alassio, Laigueglia, Diano Marina, schließlich die berühmten Bade- und Kurorte San Remo, Bordighera und Ventimiglia, einstmals mondäne Winterdomizile des Adels und reichen Großbürgertums.

Heute ist es im Winter still, die Hotels sind geschlossen. Die aus allen Ecken der Welt importierten Pflanzen blühen umsonst. Man hat es versäumt, den Ansprüchen einer internationalen Klientel gerecht zu werden, muß die Wintergäste Mallorca, den Kanarischen Inseln, der Karibik und den asiatischen Ländern überlassen. Was uns übrigens heute als typische Rivieravegetation erscheint, gibt es noch gar nicht so lange – Agaven und Kakteen kommen aus Mexiko, Bougainvilleen aus Südamerika, Mimosen, Geranien und Bleiwurz aus Südafrika, die vielen Palmen aus Afrika und Asien.

Hauptstadt der Region ist Genua – aber es geht der Stadt schlecht: Der einst größte Handelshafen Italiens, Umschlagplatz für die Poebene mit den Zentren Turin und Mailand, spielt heute für diese Region kaum mehr eine Rolle, der Norden hat sich nach Mitteleuropa orientiert. Noch ist Genua Ausgangspunkt für Erdölpipelines in die Poebene, in die Schweiz und nach Ingolstadt; es gibt Raffinerien, Stahl-, Kunststoff-, Textil-, Papier-, Elektro- und chemische Industrie, aber die Werften kämpfen ums Überleben. Die Arbeitslosigkeit liegt bei rund 20 Prozent, Besserung ist für die ehemals reichste Stadt Europas nicht in Sicht.

Provinzhauptstädte sind Imperia (Wein und Olivenöl), das ganz nach Turin/Piemont ausgerichtete Savona (Eisen- und Elektroindustrie, Schiffsbau, Hafen) und La Spezia (Werften, Stammsitz der italienischen Marine, Erdölverarbeitung, Maschinenbau).

Als Ziel für Kulturreisen konnte sich Ligurien nicht profilieren: Es fehlen die spektakulären Objekte, der in Stein verwandelte Machtanspruch wie in Florenz oder Venedig. Hier fällt alles, wenigstens nach außen hin, etwas bescheidener aus. Die künstlerische Hoch-Zeit Liguriens, in der sich Volkscharakter und Handwerk voll verwirklichen konnten, ist das Zeitalter der Gegenreformation.

Die ligurische Kunst zwischen Barock und Klassizismus war einerseits von französisch-savoyischer Klarheit geprägt, während andererseits alles irgendwie fließend verläuft, die ordnenden Linien hier nirgendwo die sonst übliche Strenge bekommen, sondern mit Trompe-l'œil-Fassaden, fröhlichen Farben und floralen Dekorationen aufgelöst werden. Aber: Wer eine den einfachen Menschen achtende, auf den Alltag gerichtete Kunst sucht, kommt in Ligurien voll auf seine Kosten!

Unsere Zeit allerdings brachte die Katastrophe: Das Schöne wurde gründlich hinter häßlichen Zweckbauten aus Beton versteckt, zugedröhnt, verdorben. Nur wenige Städte haben es verstanden, ihren Charakter zu bewahren, ansonsten hat man erst in den letzten Jahren begriffen, daß es, will man nicht total vor häßlichem Kommerz kapitulieren und in geschichtsloser Gesichtslosigkeit enden, unbedingt nötig ist, die Hinterlassenschaften früherer Zeiten zu pflegen. Für ein Land wie Italien, in dem man stets mit Pomp und großen Mitteln etwas errichtet, sich dann aber nicht mehr um den Unterhalt kümmert, sondern einfach etwas Neues danebenstellt, wenn es nicht mehr taugt, ist dies ein schwieriger Prozeß gewesen. Heute erkennt man die Sünden der letzten 50 Jahre – aber an vielen Stellen ist es zu spät, um etwas zu retten. Um so wichtiger, die nicht zerstörten Orte zu bewahren, ohne Puppenstuben daraus zu machen oder sterile Gettos von Zweitwohnungen. Besonders im Landesinneren, wo Armut und Landflucht die Orte in ihrer Substanz weitgehend bewahrt haben, ist das eine Gefahr.

Ligurien bietet zwei vollkommen unterschiedliche Küchen, die der Küste und die des Berglands – wobei für beide der leichte ligurische Wein und das besonders milde Olivenöl den Grundton angeben. Großen Ruf genoß der ligurische Wein nie – er wurde oxidativ, also mit Sauerstoffkontakt ausgebaut. Pippo Parodi mit seinem Weingut Cascina Feipu in Bastia d'Albenga war bis vor einem Jahrzehnt der einzige, der wirklich Qualitätswein erzeugte dank Ertragsbeschränkung und moderner Kellerarbeit mit temperaturkontrollierter Gärung

und reduktivem Ausbau. Inzwischen gibt es eine ganze Reihe hervorragender Güter und Genossenschaften, die angenehm frischen, fruchtigen Weißwein bereiten, der gut zu Fisch, Krustentieren und Meeresfrüchten paßt, die die Küche der Küste dominieren.

Freilich muß, wer Fisch essen will, höllisch aufpassen: Lokaler Fisch ist sehr selten und sehr teuer. Über 95 Prozent kommt aus der Tiefkühltruhe, aus dem Atlantik, aus Chile und der Karibik oder aus Zuchtanstalten – vor allem Orata (Goldbrasse) und Branzino (Seebarsch) aus Sizilien und Kalabrien. Wenn in diesem Buch also immer wieder die Frische der Fische in manchen Restaurants betont wird, so deshalb, weil es eben so wenig selbstverständlich ist . . .

In Küstennähe lockt darüber hinaus ein reichhaltiges Angebot an feinem Gemüse und Kräutern – kulinarisches Wahrzeichen Liguriens ist schließlich das Basilikum für die grüne Nationalsauce, den Pesto! –, die in den Schwemmebenen der Flußmündungen angebaut werden. Das sonnige und im Winter milde Klima, mineralstoffreicher Boden und genügend Wasser schaffen beste Wachstumsbedingungen.

Im Bergland hingegen wird man satt durch variantenreiche Mehlspeisen (in erster Linie aus Kastanien-, Kichererbsen-, Mais- und Gerstenmehl), Kartoffeln und Bohnenkerne, stets begleitet von einer unglaublichen Vielfalt von Kräutern – wild oder aus dem Garten –, Pilzen und Waldfrüchten aller Art. Nicht Fisch, sondern Fleisch ist hier Hauptgericht, aber nur in kleinen Mengen. Schließlich ergänzt man den Speisezettel mit Käse, Speck, vielerlei Schinken und vielerlei Würsten.

Die geographische Gestalt Liguriens, dessen Küstenorte trotz der kurz vor der Zeitenwende trassierten Via Aurelia stets mehr mit dem Hinterland als mit dem Nachbarort in Verbindung standen, hat zu den verblüffend unterschiedlichen Charakteren der Orte beigetragen. Heute, da man auf der kühn über Brücken und durch Tunnel geführten Autobahn in drei Stunden das Land der Länge nach abfährt, kann man sich kaum mehr vorstellen, daß dies einst mehrerer Tage bedurfte, wobei man öfter von der Kutsche aufs Schiff oder Maultier umsteigen mußte. Es ist auch heute noch ein zeitraubendes und zweifelhaftes Vergnügen, zur Rush-hour, an Wochenenden oder in der Urlaubszeit die Küstenstraße zu befahren. Manchmal kosten auch die An- und Abfahrten zur hochgelegenen Autostrada Nerven: Ligurien erschließt sich noch immer nicht leicht!

Man hatte uns gewarnt: Sie seien nicht sehr freundlich, die Ligurer, nicht herzlich, keine richtigen Italiener. Mag sein,

daß man, aus Neapel kommend, die Ligurer für hölzern hält. Nähert man sich jedoch über die Alpen, empfindet man auch die Ligurer als durchaus zugänglich. Freilich: Der Tourismus hat seine Spuren hinterlassen, wie überall, wo man versucht, den Fremden möglichst viel Geld zu entlocken. Und die selten friedliche Geschichte dieses vielseitigen Küstenstreifens hat die Menschen gelehrt, zunächst einmal Zurückhaltung zu üben. Doch hat man ihr Vertrauen erst einmal gewonnen, so findet man echte Freunde, auf die man sich hundertprozentig verlassen kann.
Unterwegs mit der Kamera. Draufhalten! Wir wollen ja das volle Leben zeigen! Keine Zeit für Empfindlichkeiten, sagt man sich als Reporter, sosehr anders man das als Privatperson natürlich sieht. Aber was hilft das bei der Recherche eines Buches? Zum Beispiel in Montegrazie: Da singen Menschen voller Lebensfreude an einem Tisch im Gartenrestaurant. Wir photographieren sie – mit schlechtem Gewissen. Aber gleichzeitig werden sie von mehreren Deutschen abgefilmt wie Ausstellungsobjekte. Würdelos? Dann wird sogar geklatscht. Schlimm? Am Anfang wissen wir nicht so recht, ob die Leute sich genieren oder geschmeichelt fühlen, ob sie es womöglich gar nicht so recht bemerken. Dann aber stellen wir fest, daß sie zu reagieren beginnen, sich immer besser und mit immer mehr Verve in Szene setzen, sich regelrecht präsentieren: Das Leben ist ein Theaterspiel! Und die Landschaft, die Städte, Kirchen, Paläste, selbst einfache Wohnhäuser fungieren als Kulisse, hier in Ligurien ganz besonders. Interesse bei anderen Menschen zu erwecken, ihre Aufmerksamkeit auf sich zu lenken, ist etwas Positives: Man redet in großen Gesten, mit lauter Stimme, putzt sich heraus, schauspielert wild und übertreibt schamlos. Hauptsache, man erzielt Wirkung! Der Pater dirigiert plötzlich theatralischer, tut dabei aber so, als merke er nicht, daß man ihm zuschaut. Die Mädchen singen mit noch hellerer Stimme, schütteln stolz ihre Mähnen, sitzen aufrechter, stehen schließlich auf – und versuchen, die Zuschauer keines Blickes zu würdigen; freilich vergeblich, denn sie wollen sich doch ihres Erfolges versichern . . . Wie Kinder, die um Aufmerksamkeit buhlen.
Und wenn man immer sagt, die Italiener seien wie Kinder, so liegt darin eine tiefe Wahrheit: Sie haben sich die unverfälschte Direktheit, den Charme und die Unschuld von Kindern weitaus besser bewahrt als wir nördlicheren Menschen. Wir haben sie jedenfalls liebgewonnen, die Ligurer und ihr Land, und hoffen, ihnen mit diesem Buch danken zu können.

FRÜHLING

Leichte Genüsse, zartes Gemüse, Fisch und Meeresfrüchte. Wandern, Wein und Thunfischfang

Traumlandschaft: Cinque Terre

Handgemacht: Grissini

Unter Palmen: Camogli

In der Frühlingssonne: Katzenidyll

Vergessen: ein altes Wagenrad

Delikatesse: Zucchiniblüten

Gemütlich: Terrassenfrühstück

Taufrisch: Fische für das Mittagessen

Spezialität: gefüllte Salatpäckchen

Am Golf der Dichter: Tellaro

Der Golf von La Spezia ist eine der schönsten Buchten Italiens. Doch La Spezia selbst, Marinestützpunkt, Handels- und Fährhafen, ist keine Zierde – im Krieg stark zerstört, wurde die Stadt eher zweckmäßig als schön wiederaufgebaut. »Die Würzige« trägt ihren Namen indes zu Recht: Als Spezialität produziert man Kräuter- und Fruchtliköre.
Am erst flachen, dann immer steiler werdenden Ostufer liegen bildschöne Orte: San Terenzo, Lerici und Tellaro sowie, auf der gegenüberliegenden Felsspitze, also am äußersten anderen Ende der Bucht, das entzückende Portovenere. Kein Wunder, daß dieses Postkartenidyll Anfang des 19. Jahrhunderts bei den emphatischen englischen Romantikern umschwärmtes Reiseziel war. Das Ehepaar Shelley wohnte sogar hier, zu seinen Gästen zählten Lord Byron und John Keats. Diesen exzentrisch-illustren Besuchern zu Ehren nennt man die Bucht auch *Golfo dei Poeti.* 1822 ertrank Shelley in seinen Fluten.
Während in Lerici und San Terenzo Hotels und Restaurants für buntes und lebhaftes Treiben sorgen, herrscht in Tellaro nur an den Wochenenden Andrang. Dann sollte man es meiden, auch nicht eine der schönen Badebuchten von Fiascherino längs der Stichstraße nach Tellaro besuchen wollen: Es gibt kaum Parkplätze, das Wenden ist schwierig.
Das abenteuerlich um einen winzigen Naturhafen an den Fels geklebte Fischerdörfchen Tellaro mit seinen engen Gäßchen und pittoresken Treppen ist jedoch eine Reise wert! Während der Herbst- und Frühjahrsstürme scheint

die Kirche mitten in der Brandung zu stehen, die Boote müssen aufs Land gezogen werden. Als am 16. Juli 1660 Piraten Tellaro überfielen, so berichtet die Chronik, hat ein riesiger Krake den Ort gerettet: Er klammerte sich an das herabbaumelnde Glockenseil und weckte die Bewohner, so daß sie die Angreifer in die Flucht schlagen konnten. Seither gilt der Oktopus als Wahrzeichen.

Wer hier lebt, ist ganz selbstverständlich mit dem Meer verbunden – früher waren die Männer Fischer, dann arbeiteten sie in La Spezia auf den Werften. Seit deren gute Zeiten vorbei sind, haben viele keine Arbeit mehr, leben vom Vermieten von Zimmern oder Wohnungen. Und so mancher hat sein Haus verkauft und ist weggezogen. Übrigbleiben Ferien- und Zweitwohnungen... Und für die wenigen Besucher, die ein Zimmer finden können, ein Wirklichkeit gewordener Traum.

Der Hafen: nur ein Einschnitt in den Felsen

Platzmangel: die Boote werden gestapelt

Wenn nur ein leises Lüftchen weht, wird es im Schutz der Felsen schnell warm, und die Gäste kommen in Scharen und zu Paaren

Das Gasthaus »La Miranda«

Seit 1300 ist die Familie Cabani in Tellaro zu Hause, jedenfalls reichen Angelos Dokumente bis in diese Zeit. Alle seine Vorfahren sind zur See gefahren. Der Vater allerdings segelte bereits als Koch für eine italienische Schiffahrtsgesellschaft rund um die Welt, verantwortlich für die Gäste der Ersten Klasse. Auch Angelo absolvierte zunächst eine nautische Ausbildung, stieg dann aber doch in die Fußstapfen des Papas und wurde seßhaft – *cherchez la femme:* Mit seiner Frau Giovanna eröffnete er »La Miranda«, ein kleines Restaurant. Das ist schon mehr als 35 Jahre her, damals war der Fremdenverkehr noch in seinen Anfängen. Längst hat man ihm einen Stern verliehen, das Lokal ist elegant geworden, es kamen sogar einige gemütliche, komfortable Gästezimmer hinzu. Das Haus ist voller Kunst und schöner oder kurioser Dinge, die irgendwie stets mit dem Meer zusammenhängen, denn Angelo ist ein leidenschaftlicher Sammler und Forscher.

Klar, daß – das Meer vor Augen – die Ansprüche, was den Fisch angeht, hoch sind. Das Meeresgetier schwimmt sozusagen von allein direkt in den Kochtopf und wird von Angelo präzise, schlicht und schnörkellos zubereitet. Seine Saucen vereinen in sich die Düfte der Jahreszeit mit fruchtiger Frische, sie sind leicht und geben den Fischen eine neue, ungewöhnliche Dimension. Weil ihn die Gäste oft bestürmen und Rezepte von ihm wissen wollen, plant er jetzt, seine Küche auszubauen und Kochkurse einzurichten. »Denn«, sagt Angelo, »es ist doch gut, wenn die Menschen lernen, wie sie auch zu Hause anständig essen können.« Endlich hellt ein kleines Lächeln seine ernste Miene auf.

Der kleine, vielarmige Tintenfisch mit seiner schönen lila Farbe ist die Spezialität von Tellaro. Angelo erklärt, wie der Tintenfisch erst tüchtig auf die Arbeitsfläche geschlagen wird, damit er seine Spannung verliert, daß er ihn dreimal in siedendes Salzwasser taucht, bevor er ihn schließlich mindestens eine Stunde kocht. All dies hat er mit dem Oktopus für unser Photo nicht getan: der hat nur zehn Minuten gezogen. Als wir ihn danach verspeisen, will er uns entsetzt zurückhalten. »Der ist noch lange nicht gar!« Aber jetzt, so stellen wir und auch Angelo erstaunt fest, ist er gerade richtig: zart, aber mit dem nötigen Biß.

POLENTA CON LE COZZE

POLENTA MIT MIESMUSCHELN

Für vier bis sechs Personen:
Polenta:
120 g Maisgrieß, 1/4 l Milch, Salz, ca. 3/4 l Wasser, 1 EL Parmesan, 1 EL Olivenöl
Frische Tomatensauce:
1 weiße Zwiebel, 2 Knoblauchzehen, 2 EL Olivenöl, 4 reife Tomaten, 1 Thymianzweig, 2 Petersilienzweige, 1/2 TL Origano, Salz, Pfeffer
Außerdem:
ca. 1,5 kg Miesmuscheln

Den Grieß in die kochende Milch rieseln lassen und gleich salzen. Langsam, unter Rühren, das Wasser hinzugießen, die Polenta etwa 30 Minuten leise köcheln, dabei immer wieder rühren. Vor dem Servieren Käse und Öl unterrühren. Die Polenta ist in diesem Fall cremig weich. Wer die klassische Art bevorzugt, in Scheiben geschnitten, gegrillt oder in der Pfanne aufgebraten, fügt weniger Wasser zu. Für die Tomatensauce Zwiebel und Knoblauch fein würfeln und im heißen Öl andünsten. Die gehäuteten, entkernten und feingehackten Tomaten sowie die Kräuter zufügen. Salzen, pfeffern, die Sauce gut 20 Minuten leise köcheln.

Die sauber gebürsteten, wenn nötig entsandeten Muscheln zufügen, zugedeckt fünf Minuten gar ziehen lassen, bis alle geöffnet sind. Geschlossene Muscheln herauslesen und wegwerfen. Die Muscheln aus ihrer Schale lösen und in die Tomatensauce mischen. Einige als Dekoration in der Schale lassen.

1

INSALATA DI POLPO

OKTOPUSSALAT

Für vier bis sechs Personen:
4–6 kleine Portionstintenfischchen oder 2–3 größere, Salz, 500 g mehlige Kartoffeln, 2 Tomaten, 1 weiße Zwiebel
Zucchinivinaigrette:
1 kleiner Zucchino, 3–4 Anchovis, 2–3 EL Kalbsfond, 2 EL Essig, 4 EL Olivenöl, Pfeffer

Die Tintenfische, falls nötig, putzen: den Kopf aufschneiden, umstülpen und ausleeren. Den Mund, der in der Mitte der Tentakel sitzt, herausschneiden. Die Tintenfische in reichlich gut gesalzenes Wasser geben, 10 bis 20 Minuten leise köcheln, dann im Sud abkühlen lassen, bis sie nur noch lauwarm sind. Für den Salat die Kartoffeln gar kochen, pellen und in Scheiben schneiden. Tomaten häuten und in Scheiben schneiden, Zwiebel in Ringe hobeln. Alles hübsch auf Vorspeisentellern anordnen, den Tintenfisch jeweils im Ganzen oder in Stücken darauf setzen. Für die Vinaigrette die Zutaten im Mixer pürieren und kräftig abschmecken. Ein Stück Zucchino fein gewürfelt zurückbehalten. Als Dekoration über den Salat streuen.

2

INSALATA DI GAMBERI E CARCIOFI

GARNELENSALAT MIT ARTISCHOCKEN

Für vier bis sechs Personen:
2–4 Artischocken, Zitronensaft, 2 EL Olivenöl, Salz, Pfeffer, 12 Garnelen
Basilikumvinaigrette:
2 EL Weinessig, je 1 EL Vin Santo, Fischfond und Sahne, 2 EL Olivenöl, 3–4 Basilikumblätter, 1 EL gewürfelte Tomate

Die Artischocken bis auf den Boden schälen und in Scheibchen schneiden. Mit etwas Zitronensaft einreiben oder sofort in eine Schüssel mit Zitronenwasser legen, damit sie sich nicht verfärben. Im Olivenöl fünf Minuten dünsten, dabei salzen und pfeffern. Die Garnelen über Dampf nur fünf Minuten garen, aus der Schale lösen, auf einem Bett von Artischocken auf Vorspeisentellern anrichten und ebenfalls salzen und pfeffern. Für die Vinaigrette die Zutaten im Mixer pürieren. Über die Salatzutaten gießen. Hübsch sieht es aus, wenn man die Teller mit gedünsteten Venus- oder Herzmuscheln dekoriert.

1

3

TAGLIOLINI INTEGRALI ALL'UOVO CON GAMBERI E ASPARAGI

VOLLKORNEIERNUDELN MIT GARNELEN UND GRÜNEM SPARGEL

Für vier Personen:
Vollkorntagliolini:
ca. 250 g Vollkornmehl, 4 Eier, Salz, 2 EL Olivenöl, 1/2 Glas Wasser
Sauce:
2 Knoblauchzehen, 2 EL gehackte Petersilie, 3 EL Olivenöl, 300 g grüner Spargel, Salz, Pfeffer, 250 g ausgelöste kleine Garnelen, 3 EL Fischfond, 1 EL Sahne, 2 El Weißwein

Mit so viel Mehl, wie die Eier aufzunehmen imstande sind, einen festen, aber geschmeidigen Nudelteig kneten, dabei salzen, das Öl und einen Schuß Wasser einarbeiten. Nach einer halben Stunde Ruhezeit mit Hilfe der Nudelmaschine sehr dünne, schmale Nudeln herstellen und etwas antrocknen lassen.

Für die Sauce den Knoblauch durch die Presse drücken, mit der Petersilie in einem Löffel Öl andünsten. Den geputzten, in Stücke geschnittenen Spargel zufügen, sogleich salzen (das erhält die schöne grüne Farbe!) und pfeffern (für den Geschmack). Zugedeckt fünf Minuten im eigenen Saft dünsten, dann die Garnelen zufügen. Schließlich Fischfond, Sahne und Wein angießen. Einmal aufkochen und abschmecken. Die in Salzwasser bißfest gegarten Nudeln untermischen und rasch servieren.

1

SCALOPPINE DI PESCATRICE AL VAPORE CON SALSA DI ARANCE

GEDÄMPFTE LOTTEMEDAILLONS MIT ORANGENSAUCE

Für vier Personen:
1 dickes Stück Lottefilet von ca. 350 g,
Salz, Pfeffer, 2 EL Olivenöl
Orangensauce:
½ ungespritzte Orange, 1 EL junge Rosmarinnadeln, 3–4 EL Olivenöl,
1–2 EL Zitronensaft, Petersilie

Das Fischfilet häuten, das ganze Stück rundum salzen, pfeffern und mit Olivenöl einreiben. Über Dampf etwa sechs bis acht Minuten sanft garen. Neben dem Herd weitere fünf Minuten nachziehen lassen, bevor das Stück quer in Scheiben geschnitten und auf Tellern oder einer Platte angerichtet wird.

Für die Sauce die Orange (falls Sie nicht sicher sind, ob sie gespritzt ist, sehr gründlich unter heißem Wasser abbürsten!) mit ihrer Schale in Stücke schneiden, mit den übrigen Zutaten im Mixer pürieren und cremig aufschlagen. Diese Sauce schmeckt warm oder kalt zu diesem und zu jedem anderen Fisch.

2

ORATA AL BAROLO

ZAHNBRASSE IN ROTWEINSAUCE

Für vier Personen:
4 schöne Stücke vom Zahnbrassenfilet mit Haut, 2–3 EL Olivenöl,
Salz, Pfeffer
Rotweinsauce:
1 feingewürfelte Schalotte,
⅛ l Fischfond, 3–4 EL Sahne,
¼ l erstklassiger, kräftiger Rotwein,
1 Prise Zucker, 2 Lorbeerblätter

Die Fischstücke mit der Hautseite nach unten im heißen Olivenöl sanft braten, bis sie schön knusprig ist, dabei die Fleischseite salzen und pfeffern. Die Stücke dann auf einem vorgewärmten Teller mit der Hautseite nach oben nachziehen lassen.

Für die Sauce alle Zutaten auf starkem Feuer um mehr als die Hälfte einkochen, bis die Sauce dunkel und dickflüssig ist. Angelo serviert hierzu als Gemüsebeilage Spinat und Artischocken, denen er frische Steinpilze, die um diese Jahreszeit aus Südafrika kommen, beigemischt hat.

2

1

3

SEMIFREDDO DI AMARETTO E ZABAIONE GRATINATO CON PINOLI

AMARETTO-HALBGEFRORENES, MIT ZABAIONE ÜBERBACKEN UND MIT PINIENKERNEN

Für vier bis sechs Personen:
Halbgefrorenes:
4 Eigelb, 4 EL Zucker,
4 EL Amarettolikör, $^1/_4$ l Sahne
Zabaione:
2 Eigelb, 2 EL Zucker, $^1/_8$ l Marsala
Außerdem:
4 EL Pinienkerne, 50 g Puderzucker

Eigelb im heißen Wasserbad dick und cremig schlagen, dabei Zucker und Likör zufügen. Die Eiercreme wieder kalt schlagen, dann die steifgeschlagene Sahne unterziehen. In einer Kastenform gefrieren lassen.

Für den Zabaione die Eigelb mit dem Zucker wiederum im Wasserbad dick und cremig schlagen, dabei langsam den Marsala einarbeiten.

Zum Servieren jeweils eine Scheibe Halbgefrorenes auf Tellern anrichten, mit dem Zabaione überziehen und unter dem Grill überbacken, bis sich braune Spuren zeigen. Die Pinienkerne in einer flachen Schale in ein Bett von Puderzucker streuen, zum Rösten kurz unter den Grill halten – so können die empfindlichen Nußkerne nicht so leicht verbrennen. Mitsamt dem Zucker dekorativ über das Dessert verteilen.

3

Heimatliebe, die durch den Magen geht

Viele Jahre haben Melly und Franco Solari in den verschiedensten Hotels entlang der ligurischen Küste und in der Schweiz gearbeitet – sie als Köchin, er als Hotelfachmann. Immer wußten sie, daß sie eines Tages nach Hause zurückkehren würden: Wenn sie genügend Geld gespart hätten, um zu Hause Großvaters altes Bauernhaus herzurichten. Zu Hause, das ist Leivi, einst kleiner, geschichtsträchtiger Ort, nur wenige Kilometer nördlich von Chiavari, allerdings 300 Meter oberhalb, tro Solari, nach dessen Kosename das Gasthaus heißt, lebt schon längst nicht mehr. Aber die Solaris sind jeden Tag aufs neue glücklich, daß sie sich darin ihren Traum haben erfüllen können. Die Lage des kleinen, feinen Restaurants ist phantastisch: Die großen Fenster bieten einen umwerfenden Blick auf die märchenhaft schöne Bucht von Tigullio, an deren nördlichem Saum Portofino und Santa Margherita im Dunst verschwimmen. Das Gebäude duckt sich bescheiden in einen Olivenhain, be- führlich das Menü, macht Vorschläge, nimmt Anregungen auf. Alles, was sie zubereitet, stammt unmittelbar von hier. Die Produkte sowieso, aber auch für ihre Rezepte läßt sie sich von den unzähligen alten Kochbüchern inspirieren, nach denen beide immer wieder auf Flohmärkten und in Antiquariaten stöbern. Melly liebt die klassischen ligurischen Hausfrauenrezepte. Indem sie diese von unnötig gewordenem Ballast befreit, mit Zutaten variiert und die Mengen reduziert, schließlich mit mo-

Melly und Franco Solari haben ihr Haus mit Antiquitäten eingerichtet. Hier sitzen sie auf einer Bank aus Schiefer, die Rückenlehne war ursprünglich eine Supraporte aus der Zeit Napoleons

Der Gastraum jedoch ist modern ausgestattet, die Tische sind edel gedeckt, mit anständigen Gläsern, die den Wein zur Geltung kommen lassen. Der Blick von hier oben weit übers Meer ist überwältigend

am Westhang des ligurischen Apennin. Einst kreuzten sich hier die wichtigste Verbindung von der Küste ins Landesinnere und die befestigte Grenzlinie der Genueser Republik. Der trutzige Turm (auf dem großen Bild links neben der Kirche Santo Rufino deutlich zu erkennen) aus dem zwölften Jahrhundert zeugt noch von dieser Zeit. Er trägt das Wappen der Solaris: Ein Vorfahr der Familie Francos hat im sechzehnten Jahrhundert die Geschicke des Orts gelenkt. Das »Cà Peo« hat inzwischen zwanzigsten Geburtstag gefeiert, Großvater Pie- sprenkelt vom silbrig flirrenden Schatten der knorrigen, zum Teil uralten Bäume. In den sechs angenehmen und liebevoll ausgestatteten Zimmern fühlt sich der Gast sofort zu Hause. Der Tisch ist mit einem Wiesenblumenstrauß geschmückt, gefrühstückt wird auf der Terrasse, unter einer idyllischen Rosenlaube mit abertausend winzig kleinen gelben Blüten, die betörend duften. Eine Katze streicht vorbei, nur die Vögel durchbrechen die sonntägliche Stille mit ihrem Lärm.

Der Speiseraum ist licht, geräumig und nur für wenige Gäste eingerichtet. Melly will sich auf sie einstellen können. Sie bespricht mit jeder Tafelrunde aus- derner Präzision und Technik arbeitet, entstehen aus bäuerlichen Sattmachern feine und elegante Gerichte, die jedoch nie ihre Herkunft leugnen. Franco, der sich im Saal um die Gäste kümmert, liebt den Wein. Natürlich hat er, das ist er dem Ruf seines Hauses schuldig, alles, was in Italien Rang und Namen hat, im Keller liegen: Sassicaia, Tignanello und wie sie alle heißen, die berühmten Tropfen. Mehr jedoch sind ihm die ligurischen Weine Herzensangelegenheit. »Die ligurischen Weine haben keinen großen Ruf«, sagt er, »aber wenn man sucht, kann man hochinteressante Sachen finden!« Und so reist er, wann immer es seine Zeit erlaubt, die Küste hinauf und hinunter, von Winzer zu Winzer, probiert, was sie haben, spricht mit ihnen über ihre Schwierigkeiten

und Probleme, gibt ihnen sogar manchen willkommenen Rat. Um sie anzuspornen, hat er einen Preis gestiftet, »Ronseggin d'ou«, die goldene Rebschere, die er zusammen mit einer Jury alljährlich für den besten Wein Liguriens verleiht.
Aber eigentlich hält er nach allem die Augen offen, was kultur- und kunstgeschichtlich mit seiner Heimat zu tun hat. Was er an Antiquitäten dabei aufspürt und zusammenträgt, kann der Gast im Haus bewundern. Auffällig sind die vielen wunderschönen Schieferarbeiten. »Ardesia-Schiefer ist der Reichtum unseres armen Berglandes«, erklärt er. Vor allem das arme Fontanabuonatal, nordöstlich von Leivi, ist reich davon.

Die lauschige Terrasse, von einer duftenden Rose überrankt, ist der Frühstücksplatz; auch schön an warmen Abenden für den Aperitif

Aus dem nur scheinbar tiefschwarzen Stein, der aber in Wahrheit in vielschichtigen Grau- und Blautönen schimmert, mit seiner so einzigartig seidigen, geradezu weichen Oberfläche, kann ein Künstler unglaubliche Strukturen und Reliefs herausarbeiten. Franco hat herrliche Rahmen, Supraporten und Kamineinfassungen zusammengetragen, meist aus dem 17. und 18. Jahrhundert, der Blütezeit der Schieferbildkunst, und in sein Haus einbauen lassen (siehe die Seiten 28/29). Stolz führt er seine Kunstschätze vor, weiß eine Menge interessanter Geschichten dazu zu erzählen und versucht so, auch der Ardesiakunst neue Geltung zu verschaffen.

1

LATTUGHE RIPIENE IN BRODO

GEFÜLLTE SALATPÄCKCHEN IM SUD

Für vier bis sechs Personen:
1 Möhre, 1 Zwiebel, 1 Knoblauchzehe, 2 EL Olivenöl, Petersilie, 200 g Kalbsbraten, 100 g geputztes Kalbsbries, 3–4 EL Weißwein, 75 g geriebener Parmesan, 1 Ei, Salz, Pfeffer, Muskat, Cayennepfeffer, 1 schöner Romanasalatkopf mit festen Blättern, Gemüse- oder Fleischbrühe

Möhre, Zwiebel und Knoblauch grob hacken und im heißen Öl andünsten. Petersilie, den gewürfelten Kalbsbraten und das Bries zufügen. Mit wenig Wein besprenkeln und durchdünsten. Schließlich durch den Fleischwolf drehen oder im Mixer zerkleinern. Käse und Ei untermischen. Mit Salz, Pfeffer, Muskat und einer Spur Cayennepfeffer würzen.
Die Salatblätter einzeln für wenige Sekunden in kochendes Salzwasser tauchen, in Eiswasser abkühlen und gut abtropfen. Jeweils zwei Blätter übereinander legen, einen Löffel Füllung hineinwickeln, dabei die Seiten sorgfältig umschlagen, damit nichts herauslaufen kann. Die Päckchen mit Küchenzwirn verschnüren, in Brühe sechs bis acht Minuten gar ziehen lassen. In der heißen Brühe servieren, in der ruhig noch andere Gemüse schwimmen dürfen.

3

FAGOTTINO DI MELANZANE

AUBERGINEN-TASCHEN

Für vier bis sechs Personen:
2 mittelgroße Auberginen, 2–3 EL Olivenöl, Salz, Pfeffer, 200 g Ziegenfrischkäse, Basilikum, 1 Portion frische Tomatensauce (siehe Seite 16), 2 EL Pinienkerne, 1 Händchen voll schwarzer Oliven

Die Auberginen längs am besten auf der Aufschnittmaschine in halbzentimeterdünne Scheiben schneiden. In heißem Öl auf beiden Seiten sanft golden braten, dabei salzen und pfeffern. Jeweils eine Scheibe Ziegenkäse hineinwickeln, dabei ein Basilikumblatt dazwischenpacken. Die Päckchen im Backofen kurz überbacken, dann mit einem Klecks Tomatensauce servieren, die mit gehackten Pinienkernen und Oliven sowie einigen Basilikumblättern angereichert wurde.

1

2

RAVIOLI DI TRIGLIE

ROTBARBEN-RAVIOLI

Für vier bis sechs Personen:
Klassischer Nudelteig:
ca. 300 g Mehl, 5 Eier, Salz,
1 EL Olivenöl
Rotbarbenfüllung:
250 g Rotbarbenfilet, 1 Ei, 3 EL frisch geriebener Parmesan, 3–4 Stengel Petersilie, Salz, Pfeffer, ca. 1/8 l Fischfond, 2 EL Olivenöl, 2 EL Tomatensauce (Seite 16)

Aus soviel Mehl, wie die Eier aufzunehmen imstande sind, einen geschmeidigen Nudelteig kneten, dabei mit Salz und Olivenöl würzen. Den Teig nach einer halben Stunde Ruhezeit mit der Nudelmaschine zu hauchdünnen Bändern auswellen. Für die Füllung das Fischfleisch von Hand fein hacken, mit Ei, Käse, gehackter Petersilie, Salz und Pfeffer mischen. In regelmäßigen Abständen je einen Löffel Füllung auf das Teigband setzen, zusammenklappen, gut zusammendrücken und kleine Ravioli ausradeln. In reichlich Salzwasser in zwei bis drei Minuten sehr behutsam gar ziehen lassen. Für die Sauce die restliche Füllung mit Fischfond auflösen, nur kurz erhitzen, bis das Fischfleisch gar ist. Die Ravioli darin schwenken und mit Olivenöl beträufelt sofort servieren.

2

3

1

LASAGNETTE DI FARINA DI CASTAGNE AI BROCCOLETTI

KASTANIENMEHLNUDELN MIT JUNGEM BROCCOLI

Für vier bis sechs Personen:
500 g Kastanienmehl, 5 Eier, 2 EL Olivenöl, Salz, 4 mittelgroße Kartoffeln, 300 g Broccoliröschen, 1 Portion Pesto (Rezept Seite 159), 3 EL Sahne, Pfeffer, Muskat

Das Mehl unbedingt durchsieben; falls es sehr bröckelig ist, sogar im Mixer aufschlagen. Mit den Eiern, Öl und ein wenig Salz zu einem weichen, geschmeidigen Nudelteig verarbeiten. Ruhen lassen und schließlich hauchdünne, sehr breite Bandnudeln auswalzen.
Kartoffeln schälen, in Scheiben schneiden, Broccoliröschen putzen. Beides in wenig Salzwasser gar kochen, abgießen und mit den frisch gekochten Kastaniennudeln sowie Pesto und Sahne mischen, schließlich mit Salz, Pfeffer und Muskat sehr kräftig abschmecken.

2

BIANCO DI BRANZINO CON PATATE

SEEBARSCHFILET AUF KARTOFFELN

Für vier bis sechs Personen:
4–5 mittelgroße Kartoffeln, 3 EL Olivenöl, Salz, Pfeffer, ca. $^{1}/_{8}$ l Fischfond, 4 feste Tomaten, ein Händchen voll Basilikumblätter, 3 EL schwarze Oliven, 2 EL feingehackte Petersilie, 4–6 Filetstücke à ca. 100 g vom Seebarsch, 2–3 EL Pinienkerne

Die Kartoffeln schälen, in 3 mm starke Scheiben schneiden und in einer mit Öl ausgestrichenen, feuerfesten Form verteilen. Salzen, pfeffern und mit Olivenöl beträufeln. Etwa zehn Minuten bei 200 Grad im heißen Ofen braten. Erst dann mit Fischfond begießen, die gewürfelten, enthäuteten und entkernten Tomaten, Basilikumblätter, Oliven und Petersilie dazwischenstreuen. Weitere zehn Minuten im Ofen garen, bevor die Fischstücke obenauf gebettet werden. Auch diese salzen, pfeffern und mit Olivenöl einpinseln, die Pinienkerne in der Form verteilen. Erneut für weitere zehn Minuten in den heißen Ofen schieben und dann sofort servieren.

3

TOMAXELLE

GEFÜLLTE KALBSRÖLLCHEN

Eine beliebte Spezialität in Ligurien, für die jede Hausfrau natürlich ihr ureigenes Rezept hat: Kalbsschnitzel werden mit einer Farce gefüllt, in die neben Fleisch auf jeden Fall eingeweichte Pilze und zum Auflockern viel Brot gehören.

Für sechs Personen:
2 EL getrocknete Steinpilze, 2–3 Scheiben Weißbrot, 1 große Zwiebel, 2–3 Knoblauchzehen, 2 EL Butter, 100 g Hackfleisch (vom Kalb, Lamm oder Schwein), Petersilie, 50 g geriebener Parmesan, 1 Ei, Salz, Pfeffer, Majoran, Muskat, 6 dünne Kalbsschnitzel, 2 EL Olivenöl, $^{1}/_{8}$ l Weißwein, $^{1}/_{8}$ l frische Tomatensauce (Rezept Seite 16) oder passiertes Tomatenfleisch (Packung), 3–4 EL Sahne

Steinpilze zerkrümeln, zusammen mit dem Brot in wenig heißem Wasser einweichen. Zwiebel und Knoblauch fein würfeln. In heißer Butter weich dünsten, ohne zu bräunen. Die Hälfte davon für die Sauce herausnehmen. Das Hackfleisch statt dessen zufügen und mitbraten. Schließlich Pilze und Brot, Hackfleisch mit Zwiebel, Petersilie, Parmesan und Ei zu einer Farce mischen. Mit Salz, Pfeffer, Majoran und Muskat würzen.
Die Schnitzel auf der Arbeitsfläche ausbreiten und dünn klopfen. Salzen, pfeffern. Die Füllung darauf verteilen, die Schnitzel aufrollen, dabei die Seiten sorgfältig einschlagen, damit nichts herausquellen kann. Die Röllchen zuschnüren. In heißem Öl rundum kräftig anbraten, beiseite gestellte Zwiebeln zufügen, Wein, Tomatensauce und Sahne angießen. 20 Minuten sanft schmoren. Auf einer Platte anrichten, die Sauce mit dem Pürierstab aufmixen oder durch ein Sieb streichen. Im Cà Peo gibt's dazu einen sanft gestockten Gemüseflan.

4

GELATO DI CASTAGNE CON MELE ALLA FIAMMA

KASTANIENEIS MIT FLAMBIERTEN ÄPFELN

Für vier bis sechs Personen:
Kastanieneis:
3 Eigelb, 2 EL Zucker, 150 g Kastanienmarmelade (fertig gekauft, ersatzweise gesüßte Kastaniencreme), $^{1}/_{4}$ l Sahne
Flambierte Äpfel:
3 EL Rosinen, 3 EL Rum, 3–4 säuerliche Äpfel, Zitronensaft, 2–3 EL Butter, 3 EL Zucker, $^{1}/_{8}$ l Apfelsaft, 3 EL Pinienkerne

Eigelb mit Zucker im Wasserbad zu einer dicken, hellen Creme schlagen. Die Marmelade löffelweise zufügen und in der heißen Creme auflösen. Schließlich mit der Sahne glattrühren. Erkalten lassen und in der Eismaschine gefrieren. (Wer keine Eismaschine hat, zieht die Sahne steifgeschlagen unter und läßt das Eis im Gefrierfach fest werden.)
Rosinen im Rum einweichen. Die Äpfel schälen, entkernen und in Achtel schneiden. Mit Zitronensaft einreiben, damit sie schön hell bleiben. In der heißen Butter sanft anbraten, dabei mit Zucker bestreuen. Sobald dieser karamelisiert, die Rosinen mitsamt dem Rum zufügen und nach kurzem Erwärmen anzünden. Mit Apfelsaft ablöschen, einkochen. Zum Schluß die Pinienkerne hinzustreuen.

1

2

3

4

Melly bespricht mit den Gästen das Menü. Anregungen für ihre Küche holt sie sich aus alten Kochbüchern. In ihrer beneidenswerten Sammlung finden sich kostbare Stücke, die viel über das alltägliche Leben vergangener Zeiten erzählen können

Schiefer, einst als Kontrast zum weißen Marmor aus Carrara von den Baumeistern hochgeschätzt, ist etwas aus der Mode gekommen. Dabei ist der schwarzschimmernde Stein umwerfend schön. Im Valle di Ardesia, wie man das Fontanabuonatal wegen seiner Schiefervorkommen auch gerne nennt, ist Luciano Latina in Orero einer der wenigen Steinschneider, die noch genügend Arbeit haben. Zusammen mit seinem Lehrbuben sägt und schleift er Platten, die dann für Innenausbau, Treppen und Fassaden verwendet werden. Eine Arbeit, die viel Kraft erfordert, eine Menge Lärm und Dreck verursacht. Einfaches Handwerk wie die kunstvollen Reliefs früherer Zeiten macht heute niemand mehr

Jahrhundertelang waren die Cinque Terre nur mit dem Schiff oder über mühselige und gefährliche Saumpfade zu erreichen. Diese sind inzwischen ausgebaut, alle Orte über Stichstraßen erschlossen und oben im Wald sogar mit einer teils gut ausgebauten, teils unbefestigten Straße verbunden. Doch das Auto ist die unbequemste Art anzureisen: Praktischer, billiger und viel schneller ist die Eisenbahn, die nur bei den Orten aus ihren Tunneln ans Tageslicht kommt.

Die Cinque Terre sind eine der eindrucksvollsten Wanderregionen der Welt – und die Welt weiß das! In der Hochsaison herrscht ein Betrieb wie auf dem Times Square zur Rush hour. Es klingt auch so, da die »5 Terre«, wie man gerne schreibt, in Amerika höchsten Ruf genießen. Japaner photographieren allenthalben, Deutsch und Schweizerisch ertönt häufiger als Italienisch. Nicht so voll ist es nur im frühen Frühjahr, auch noch nicht zu heiß und überdies am schönsten, weil Tausende von bunten Blumen blühen.

Die Fußsteige, die die steilen Weinterrassen verbinden, sind zu einem Netz von Wanderwegen verknüpft. Außerdem hat man einen streckenweise abenteuerlichen Weg in die Felsen gehauen, auf dem man die zwölf Kilometer von Monterosso nach Riomaggiore bequem mit wenigen Steigungen an einem Tag durchwandern kann. Die berühmteste Etappe, die Via dell'Amore zwischen Manarola und Riomaggiore, ist jedoch meist wegen Steinschlag gesperrt. So muß man auf andere Pfade ausweichen, am besten in die höheren Regionen, wo weniger Leute laufen

Zwischen Meer und Himmel: Cinque Terre

Nur neun Kilometer lang, aber auf der ganzen Welt so bekannt wie kein anderer Fleck in Ligurien: *Cinque Terre*, die »fünf Länder«. Damit sind die Gemeinden Monterosso, Vernazza, Corniglia, Manarola und Riomaggiore gemeint, natürlich samt ihrem »Land«, felsigen Steilhängen. Die bis zu 800 Meter hohen Ausläufer des Apennin fallen hier abrupt ins Meer, tauchen mit dramatisch zerrissenen und gekrümmten Formationen in die Flut, die bei schönem Wetter so unschuldig tiefblau leuchtet, bei Sturm aber wie entfesselt in weiß schäumender Wut brausend die Felsen emporgischtet. Eine Landschaft von urwüchsiger Kraft, gebändigt vom Fleiß der Generationen, ertrotzte Einheit von abweisender Natur und menschlichem Gestaltungswillen: Der unermüdliche Kampf ums Überleben hat diesen Küstenstrich geprägt.

Es sind weiß Gott keine idealen Bedingungen, um sich hier anzusiedeln! Aber bereits um die Jahrtausendwende haben mutige Menschen kleine Häfen in den Flußmündungen angelegt, die jedoch so winzig sind und so wenig Schutz geben, daß die Boote an Land gezogen werden müssen – nur in Vernazza (Bild unten) kann eine inzwischen aufgeschüttete Mole Sicherheit bieten. Aber die ersten Siedler waren dank der unzugänglichen Lage weitgehend frei und von Genua, dem sie seit dem 12. Jahrhundert zugehörten, als tüchtige Seeleute geschätzt. Um sich der Angriffe der Sarazenen zu erwehren, beschmierten sie übrigens die Felsen mit Talg, so daß die Piraten beim Ansturm abglitten.

Vom Fischfang allein konnte man aber auf Dauer nicht leben. So begann man

die steilen Hänge in Terrassen anzulegen, um Gemüse, Obst und Wein anzubauen. Die berühmten *strice*, die Streifen, schweben hängenden Gärten gleich über dem Meer, ziehen sich bis zu 500 Meter die Flanken hinauf (großes Bild, im Hintergrund Manarola). Es ist so steil, daß einem schwindlig wird und der Atem stockt – oder ausgeht: Tausende von Stufen! Selbst mit modernster Technik, die erlaubt, die immensen Höhenunterschiede mit Seil- und Zahnradbahnen zu überwinden, ist der Weinbau immer noch ein aufwendiges Unternehmen. So haben viele aufgegeben – zumal die Unterstützung, die Staat und die Region beisteuern, sehr bescheiden ausfällt. Viel Rationalisierung ist nicht möglich, denn die Terrassen, auf denen oft nur ein oder zwei Reihen Reben stehen, werden von mühsam zu unterhaltenden Trockenmauern gestützt. Etwa alle zehn Jahre muß man sie erneuern, und nach jedem Wolkenbruch muß man die Erde wieder hochschaffen… Diese in Jahrhunderten gewachsene Einheit – die mehr Steine enthält, als die chinesische Mauer! – hat die Unesco als erhaltenswertes Kulturgut eingestuft.

Immerhin: Der hier angebaute Wein erfreut sich großer Beliebtheit. Ursprünglich war es der mächtige, süße, aber nicht pappige *sciacchetrà*, der den Ruf der Weine von Cinque Terre begründete. Nur wenige Winzer haben, nach einer Pause von 20 Jahren, wieder begonnen, diese Spezialität zu erzeugen: Gesunde Trauben trocknen nach der Ernte auf Gitterrosten noch zwei bis drei Monate in der salzigen Luft nach, ehe sie gepreßt werden. 20 kg Trauben passen so in eine Flasche – die muß teuer sein! Hunderttausend Lire blättern die wandernden Touristen aber nicht hin,

In der »Enoteca Internazionale« von Francesco Giusti in Monterosso bekommt man einen nach alter Art auf den Schalen vergorenen, strohfarbenen, tanninreichen Cinque-Terre-Wein. Mit etwas Glück sogar eine der etwa 100 Flaschen seines gleichzeitig süßen und trockenen, salzig-aromatischen sciacchetrà. *Er keltert ihn aus der robusten Rebsorte* Bosco, *die hauptsächlich bei Manarola gedeiht, sowie aus* Vermentino *und* Albarola. *Die heute üblichen, frischen, aber eher glatten Weine überläßt er lieber den großen Produzenten*

daher keltern die Genossenschaften einen trockenen, frischen Wein, der ausgezeichnet zu Fisch paßt. Auch er kostet mehr als ein vergleichbares Produkt aus dem Landesinneren, aber sein Preis wird angesichts der steilen Terrassen bezahlt – kann die heroische Landschaft vielleicht doch überleben?
Sie ist freilich durch den hemmungslosen Tourismus gefährdet: Vor allem an den Wochenenden kommen, seit es Zufahrtsstraßen gibt, so viele Menschen, daß einem angst und bange werden kann. Schon mehrere Kilometer vor den Orten staut sich alles. Die ständig laufenden Motoren verpesten die Luft, das Gehupe zerrt an den Nerven. Da wäre es sinnvoller und billiger, mit dem Schiff oder Zug – alle Orte haben einen Bahnhof – zu kommen, will man sich in Monterosso an den einzigen schönen Strand legen (Bild unten).

Die Zukunft der Cinque Terre wird eine Gratwanderung zwischen der Erhaltung gewachsener Kultur und konstruiertem Disneyland sein. Die auf den ersten Blick noch pittoresken Orte sind schon weitgehend ausgehöhlt, viele Familien vermieten ihre Häuser als Ferienwohnungen. Wer wollte hier nicht weilen, wo sich die Häuser in tief eingeschnittene Felsrinnen drängen, sich verschachtelt übereinander türmen, mit ihren

bunten Fassaden den Winden und der Sonne trotzen! Enge Gäßchen, steile Stiegen, idyllisch flatternde Wäsche... Die Bäche allerdings müssen längst unter der Fahrbahn von brutal hineinbetonierten Straßen rauschen.
Natürlich bringen aber gerade die Touristen das überlebensnotwendige Geld: Bauern und Winzern, Obsthändlern (längst nicht alle als *nostrale* angepriesenen Zitronen sind tatsächlich von hier!) und Postkartenverkäufern, Badbetreibern und Bootsverleihern, Taxifahrern und Parkwächtern bieten sie eine Chance, Gelaterien und Pizzerien, Trattorien und Restaurants, Getränkebuden und Hotels leben von ihnen. Auch Maria Moggia (Bild unten), 1902 geboren, die alle Geschichten aus dem alten Monterosso kennt: Sie sammelt wilden Spargel und Kräuter für die Restaurants und bekommt dafür, neben kargem Lohn, stets ein Gläschen Wein, die Medizin, die sie am Leben hält. Sie hat die typische Statur der Frauen des Cinque Terre: klein, sehnig und kräftig. Früher trugen sie die Lasten, bis zu 40 kg, auf dem Kopf – und hatten stets beide Hände frei, um sich festzuhalten. Die Männer trugen alles auf dem Rücken, waren dadurch nicht im Gleichgewicht, gefährdeter und langsamer. Maria hatte es nie einfach, mußte immer hart arbei-

1

ANTIPASTI VARI

VORSPEISEN

Sechs verschiedene Platten und Teller werden dem staunenden Gast vorgesetzt: frische und eingelegte Sardellen; gebackene Fischchen (in Mehl geschüttelt und fritiert); gefüllte Sardinen (Rezept Seite 197 oder 239); Meeresfrüchtesalat mit grünen Bohnen, Tomatenwürfeln und gekochten Garnelen; gekochter Tintenfisch, mit gehackter Petersilie, Olivenöl und Zitronensaft angemachten sowie ein Salat aus weißen Bohnenkernen und gekochten Kartoffeln.

2

SPAGHETTI AL PESTO

SPAGHETTI MIT PESTO

Die Sauce (Rezept Seite 159) ist frisch gemixt, sie wird deshalb gar nicht erst mit Sahne oder Nudelkochwasser verdünnt, sondern direkt aus dem Mixbecher über die heißen, noch tropfnassen Spaghetti gegossen. Am Tisch wird alles vermischt, damit der Pesto in der Wärme der Nudeln seinen Duft entfalten kann.

3

SCAMPI ALLA GRIGLIA

SCAMPI VOM GRILL

Die taufrischen Meerestiere werden auf dem heißen Grill gegart, wobei man sie nicht zu lange der Hitze aussetzen darf, sonst vertrocknet ihr Fleisch womöglich und verliert allen Saft. Die Gäste lösen sich das Fleisch mit den Fingern aus den Schalen – eine Krebs- oder Hummergabel hilft dabei, auch an das Fleisch in den Scheren zu gelangen.

ten – aber sie ist stets guter Laune: Sie liebt die Menschen, die Sonne, das Meer, die ganze unbequeme Heimat! In diesen Cinque Terre waren einst die Gaumenfreuden selten und bescheiden. Heute muß fast alles herantransportiert werden, wobei sich die Gastronomie den eher geringen Ansprüchen der athletischen Besucher angepaßt hat.
So malerisch und kühn die Orte (links zum Beispiel Riomaggiore) liegen, so rar ist solch ein Erlebnis: Durch einen Sonnenschutz aus Stroh, der die Terrasse vom Weg abschottet und die Einsicht versperrt, dringt munteres, einladendes Palaver. Nur noch ein einziger, kleiner Tisch ist frei, ein gutes Zeichen. Die anderen Gäste: die Männer von der Baustelle oben an der Straße in ihrer Arbeitskluft, zwei geschniegelte Büroangestellte, deren Handy dauernd klingelt, sowie eine lange Tafel mit zünftig ausgerüsteten Wandersleuten.
»Antipasti?« fragt Franco Cataldi, der Wirt, und erklärt das Angebot kurz und bündig: »Tutta roba di mare!«, lauter Sachen aus dem Meer. Und dann tischt er auf, was seine Frau Bruna, die in der Küche von Grazia Lo Grasso (auf dem Foto unten, mit dem weißen Häubchen) unterstützt wird, heute zubereitet hat. Alles einfach, aber hausgemacht, nichts aus Tiefkühltruhe oder Glas, sondern

appetitlich frisch. Wer hätte das erwartet im unscheinbaren Ort Volastra, oberhalb von Monarola?
»Gli Ulivi« steht an der Tür – zu Recht, denn rundherum flimmern Olivenbäume. Drinnen ein kleiner, gemütlicher Speiseraum, die schattige Terrasse, der freundliche Empfang, das ebenso anständige wie preiswerte Essen, dazu ein Wein von jener oxidativen Goldfarbe, die für die einfachen, klassisch ausgebauten Cinque-Terre-Weine typisch ist. Nach einem Espresso ziehen die Bauarbeiter wieder gestärkt zu neuen Taten. Die Wandersleute dagegen machen sich noch rasch mit einer doppelten Grappa Mut, bevor sie sich an die zweite Hälfte ihrer Tagestour wagen.

Schmausen nach Herzenslust

Ein ganz normaler Werktag, und trotzdem ist zur Mittagszeit bei »Manuelina« kein Tisch mehr frei. Tellerklappern, Gläserklirren, Lachen, Reden, laute Stimmen – es herrscht eine genußvolle Heiterkeit im Saal. Im Nebenzimmer tafelt eine fröhliche Festgesellschaft. Kinder turnen zwischen den Tischen. Selbst die ernsthaften Geschäftsleute, die daneben sitzen, stören sich nicht daran; vermutlich widmen sie ohnehin mehr Aufmerksamkeit ihrem Teller als einem beruflichen Problem. Die Ober eilen in ihren vorschriftsmäßig schwarzen Anzügen geschäftig hin und her, mit jener Kombination aus Würde, Betriebsamkeit und Effizienz, die nur ein italienischer Kellner beherrscht. Kaum hat der Gast Platz genommen, stehen auch schon Brot und Wasser auf seinem Tisch. Die Wartezeit bis zur Vorspeise überbrückt ein Glas Sekt mit Pfirsichduft, das ungefragt kredenzt wird. Und den neugierigen Blick auf eine nicht ganz geleerte Platte mit *Risotto di mare*, die der Ober in die Küche zurücktragen will, versteht dieser sofort und serviert den Rest zum Probieren. »Sie müssen unbedingt auch unsere Focaccia kosten«, empfiehlt er und präsentiert sie stolz (kleines Bild unten links). In der Tat: So knusprig, so schmelzend und so zart zugleich bekommt man sie sonst nirgends! Wen wundert's: Schon vor mehr als hundert Jahren war Großmutter Manuelina für ihr Rezept dieser urligurischen Spezialität berühmt. Sie hat das gemütliche Gasthaus in Recco gegründet und ihm ihren Namen gegeben. Längst bewirtschaften es Enkelin Maria Rosa und deren Mann Gianni Carbone (kleines Bild rechts), seit mehr als dreißig Jahren. Drei der sechs erwachsenen Kinder arbeiten mit im Betrieb, zu dem seit kurzem auch ein angenehmes kleines Hotel gehört. Cristina kümmert sich um den Außerhausservice, Gloria führt das Hotel, und Valeria arbeitet an der Kasse und im Restaurant. Den Mut, den Mutter Maria Rosa hatte, in der Küche dem Vorbild der Nonna Manuelina nachzueifern, hat leider von ihnen noch keine.

FOCACCIA CON FORMAGGIO

FOCACCIA MIT KÄSE

Wichtig für das Gelingen dieses zarten und zugleich knusprigen Teiges ist das Mehl. Man verwendet hier sogenanntes Manitobamehl. Manitoba ist ein außergewöhnlich harter Weizen, der hauptsächlich in Kanada angebaut wird. Das Mehl daraus ist von allerhöchster Qualität, extrem reich an Proteinen. Bei uns wird diese Qualität kaum geschätzt, man wird es im Handel sicher nicht finden können. Sogar in Italien muß man danach eher in einem Spezialgeschäft fragen. Natürlich kann man Focacciateig auch mit unserem üblichen Haushaltsmehl (Type 405) zubereiten. Besser noch mit sogenanntem Brötchenmehl (Type 550).

Für vier bis sechs Personen:
Teig:
300 g Mehl, 0,1 l Olivenöl,
ca. 1/8 l Wasser, Salz
Außerdem:
200 g junger, milder Käse
(am besten Stracchino oder Mozzarella)

Das Mehl mit der Hälfte des Öls und so viel Wasser wie nötig zu einem sehr weichen, aber geschmeidigen Teig verarbeiten, dabei salzen. Eine Stunde unter einer umgestülpten Schüssel bei Zimmertemperatur ruhen lassen. In vier gleiche Portionen teilen, sie auf der bemehlten Arbeitsfläche nacheinander zu dünnen Kreisen ausrollen, mit den Handrücken darunter fahren und vorsichtig wie einen Strudelteig noch weiter ausdehnen. Zwei Teigplatten jeweils mit Käsestückchen besetzen, mit den beiden anderen zudecken und rundum zusammenkniffen (siehe Bild Seite 45). Die Oberfläche mit Öl einstreichen, salzen, übrige Käsestückchen darauf verteilen. Bei mindestens 300 Grad, am besten im Pizzaofen, sechs Minuten backen, bis die Focaccia golden glänzt. Sofort servieren!

la Villa

1

FORMAGGIO, FAVE E SALUMI

KÄSE, DICKE BOHNEN UND SALAMI

Eine hübsche Knabberei zum Glas Wein, eine herzhafte Vorspeise, aber auch ebensogut ein kleiner Imbiß oder ein leichter Hauptgang, wenn man beispielsweise mit der üppigen Focaccia begonnen hat: Die Bohnenkerne löst man sich selbst roh aus der dicken Hülle, aber auch aus der sie dann noch umschließenden ledrigen Haut. Sie schmecken roh zart nussig und sind wunderbar erfrischend zum Käse und zu dünn aufgeschnittener, luftgetrockneter Wurst.

2

STOCCAFISSO MANTECATO

AUFGESCHLAGENER STOCKFISCH

Für vier bis sechs Personen:
750 g geputzter, eingeweichter Stockfisch, 500 g möglichst mehlige Kartoffeln, 4 Knoblauchzehen, 1 Bund Petersilie, ca. 5 EL Olivenöl, Saft von 2 Zitronen, Salz, Pfeffer, Cayennepfeffer, 4 EL Olivencreme

Den Stockfisch mit den geschälten, geviertelten Kartoffeln in Salzwasser garen; wenn die Kartoffeln weich sind, ist auch der Fisch gar. Knoblauch sehr fein würfeln, Petersilie fein hacken, beides mit Öl und Zitronensaft verrühren. Stockfisch und Kartoffeln abgießen, mit dem Olivenölgemisch in eine Schüssel füllen und mit einem Rührlöffel zu Püree glattrühren. Mit Salz (sparsam) und mit Pfeffer (großzügig) sowie einem Hauch Cayennepfeffer abschmecken. Auf Vorspeisentellern anrichten, jeweils einen Löffel Olivencreme in die Mitte setzen und mit Croûtons garniert servieren.

3

SPAGHETTI CON SALSA DI BOTTARGA

SPAGHETTI MIT BOTTARGASAUCE

Bottarga ist luftgetrockneter Thunfischrogen, eine luxuriöse Spezialität, so rar wie Kaviar und leider auch fast so teuer (billiger ist Bottarga di muggine, von der Meeräsche, aber auch längst nicht so gut). Man findet im Handel Bottarga als gepreßten Block im Ganzen, mit einer dünnen Wachsschicht überzogen, oder (preiswerter) zu Bröseln zerrieben im kleinen Gläschen; übrigens gibt es Bottarga auch in Italien nur in ausgewählten Feinkostgeschäften – oder, wenn man Glück hat, bei Fischern, die eine Tonnara betreiben (siehe Seite 48/49).

Für vier Personen:
250 g Spaghettini, Salz, 100 g Bottarga, 2 Knoblauchzehen, 1 Bund Petersilie, ca. 5 El Olivenöl, 2–3 EL Zitronensaft, 1 Schuß Nudelkochwasser, Pfeffer, Cayennepfeffer

Die Spaghettini in reichlich Salzwasser mit Biß gar kochen. Die Bottarga mit den geschälten Knoblauchzehen, abgezupften Petersilienblättern, Öl und Zitronensaft im Mixer pürieren, dabei so viel heißes Nudelkochwasser zufügen, bis die richtige, cremige Saucenkonsistenz erreicht ist. Die Sauce mit Pfeffer und einem Hauch Cayenne würzen. Die heißen Spaghettini damit mischen, auf vorgewärmten Tellern sofort servieren und nach Belieben zusätzlich mit geriebener Bottarga bestreuen.

4

STRASSI, TOTANI E CARCIOFI

BREITE, GEZACKTE NUDELN MIT TINTENFISCH UND ARTISCHOCKEN

Die Nudeln werden aus dünn ausgewelltem Nudelteig mit einem Zickzackrädchen ausgeschnitten, sie dürfen ruhig völlig unregelmäßig geformt sein.

Für vier bis sechs Personen:
1 Portion Nudelteig (Rezept Seite 25), 4–5 Artischocken, 3 EL Olivenöl, Zitronensaft, Salz, Pfeffer, 1 Zwiebel, 2 Knoblauchzehen, 3–4 kleine Tintenfische, 3–4 EL feingewürfeltes frisches Tomatenfleisch, 3 EL Weißwein, Petersilie

Die Nudeln wie oben beschrieben aus dem Teig selbst herstellen. Für die Sauce die Artischocken putzen, die Herzen in feine Streifen schneiden und in heißem Öl andünsten, dabei mit Zitronensaft, Salz und Pfeffer würzen. Feingehackte Zwiebel und Knoblauch zufügen sowie die geputzten und ebenfalls in schmale Streifen geschnittenen Tintenfische. Die Tomaten dazwischen verteilen und mit etwas Wein besprenkeln. Einige Minuten zugedeckt dünsten. Die frisch gekochten Nudeln tropfnaß, mitsamt dem anhaftenden Wasser zufügen, reichlich gehackte Petersilie dazu, alles sorgsam mischen und sofort servieren.

5

TROFIE DI CASTAGNE

GEROLLTE KASTANIENNUDELN

Die zwischen den Handflächen gerubbelten Nudelröllchen namens *trofie*, die oben und unten spitz zu laufen, sind typisch für Ligurien. Meist werden sie aus normalem weißem Haushaltsmehl zubereitet. In den kühleren Monaten allerdings mischt man gern zur Hälfte das gehaltvollere süße Kastanienmehl dazu.

Für vier bis sechs Personen:
200 g Weizenmehl, 150 g Kastanienmehl, Salz, $^1/_4$ l Wasser, 250 g Kartoffeln, 200 g ausgelöste frische Saubohnen, 4–5 EL Pesto (Rezept Seite 159), 2–3 EL Pinienkerne

Aus Mehl, Kastanienmehl, Salz und so viel Wasser wie nötig einen geschmeidigen, aber nicht klebrigen Teig herstellen. Nach einer halben Stunde Ruhezeit Trofie formen: Dafür jeweils ein haselnußgroßes Stück abzupfen und zwischen den Handflächen zu einer dünnen Rolle rubbeln, die oben und unten spitz zuläuft. Damit die Trofie sich tatsächlich rollen, kann man den Teig um eine Stricknadel rubbeln, allerdings ist auch das nicht viel einfacher. Es gehört eben ein wenig Übung dazu, perfekte Trofie zu produzieren – nur Mut!

Kartoffeln schälen und in Scheiben schneiden. Die Saubohnen aus der Hülle und aus der die Kerne umschließenden Haut lösen (geht am besten, wenn man sie zuvor mit kochendem Wasser überbrüht). In reichlich Salzwasser zuerst die Kartoffeln, nach fünf Minuten die Saubohnen und nach weiteren fünf Minuten die Trofie geben. Miteinander noch weitere fünf bis acht Minuten kochen. Abgießen, aber nicht abtropfen, sondern naß mit dem Pesto gründlich mischen. Mit Pinienkernen bestreut servieren.

1
3
2
4
5

1

PANSOOTI CON SALSA DI NOCE

TEIGTASCHEN MIT NUSSSAUCE

Der Name leitet sich von *pancia* ab, italienisch für Bauch, weil die Füllung wie ein Bauch die Täschchen wölbt.

Für vier bis sechs Personen:
1 Portion Nudelteig (Rezept Seite 25), 2 Eier, 200 g Ricotta (auch Magerquark oder Schichtkäse), 2 Knoblauchzehen, 150 g Kräuter- und Spinatblätter, Salz, Muskat, Pfeffer, 50 g geriebener Parmesan
Walnußsauce:
200 g ausgelöste Walnußkerne, Salz, 1 Knoblauchzehe, 2 Scheiben entrindetes Weißbrot, 2–3 EL Sauerrahm, 2–3 EL Olivenöl, Salz, Pfeffer
Außerdem:
Butterflöckchen, Parmesan

Den Nudelteig sehr dünn auswalzen. Für die Füllung ein Ei und ein Eigelb mit Quark (einen Tag lang abtropfen lassen!), durchgepreßtem Knoblauch, den blanchierten und sehr fein gehackten Kräutern mischen. Mit Salz, Muskat, Pfeffer und Parmesan würzen.
Die Teigbänder mit Eiweiß einpinseln, in Quadrate schneiden, teelöffelweise die Füllung in die Mitte setzen. Zu einem Dreieck zusammenklappen, wie auf Seite 106 zu sehen, die Spitzen unter der Füllung zusammendrücken, damit sich ein Bauch wölbt. In Salzwasser behutsam in zwei bis drei Minuten gar ziehen lassen.
Die Nüsse mit Wasser brühen, nach kurzer Einweichzeit abgießen und zwischen Tüchern gründlich rubbeln, damit die Haut entfernt wird. Mit den übrigen Zutaten zu einer cremigen Sauce mixen. Über die Pansooti geben, mit Butterflöckchen und Parmesan bestreuen.

2

VERDURE DI PRIMAVERA IN NIDO DI PATATE

FRÜHLINGSGEMÜSE IM KARTOFFELNEST

Das im Öl goldbraun gebackene Nest aus Kartoffelstreifen sieht spektakulär aus und ist mit einem speziellen Doppeldrahtkörbchen leicht zu machen – gibt es auch bei uns im Haushaltsgeschäft. In das untere Körbchen werden die Kartoffelstreifen geschichtet, das zweite Körbchen, das genau hineinpaßt, hält sie im Ölbad in Form. Damit es schön kroß wird, wird in zwei Etappen fritiert. Das Gemüseragout bereitet man folgendermaßen zu:

Für vier bis sechs Personen:
insgesamt 1 kg junges Gemüse: grüner Spargel, feine Bohnen, Erbsen, Artischockenherzen, Saubohnenkerne, Salz, 2–3 EL Butter, Petersilie, 2 EL Olivenöl, 1 Eigelb

Die einzelnen Gemüse getrennt in Salzwasser blanchieren. In der heißen Butter auf sanfter Hitze mischen, dabei reichlich feingehackte Petersilie zufügen. Den Gemüsesaft, der sich im Topf sammelt, abgießen, mit Olivenöl und Eigelb aufschlagen und wieder unter das Gemüse rühren. In den Kartoffelkörbchen anrichten und heiß servieren.

1

2

4

3

FILETTO DI MORONE AL VAPORE

GEDÄMPFTES FELSENBARSCHFILET

Für vier Personen:
4 Filetstücke (ohne Haut und Gräten) vom Felsenbarsch oder Wolfsbarsch, Salz, Pfeffer, 4 EL Olivenöl, 2 große, feste Tomaten, 2 Knoblauchzehen, Petersilie

Die Fischstücke salzen, pfeffern und mit Öl einpinseln. Über Dampf auf einer eingeölten Platte etwa fünf Minuten sanft garen. Inzwischen die Tomaten häuten, entkernen und würfeln. In zwei Eßlöffel Olivenöl schwenken, dabei den Knoblauch hinzupressen, salzen und pfeffern. Die Fischstücke auf einer Platte anrichten, die Tomaten darüber verteilen und mit gehackter Petersilie bestreuen.

4

TORTA DI FRAGOLINE

WALDERDBEERTORTE

Für eine Springform von 26 cm Durchmesser:
$^{1}/_{2}$ Portion Biskuitteig (Rezept Seite 208)
Vanillecreme:
1 Blatt Gelatine, 3 Eigelb, 3 EL Zucker, 1 Tütchen Vanillezucker, abgeriebene Zitronenschale, $^{1}/_{4}$ l Milch
Außerdem:
500 g Walderdbeeren, $^{1}/_{8}$ l Weißwein, 80 g Zucker, 2 EL Zitronensaft, 2 Blatt Gelatine

Den Teig wie beschrieben zubereiten, in einer passenden Form backen, auskühlen lassen. Für die Creme die Gelatine in kaltem Wasser einweichen. Eigelb mit Zucker und Vanillezucker im heißen Wasser dick und cremig schlagen, mit Zitronenschale würzen. Die Milch kochendheiß zufügen, auf mittleres Feuer setzen und so lange schlagen, bis die Creme dick wird und aufzuwallen beginnt. Vom Feuer ziehen, die Gelatine in der heißen Creme auflösen. Rasch, am besten in Eiswasser, abkühlen und immer wieder durchrühren.
Schließlich die Creme auf dem Biskuitboden verteilen und fest werden lassen. Die Erdbeeren auf diesem Bett verteilen und schön üppig aufhäufen. Für den Guß Wein, Zucker und Zitronensaft zum Sirup kochen, die eingeweichte Gelatine darin auflösen. Mit einem Pinsel auf die Beeren streichen, bis sie von einem glänzenden Film überzogen sind.

3

MULINO BIANCO
Palicao

Grissini – bitte handgemacht!

Man kann ihnen nicht widerstehen, den knusprigen Stäbchen, die man auf Italiens Tischen im Brotkörbchen findet. Selbst wenn sie in Cellophan verpackt und aus der Brotfabrik sind: Sie verführen zum Knabbern und Knuspern und halten den Gast bei Laune, bis endlich das Essen kommt. Ein Bäcker in Turin soll sie erfunden haben, vor gut 150 Jahren, weil Umberto, der kleine Sohn von König Vittorio Emanuele II., kein Brot mochte. Eine Erfolgsstory – Grissini kennt und liebt man seither in der ganzen Welt. Aber aus einer persönlichen Spezialität ist ein standardisiertes Produkt geworden. Gottlob aber gibt es Bäcker, die sich noch die Mühe machen, Grissini von Hand zu ziehen. Titta Moltedo ist berühmt dafür. Morgens um halb drei geht das Licht in seiner Backstube an, damit er um acht Uhr seine beiden Läden in Recco mit genügend Ware beschicken und schließlich um zehn die Restaurants der Gegend beliefern kann. Für seine Grissini wie für die Käse-Focaccia, eine Spezialität der Stadt (das kleine Bild links zeigt, wie sie hergestellt wird; das Rezept dafür steht auf Seite 38), nimmt er das teure Manitobamehl aus Kanada, ein besonders hochwertiges, eiweißreiches Mehl, das das Gebäck extra knusprig macht. Es ist ein Brotteig, dem er ein Drittel mehr Wasser zufügt als sonst, damit er weicher wird, außerdem Olivenöl für den Geschmack. Er schneidet kleine Teigportionen ab, die er mit geschickter Drehung zu fingerdicken Strängen auseinanderzieht. Damit diese nicht aneinanderkleben, werden sie mit Grieß bestreut und schließlich im Steinofen gebacken. Das klingt einfach, ist tatsächlich mit ein bißchen Übung nicht kompliziert, aber es ist Handarbeit! Anders als die Industrie-Grissini, die ja eine Maschine in akkuratem Gleichmaß ausspuckt, wird hier jedes Stäbchen, das der Gast am Tisch mit wenigen Bissen zunichte knabbert, einzeln geformt und gezogen. *Artigianale* nennt man auf italienisch diese Handarbeit, es steckt darin das lateinische Wort *ars* für Kunst. Jedermann hat großen Respekt vor der Kunstfertigkeit, die dem innewohnt, und ist gern bereit, dafür ein paar Lire mehr auszugeben.

Camogli: Fischer & Taucher

Am Südende des *Golfo Paradiso*, der weiten Bucht von Genua, liegt ein einzigartiger, unvergleichlicher Ort: Camogli. Eine Stadt, die es trotz des Andrangs der Touristen geschafft hat, ihre ursprüngliche, dem Meer zugewandte Schönheit, vor allem aber ein funktionierendes Leben zu erhalten. Das war nur möglich, weil die Camoglieser ein stolzes, selbstbewußtes Völkchen sind: mit Recht, denn lange Zeit gehörte der kleine Ort zu den großen Seemächten der damaligen Welt. Zeitweise kreuzten über 700 Segelschiffe unter seiner Flagge. Napoleon heuerte die Camoglieser Flotte für seinen Ägyptenfeldzug an – sie wurde in der Seeschlacht von Abukir von Nelson vollkommen vernichtet. Doch gaben die Camoglieser nicht auf, bauten neue Schiffe. Mitte des 19. Jahrhunderts verfügten sie über doppelt so viele Segler wie Hamburg! Und 1852 gründete Nicolò Schiaffino mit der *Assicurazione Marittima* die erste Schiffsversicherung der Welt. Doch dann kamen die Dampfschiffe, und der Glanz Camoglis war vorbei. Nur das schwarze Piratenschiff namens *Ü Dragun*, ligurisch für »Drachen«, das meist auf dem steinigen Strand liegt, zeugt noch von der einstigen Schiffsbaukunst.
Die Kunst, Hochhäuser zu bauen, haben die Camoglieser der engen Platzverhältnisse wegen schon früh erlernen müssen. Die sechs- bis siebenstöckigen Gebäude aus dem 17. bis 19. Jahrhundert, die Hafen und Bucht umstehen und sich bis über die Bahnlinie hinaufstaffeln, besitzen als Camoglieser Spezialität zwei Eingänge – einen auf der Meerseite im Parterre und einen zur Stadt in Höhe des dritten bis fünften Stocks, je nach Steilheit des Geländes!
Die Hänge hinauf schließen sich locker verstreut Landhäuser, Villen und entzückend bemalte Wohnhäuser an – in grünen Gärten mit Pinien und Palmen, zwischen Mauern voller hängender Geranien, hinter Rosenbüschen und überquellenden Glyzinienlauben, gerahmt von Bleiwurz und Bougainvilleen, Orangen, Zitronen, Kumquats und Mispeln in einer Harmonie, die ihresgleichen in Ligurien sucht.
Der mittelalterliche Stadtkern liegt auf einem vorgelagerten Felsensporn mit Castello (heute Meerwasser-Aquarium) und der fast festungsartigen, postkartenreifen Kirche Santa Maria Assunta sowie den verwinkelten, mit Lauben überwölbten Gassen des angrenzenden Felsenufers. Im stillen Hafen dümpeln Fischerboote und die Linienschiffe nach San Fruttuoso, Portofino und Santa Margherita. Nur ausnahmsweise finden sich Segel- und Motoryachten ein, der Hafen hat nichts Mondänes, sondern ist ein Arbeitsplatz. Wenn die Fischerboote am Vormittag oder gegen Sonnenuntergang einlaufen, füllt sich der Kai, die Gastwirte der Umgebung kommen und suchen sich ihre Beute. Aber das meiste verschwindet in den Eiskellern der Cooperative oder wird gleich auf den

Schmale Gassen mit flatternder Wäsche, steile Treppen, eine verschwenderische Blumenpracht, die barocke Kirche vor steinigem Strand und Uferpromenade, der stille Hafen, das blaue Meer, der diesige Himmel, die mal leuchtenden, mal verwaschenen Farben der Hochhäuser mit ihren hier dekorativen, dort perspektivischen Malereien verschmelzen zur atmosphärischen Einheit: Camogli

Großmarkt nach Genua verfrachtet. Anchovis legen die Fischer und ihre Frauen selbst ein – man kann sie im Laden der Cooperative in der Altstadt kaufen: Sie sind von unvergleichlicher Qualität!
Gefischt wird mit Netzen, mit der Leine oder mit der Angel. Aber nicht immer mit Erfolg – Fisch ist launisch! Um für reichen Segen zu bitten, findet am ersten Augustsonntag eine Bootsprozession statt, die *Stella Maris*. Und am zweiten Maiwochenende feiert man Liguriens größtes Fischfest, die *Sagra del pesce:* Über zwei Tonnen Fisch werden in einer Pfanne von vier Meter Durchmesser in 500 Liter Öl fritiert. Camogli ist dann bis auf den letzten Winkel mit Menschen angefüllt…
Eine angenehme, von Petri Heil unabhängige Geldquelle für die Fischer sind

die Sporttaucher, die an windstillen Wochenenden zu Hunderten einfallen, um die wilden Küstenformationen und die noch relativ heile Unterwasserwelt zu erforschen. Geht eine steife Brise, füllen sich Kneipen und Cafés – das Meer läßt nicht mit sich spaßen!
Dann ist auch für die Fischer Ruhe, sie treffen sich in den Hafencafés und spinnen Seemannsgarn. Da ist von einst sagenhaften Mengen von Sardellen, Sardinen und Makrelen die Rede, von gigantischen Schwert- und Thunfischen. Es sind rauhe Gesellen, die ligurisch reden, unverständlich selbst für italienische Ohren. Sie haben kehlige, durchdringende Stimmen – auf See muß man sich Gehör verschaffen, Befehle geben können! Vor allem im Frühjahr bei der Tonnara (großes Bild), dem

Die Tonnara an der »Punta Chiappa«, dem westlichsten Vorsprung des Vorgebirges von Portofino, wird seit Jahrhunderten auf die gleiche Weise eingerichtet: eine riesige Reuse, in die die Fische durch trichterförmig aufgespannte Netze geleitet werden. Die Fischer ziehen dann von einer Seite her das Bodennetz der Kammer hoch, um die Fische ins Boot zu hieven: Schwerstarbeit für starke Männer, die heute jedoch nur noch selten so viel einbringt, daß man davon allein leben könnte

Thunfischfang auf traditionelle Art, wie er von den Griechen entwickelt und sonst nur noch bei Sizilien und vor Südspanien durchgeführt wird. Doch die Thunfische sind selten geworden. Häufiger gehen ein Bonito und sogar die begehrte Ricciola ins Netz, der Gelbschwanz, ebenfalls ein Verwandter des Thuns, dessen saftiges Fleisch ungemein köstlich schmeckt – am besten übrigens roh! Der Mai bringt indes viele Mondfische (Bild rechts), die man früher kaum verkaufen konnte, weil sie so empfindlich sind: Frisch schmecken sie zwar ausgezeichnet, aber bereits nach einem Tag wird ihr Fleisch schwarz und stinkt. Deshalb lösen die Fischer unmittelbar nach dem Fang die Filets aus und schmeißen den Rest zurück ins Meer – den Möwen zur Freude.

Wie die Perle in ihrer Muschel liegt das Kloster San Fruttuoso in seiner Bucht, bewacht vom Turm des Andrea Doria. Ein Traum mit zwei kleinen Steinstränden, tiefblauem Wasser und einer erstaunlich üppigen Vegetation: Hier möchte man weilen, ein wenig alleinsein … Da das viele wollen, ist es niemand: Im Sommer und an schönen Wochenenden sollte man den Platz meiden; dann ist es laut und überfüllt, und vor der kargen Kulisse des Klosters erscheint das moderne Badeleben besonders indezent. Aber an kühlen Wochentagen ist es im Frühling unglaublich schön. Die Kirche aus dem 10. bis 13. Jahrhundert wurde bei Restaurierungsarbeiten ebenso wie der Abtspalast mit seinen unregelmäßigen Bögen und den willkürlich plazierten, dreiteiligen Fenstern teilweise fragwürdig rekonstruiert. Man kann auf einfachem Pfad oder schwierigem Steig (über Punta Chiappa, Bild links) herwandern, besser mit dem Schiff von Camogli oder Portofino aus übersetzen; aber Achtung: Bei Sturm muß man zurücklaufen – die neun Gästezimmer der Wirtschaft sind meist schon lange im voraus ausgebucht

San Rocco: schöner Blick und Großmutters Küche

Bei Camogli schiebt sich das mächtige Massiv der Halbinsel von Portofino, der sogenannte Promontorio, wie ein gigantischer Quader in die Küstenlinie der Levante. Bis knapp über sechshundert Meter hoch türmt sich dieses Vorgebirge zu einer wild zerklüfteten Hochfläche; über Ruta führt eine Paßstraße nach Santa Margherita und Rapallo; zum Meer hin fällt es in schroffen Felsklippen steil hinab. Das Naturschutzgebiet läßt sich nur zu Fuß erschließen, ist aber eher für Wandersleute als für Spaziergänger das große Vergnügen. Der letzte Ort auf der küstennahen Route zwischen Camogli und der Wildnis, bereits hoch oben, ist San Rocco. Er besteht aus nur einer Handvoll Häusern, einer hübschen Kirche (Bild unten) mit ihrer Piazza davor und bietet einen überwältigenden Blick über den Golfo Paradiso bis weit hinter Genua, bei gutem Wetter sogar über die gesamte Ponente bis zu den Bergketten des Apennin und der Meeralpen. Drumherum dichter Wald, Macchia, Urwaldgrün. Ein traumhaftes Fleckchen Erde!

In der Bäckerei von Italo Maccarini gleich unterhalb der Kirche (Spezialität *pane del marinaio*, ein hartes Dauerbrot in Kringelform, das auch längste Seefahrten zu überstehen imstande ist) kann man sich nicht nur mit dem täglichen Brot versorgen, sondern auch am Bartresen zum Frühstückshörnchen seinen Cappuccino trinken. Was die Dorfbewohner sonst an Lebensmitteln und Gemüse brauchen, kaufen sie im Kaufmannsladen am Ortseingang.

Im ersten Stock über dem Geschäft befindet sich ein Restaurant: »La Cucina di Nonna Nina«. Man erreicht es durch eine Außentreppe, die zunächst einmal in einen kleinen, entzückenden Garten mit winziger Terrasse führt – hier kann man an schönen Tagen sitzen, die spektakuläre Sicht und dazu die wunderbare, einfache, liebenswürdige Küche der Nonna Nina genießen. Durch einen winzigen Eingangsraum mit Bartresen geht es in die beiden puppenstubenhaft kleinen Zimmer mit jeweils vier, fünf Tischen – das ist das ganze Restaurant. Viel Platz ist nicht, Reservierung deshalb unerläßlich! Nicht Großmutter Nina empfängt den Gast, sondern ihre Enkelin Rosalia Dalpian. »Sie hat es leider nicht mehr miterlebt«, erzählt sie, »daß wir unser Lokal eröffneten. Es hätte ihr Spaß gemacht! Sie war eine großartige Köchin und hat uns eine Menge herrlicher Rezepte hinterlassen. Die versuchen wir zu pflegen und so ihre Tradition fortzuführen.« Allerdings ist es nicht sie, sondern Ehemann Paolo, der in der Küche regiert. Die Aufgaben sind ganz klar verteilt: Den Kontakt mit den Gästen pflegt Rosalia, der scheue, ernste Paolo bleibt lieber im Hintergrund. Da hat er schließlich auch eine

ANTIPASTO DEL MARE

VORSPEISE MIT MEERESFRÜCHTEN

Ein üppiger Teller mit verschiedenen Zubereitungen. Von der Zitrone her gesehen im Uhrzeigersinn: *Triglie e alici marinati* (marinierte Rotbarbe und Sardelle – Rezepte Seite 56 und 196), *moscardini* beziehungsweise *polpetti affogati* (gedünstete Tintenfischchen resp. Oktopusse – Rezept Seiten 242 und 58), *accinghe con pomodori* (Anchovis mit Tomaten – Rezepte Seite 194). Für *pesce luna in vino bianco* (Mondfisch in Weißwein), *razza in carpione* (Rochen im Essigsud) sowie *Insalata di Moscardini* (Salat aus kleinen Tintenfischen) folgen die Rezepte hier:

Für vier Personen:

Mondfisch:

1/4 l Fischsud aus Weißwein, Essig und Wasser, 1–2 Bund Suppengrün, Salz, 2 Lorbeerblätter, 1 TL Pfefferkörner, 1 weiße Zwiebel, 500 g Mondfischfilet (siehe Seite 49), 2–3 EL Olivenöl

Den Sud mit kleingewürfeltem Suppengrün, Salz, Lorbeerblättern, Pfefferkörnern und in Ringe gehobelter Zwiebel eine halbe Stunde kochen. Das Fischfleisch am Stück zufügen und eine Stunde köcheln. Zum Servieren das Fleisch quer zur Faser in feine Streifen schneiden, mit Zwiebelringen und frischem Olivenöl anmachen.

Rochen:

500 g Rochenflügel, 3 EL Olivenöl, Salz, Pfeffer, 2 Zwiebeln, 5–6 Salbeiblätter, 2 Thymianstengel, Saft einer Zitrone, 3 EL Essig, 1/8 l Wein, Petersilie, Olivenöl

Den Fisch anbraten, salzen und pfeffern. Herausheben und nachziehen lassen. Die Zwiebeln in Ringe hobeln, im Bratöl anbraten, dabei die feingeschnittenen Kräuter zufügen. Mit Zitronensaft, Essig und Wein ablöschen. Einige Minuten köcheln. Das von der Gräte gelöste Fischfleisch in feine Streifen schneiden und in diesem Sud marinieren. Zum Servieren herausheben, abtropfen, mit gehackter Petersilie bestreuen und mit frischem Öl beträufeln.

Salat aus kleinen Tintenfischchen:

500 g kleine Tintenfischchen, ca. 1 l Salzwasser, Petersilie, Pfeffer, 3–4 EL Zitronensaft, 4 EL Olivenöl

Die Tintenfische putzen, in Salzwasser zum Kochen bringen. Im Sud abkühlen. In Stücke schneiden, mit Petersilie, Pfeffer, Zitronensaft und Öl anmachen.

Menge zu tun, denn Nonna Ninas Küche ist aufwendig. Ihre Rezepte stammen aus jener sogenannten Armeleuteküche, die nur mit einem verschwenderisch umgehen konnte: mit Zeit beziehungsweise Arbeit. Es versteht sich, daß sämtliche Nudeln hausgemacht sind, auch die komplizierten *trofie* oder die noch seltener gewordenen *corzetti*, Klassiker der ligurischen Küche. Um erstere herzustellen, bedarf es nicht nur Geduld, sondern auch großer Geschicklichkeit: Man zupft Teigstückchen ab und rollt sie so zwischen den Handflächen, bis sie zu dünnen Würstchen geworden sind, die oben und unten spitz zulaufen und sich schließlich wie ein Korkenzieher um ihre eigene Achse drehen. Man solle das Teigwürmchen um eine Stricknadel drehen, um ihm die richtige Wendung zu geben, lautet ein angeblich hilfreicher Tip, aber das dauert nur noch länger und gelingt auch nicht besser. In der kühleren Jahreszeit bereitet man *trofie* gern aus dem typisch ligurischen süßlichen Kastanienmehl zu. Man mischt es jedoch meist fast bis zur Hälfte mit normalem Haushaltsweizenmehl, um dem kleberarmen Kastanienmehl eine bessere Bindung zu geben (siehe auch das Rezept Seite 40). Um die *corzetti*, runde geprägte Nudelflecken, anzufertigen, hat man zwar ein spezielles Holzmodel zur Verfügung (siehe Seite 54), aber es bedarf dennoch unendlich viel Geduld und Mühe. Natürlich sind auch sämtliche Kuchen zum Dessert nach Großmutterart selbstgemacht. Und mit den Zitronen aus dem eigenen Garten bereitet Paolo nach ihrem Rezept den süßwürzigen *Limoncino* zu, einen besonders köstlichen Zitronenlikör, wie man ihn nirgendwo kaufen kann. Das Rezept finden Sie auf Seite 181.

1

CORZETTI CON SUGO DI CARCIOFI

GEPRÄGTE TEIGFLECKEN MIT ARTISCHOCKENSAUCE

Für vier Personen:
250 g frische Corzetti (Flecken aus frischem Nudelteig, siehe unten) oder andere frische Nudeln
Artischockensauce:
1 Zwiebel, 3 Knoblauchzehen, 2–3 EL Olivenöl, 3–4 Petersilienstengel, 4 Artischocken, Zitrone, Salz, 1/8 l Weißwein, 1 Tasse frisches, gewürfeltes Tomatenfleisch (ohne Haut und Kerne), 2 EL Pinienkerne

Zwiebel und Knoblauch fein hacken, im heißen Olivenöl andünsten. Gehackte Petersilie zufügen sowie die in dünne Scheibchen geschnittenen Artischockenherzen (unbedingt in Zitronenwasser aufbewahren, damit sie schön hell bleiben). Salzen, den Wein angießen, die Tomatenwürfel zufügen. 20 Minuten ohne Deckel leise dünsten. Erst zum Schluß die Pinienkerne einrühren. Die bißfest gekochten Nudelflecken in dieser Sauce zwei Minuten schwenken und schließlich heiß servieren.

2

SEPPIE CON PISELLI

TINTENFISCH MIT ERBSEN

Für vier Personen:
3–4 Knoblauchzehen, 2–3 EL Olivenöl, 4 Stengel Petersilie, 1 kg Tintenfische, 1 Kartoffel, 2 Thymianzweige, 1 Glas Weißwein, Salz, Pfeffer, 300 g Erbsen

Knoblauch im Öl andünsten, Petersilie zufügen, ebenso die in Stücke geschnittenen, geputzten Tintenfische. Nach drei Minuten mit etwas Nudelkochwasser ablöschen. Die Kartoffel fein reiben, mit den Tymianzweigen zufügen. Nach zehn Minuten den Wein angießen, salzen und pfeffern. Ganz zum Schluß die blanchierten Erbsen einrühren.

3

BUDINO ARROSTO

GEBACKENER PUDDING

Tatsächlich ist es weder Pudding noch Flan, sondern eine gestürzte Creme, die mit Gelatine gefestigt ist. Die zerriebenen Amaretti auf der Oberfläche muten ein wenig an, als ob die Speise aus dem Ofen käme.

Für vier bis sechs Personen:
5 Eigelb, 5 EL Zucker, 1/4 l Milch, 3 Blatt Gelatine, 1/4 l Sahne, 200 g Amaretti (Mandelplätzchen), 3–4 EL Amarettolikör

Eigelb und Zucker mit dem Handrührer dick und cremig schlagen. Die Milch aufkochen, heiß zur Eiercreme geben und auf mittlerem Feuer oder im Wasserbad so lange schlagen, bis die Creme heiß und dicklich wird. Die eingeweichte Gelatine darin auflösen, die flüssige Sahne zufügen. In Förmchen füllen und abkühlen, über Nacht endgültig fest werden lassen. Zum Servieren stürzen, auf Tellern anrichten. Die Plätzchen zerkrümeln und mit dem Likör mischen. Jeweils auf der Oberfläche verteilen. Mit Mandelplätzchen dekoriert servieren.

Jeder Morgen beginnt mit dem Nudelmachen: Paolo Dalpian dreht den Teig für die Corzetti durch die glatten Walzen der Nudelmaschine

Mit einem speziellen Holzmodel prägt er ein Muster in den Teig. Er besitzt eines mit dem Logo seines Restaurants: »Nonna Nina«

Schließlich werden die Teigflecken ausgestochen. Damit das Muster schön hervortritt, läßt man sie einzeln ins Kochwasser gleiten

Tochter Silvia studiert in Genua. Aber sonntags kommt sie gern nach Hause und hilft Mutter Rosalia im Service. Dann ist hier schon mittags geöffnet und der Teufel los. Unter der Woche geht es eher beschaulich zu. Trotzdem ist es auch dann ratsam, sich anzumelden. Auf jeden Fall muß reservieren, wer im Sommer einen der Plätze im Garten ergattern will

3

1

ALICI MARINATE

MARINIERTE SARDELLEN

Die kleinen, wunderschön silbrig glänzenden Fischchen müssen absolut frisch sein, wenn man sie so zubereiten will: Sie werden dafür behutsam entgrätet, das dekorative Schwanzende bleibt dran, der Kopf wird entfernt. Mit der Hautseite nach unten nebeneinander auf eine Platte breiten, salzen, pfeffern und großzügig mit Zitronensaft beträufeln. Drei bis vier Stunden durchziehen lassen, dann frisches Olivenöl darübergießen – fertig!

2

RICCIOLA MARINATA

MARINIERTER GELBSCHWANZ

Es handelt sich um genau jenen Fisch, der in Japan als Yellowtail besonders begehrt auf der Sushiplatte ist. Er schmeckt also roh köstlich, läßt sich aber natürlich auch wunderbar auf italienische Art marinieren: Die Filetscheiben werden dafür zuerst gesalzen und gepfeffert und mit Zitronensaft beträufelt.
Nach zwei, drei Stunden gießt man den Saft ab, streut gehackte Petersilie und träufelt dann reichlich duftendes Olivenöl darüber.

3

MUSCIAME DI TONNO

GERÄUCHERTER THUN

Das Thunfischfilet wird eingesalzen und muß sechs Monate lang reifen. Das Fleisch ist dann fest und läßt sich in sehr dünne Scheiben schneiden. Mit Tomatenschnitzen anrichten, mit Pfeffer übermahlen und mit Olivenöl beträufeln.

4

TARTUFI, MUSCOLI E VASOLARI IN VERDE

MUSCHELN IM GRÜNEN

Die gewaschenen Muscheln zuerst in einer großen trockenen, bereits heißen Pfanne so lange erhitzen, bis sie alle geöffnet sind, den dabei in der Pfanne sich sammelnden Saft wegkippen – so wird womöglich enthaltener Sand entfernt, auch bitterer Geschmack.
Statt dessen drei bis vier Eßlöffel Olivenöl in die Pfanne geben sowie drei zerquetschte Knoblauchzehen. Reichlich gehackte Petersilie zufügen, alles gründlich durchschwenken. Zum Schluß mit etwas Weißwein ablöschen.

5

CORNETTI AL PINZIMONIO

MEERESSCHNECKEN IN ÖL

Sie werden in kaltem Wasser aufgesetzt – sobald es kocht, sind die Meeresschnecken gar. Dazu ein Schälchen mit erstklassigem Olivenöl reichen, das lediglich mit Salz und Pfeffer gewürzt ist. Die Gäste pulen sich mit einer Stecknadel die Schnecken aus ihrem Gehäuse, tunken sie ins Olivenöl und verspeisen sie mit Genuß!

»Agorá«: ein Platz für frische Fische!

Idyllische Lage mit Hafenatmosphäre oder erstklassiger Fisch – dazwischen muß sich entscheiden, wer in Camogli essen gehen will. Das Restaurant »Agorá« liegt in der zweiten Reihe, hinter der pittoresken Hafenfront. Man kann zwar auf einer Veranda bei schönem Wetter draußen sitzen, aber die Gegend ist nicht sehr attraktiv: Darüber liegt die Markthalle, deren Dach ein Parkplatz ist... Das bedeutet, daß Sergio Cirotto und sein Koch Vittorio Bettoni sich doppelt anstrengen müssen, damit die Kundschaft sich hierher bemüht, auch wenn es nur zwei Schritte abseits der Touristenpfade sind. Hinzu kommt: Sergio ist Sarde; die Antipathien zwischen Sarden und Italienern im allgemeinen, Ligurern im speziellen sind geradezu sprichwörtlich. Gottlob trifft das nicht auf Vittorio zu, den man, wie ein Blick bestätigt, zu Recht Baffo, also Schauzbart, nennt. Beider Väter hatten

schon zusammengearbeitet – »deshalb«, grinst Baffo, »klappt es auch mit uns. Sonst hätten wir natürlich nie ein Wort gewechselt!«, und er lacht, daß sein Walroßschnauzer nur so zittert.

Das Leben hat die beiden hierher verschlagen, und die Liebe zum Fisch. Sergio hält innigen Kontakt zu den Fischern, die ihm gerne unverzüglich ihre Beute bringen, denn er zahlt einen guten Preis. »Das A und O der guten Küche«, erklärt er lapidar seine Philosophie: »Man muß natürlich beste Zutaten verwenden, ganz frischen Fisch und den *al momento* zubereiten – dann kann nichts schiefgehen.«

Zum Beispiel *musciame:* eine Spezialität aus den Gegenden Liguriens, wo Fischschwärme in einer Tonnara aufgefangen wurden (siehe Seiten 48/49). Früher verwendete man dafür Delphinfilets. »Seit man sie nicht mehr anrühren darf«, bedauert Sergio, »muß man Thunfisch nehmen.« Und sein Ton läßt keinen Zweifel daran, daß er dafür nicht viel Verständnis hat...

1

SPAGHETTI NERI CON SCAMPO

SCHWARZE SPAGHETTI MIT SCAMPO

Für vier Personen:
4 Scampi, 2 EL Olivenöl, 3–4 Knoblauchzehen, 2 feste Tomaten, 10 Basilikumblätter, 2–3 EL Sahne, 250 g schwarze Spaghetti, Salz, Pfeffer

Die Scampi im heißen Öl kräftig anrösten, damit ihre Schale das Öl parfümiert. Feingehackten Knoblauch zufügen, auch die gehäuteten, entkernten und gewürfelten Tomaten sowie die grob zerrissenen Basilikumblätter. Die Scampi bereits nach spätestens fünf Minuten herausnehmen und zugedeckt zum Nachziehen beiseite stellen, sie werden sonst trocken. Die Tomaten zufügen und einige Minuten köcheln. Die Sahne und schließlich die in Salzwasser bißfest gekochten Spaghetti zufügen. Gründlich mischen, salzen und pfeffern. Auf vier Teller verteilen und jeweils mit einem Scampo dekorieren, dessen Fleisch die Gäste sich selbst auslösen.

1

2

ORATA ALLA PAESANA

BRASSE NACH LANDESART

Für zwei Personen:
500 g Kartoffeln, 4 EL Olivenöl, Salz, Pfeffer, 1 schöne Brasse von ca. 800 g, 3–4 EL Pinienkerne

Die Kartoffeln schälen und in halbzentimeterdicke Scheiben schneiden. In eine Bratenreine verteilen, mit zwei Eßlöffeln Öl tränken, salzen und pfeffern. Für etwa zehn Minuten in das auf 180 Grad vorgeheizte Backrohr schieben (Heißluft). Die Brasse mit Salz und Pfeffer einreiben, auf das Kartoffelbett legen, mit dem restlichen Öl begießen und 20 Minuten im Ofen backen. Erst fünf Minuten vor dieser Zeit die Pinienkerne darüberstreuen. In der Form zu Tisch bringen!

2

3

PESCE SOTTO SALE

IM SALZ GEBACKENER FISCH

Die klassische Zubereitung, die so spektakulär wirkt und so verblüffend wenig Arbeit macht. Übrigens kann man das Salz immer wieder verwenden!

Für zwei bis vier Personen:
1 Portionsfisch (z.B. Wolfsbarsch, Brasse) von ca. 800 g bis 1,2 kg, ca. 1 kg grobes Meersalz

Den Fisch innen und außen säubern. Einen Teil des Salzes als Bett auf ein Backblech häufen, den Fisch darauf setzen und mit dem restlichen Salz zudecken – es darf nirgendwo mehr ein Stückchen vom Fisch herausschauen. Das Salz ruhig ein wenig anfeuchten, damit es sich leichter in Form bringen läßt. Im 180 Grad heißen Ofen (Heißluft) etwa 30 bis 40 Minuten backen – je nach Größe des Fisches.
Das Salz erst bei Tisch aufklopfen und vorsichtig abheben. Die Haut abziehen, darunter präsentiert sich das Fischfleisch herrlich saftig und zart.

4

MOSCARDINI AFFOGATI

GEDÜNSTETE KLEINE TINTENFISCHE

Was bei uns einfach Tintenfisch heißt, hat in Italien je nach Größe einen anderen Namen. Moscardini sind höchstens fingerlang.

Für vier Personen:
3 Knoblauchzehen, 1 kleiner Bund Petersilie, 2–3 EL Olivenöl, 1 EL kleine Kapern, ca. 1 kg kleine Tintenfischchen, 3 EL Tomatensugo (Rezept Seite 16)

Knoblauch und Petersilie fein hacken und im Öl andünsten. Kapern zufügen. Die sorgfältig geputzten Tintenfischchen (die Innereien aus dem Kopf entfernen) zufügen und den Sugo. Auf mildem Feuer etwa zehn Minuten sanft ziehen lassen.

Focaccia, Pizza, Camogliesi

Die Focaccia ist das traditionelle Fladenbrot der Ligurer: Hefeteig wird flach ausgerollt, mit Öl beträufelt, gesalzen und kurz bei großer Hitze gebacken – der einfachste Himmel auf Erden ... Tatsächlich findet man solch flache Brote im ganzen Mittelmeerraum. Sie haben sich aus den assyrischen Urbroten entwickelt. Die bekannteste Variante ist die neapolitanische Pizza mit Tomaten, die man aber erst seit dem 18. Jahrhundert kennt. In den Bergen Liguriens liebt man dicke Focacce (man nimmt weniger Öl und läßt den Teig länger ruhen), am Meer die dünneren Fladen, deren ölhaltiger Teig vor dem Backen nur ganz kurz gehen darf.

Die besten Focacce der Küste gibt's bei »Revello« in Camogli. Der kleine Laden mit den fünf Stufen am Lungomare ist längst eine Institution, seit Giacomo Revello sich 1964 hier einrichtete. Inzwischen sind sein Neffe Agostino und sein Sohn Massimo mit von der Partie und backen von früh bis spät ganze Wagenladungen von Blechen – für Einheimische wie für Touristen. »Hier darf nur die Focaccia rauchen!« steht auf einem Schild, und so ist es denn auch: Die ofenheiße, verführerisch duftende Köstlichkeit in der Hand, verläßt jeder den Laden mit Heißhunger! Die Naschkatze setzt sich dann gleich aufs Mäuerchen gegenüber, nur der Standhafte trägt das Päckchen ungeöffnet nach Hause.

Die Auswahl garantiert noch keine Qualität. Gibt es ein Geheimnis? »Nein – Übung macht den Meister!« lacht Giacomo. Es wird natürlich ebensowenig verraten, wie das der anderen Spezialität des Hauses, der *Camogliesi.* Die pralinenartigen Süßigkeiten auf Basis von Mandeln und Zucker, wahlweise aromatisiert mit Rum, Kaffee, Schokolade, Amaretto oder Orangenschale, werden »nur« geknetet, geformt und kurz gebacken. Giacomo Revello, hier im Gespräch mit Antonio Carluccio, dem italienischen Restaurateur und Buchautor aus London, der gerade eine Reportage über ihn macht, hat sich sein Rezept schützen lassen. Dennoch werden die Camogliesi überall imitiert – aber nirgendwo erreichen sie das Original!

FOCACCIA

LIGURISCHER HEFEFLADEN

In dieselbe Familie gehören die Sardenaira, die man an der Ponente schätzt (Rezept Seite 142), die Fugassa (Seite 150), natürlich auch die Käse-Focaccia aus Recco (Seite 39).

Für sechs Personen:
Hefeteig:
1 kg Mehl, 1 Würfel Hefe, 1 Prise Zucker, 1 Glas lauwarme Milch, 6 EL Olivenöl, Salz, ca. $^1/_2$ l lauwarmes Wasser

Das Mehl in eine Rührschüssel schütten, die mit Zucker in der Milch aufgelöste Hefe in die Mitte gießen. Mit dem Knethaken des Handrührers oder der Küchenmaschine zu einem Teig verarbeiten, dabei langsam das Öl, Salz und so viel Wasser zufügen, bis ein geschmeidiger, aber gut formbarer Teig entstanden ist. Als Kugel in eine Schüssel legen und zugedeckt an einem warmen Ort mindestens zwei Stunden gehen lassen.
Den Teig zentimeterdick ausrollen, auf ein mit Öl eingepinseltes Blech breiten. Mit den Fingerspitzen Dellen in die Oberfläche drücken. Großzügig mit Öl begießen, mit grobem Salz bestreuen und im 250, besser noch 300 Grad heißen Ofen acht bis zehn Minuten backen.
Die Revellos bieten folgende Varianten an – im Bild links, obere Reihe: *Focaccia con olive* (mit schwarzen Oliven), *con cipolle* (mit Zwiebeln), *primavera* (mit Zucchini- und Paprikawürfeln), *con formaggio* (mit Käse), weiterhin – untere Reihe – *camogliese* (nur mit Olivenöl), *con polpa di oliva e cipolle* (mit Olivencreme und Zwiebeln), *con salvia* (mit feingehacktem Salbei), *con polpa di oliva* (mit Olivencreme im Teig), nicht im Bild *mediterranea* (mit grünen und schwarzen Oliven und Origano), *saracena* (aus Buchweizenmehl) sowie sämtliche, nur denkbare Sorten von Pizzen.

»Cenobio dei Dogi«: wohnen wie Fürsten

Die Lage dieses Hotels ist einmalig: am Rande der Bucht von Camogli an das steil aufragende Vorgebirge geschmiegt und nach Westen gerichtet. Man überblickt den gesamten Golfo Paradiso, sieht die Schiffe in den Hafen von Genua einlaufen, kann die Starts und Landungen auf dem Flughafen Cristoforo Colombo beobachten, ohne auch nur einen Ton zu hören. Überhaupt ist es hier für italienische Verhältnisse unvergleichlich still: Nur in den nach hinten gehenden Zimmern könnte das Pfeifen der in den Tunnel einfahrenden Züge stören. Warum indes sollte, wer hier Logis zu nehmen beschließt, nicht aufs Meer hinausblicken? Warum nicht ein Zimmer nehmen, in dem nur das durch die vorgelagerte Terrasse mit Schwimmbad gedämpfte Rauschen der Brandung

an den Felsen als eine beruhigende, einschläfernde Geräuschkulisse zu hören ist? Auf ein paar hunderttausend Lire wird es doch nicht ankommen?
Der Luxus dieser sensationellen Lage hat ihren besonderen Preis. Dies sehen die Gäste selbst dann so, wenn sie objektiv feststellen müssen, daß die Ausstattung nicht unbedingt internationalem Luxusstandard entspricht. Eine ergebene Klientel hat sich daran gewöhnt, daß hier nicht mit deutscher oder asiatischer Effektivität, sondern mehr mit italienischem *dolce far niente* verwaltet wird. Und die Stammkunden haben »ihr« Zimmer, weil sie wissen, daß man hier das in Ligurien sonst seltene Schauspiel des Versinkens der Sonne im Meer erleben kann. Vorausgesetzt, die Sicht ist nicht, wie meist über dem Golf, etwas verschleiert. Dann schimmern die Farben verwaschen, die seidige Luft umhüllt alles in versöhnlich stimmender Harmonie. Wenn die Sonne doch einmal ungetrübt untergeht, ist es aber ein Spektakel. Und nächtens mag dann der Mond sogar so hell scheinen, daß unromantische Leute finden, man könne nun die Zeitung lesen.

Das »Cenobio dei Dogi« hat eine romantische Vergangenheit – schon im 16. Jahrhundert haben Genueser Dogen hier ein »Castellaro« errichtet, um sich an der Stille der Natur zu laben. Nach mehreren Besitzerwechseln hat schließlich die Genueser Familie de Ferrari die Villa und den baumreichen Park erstanden. 1956 beschloß Emilio de Ferrari mit beträchtlichem Aufwand, der auch heute noch Basis des Hauses ist, ein Hotel daraus zu machen – er nannte es in Reminiszenz an seine Vergangenheit »Kloster der Dogen«. Es ist heute noch in Familienbesitz. Neuerdings bemüht man sich einerseits um Honeymooner aus den USA, andererseits um Tagungen für Spitzenmanager – die schöne Lage dürfte zur Lösung selbst schwierigster Probleme beitragen.

Neben dem Swimmingpool mit Sonnenterrasse bieten zwei Strände Zerstreuung, man kann Boote mieten, segeln, surfen, tauchen. Und man kann, was für Italiens Luxushotels absolut ungewöhnlich ist, ausgezeichnet essen: am Strand einfache, präzise gegarte Grillgerichte und im Restaurant äußerst

sorgfältig zubereitete Speisen. Freilich ist die Karte auf das internationale Publikum zugeschnitten, aber Küchenchef Emilio Pagani freut sich, wenn Gäste Extrawünsche äußern und er auf sie eingehen darf. Die Zutaten sind selbstverständlich von erster Qualität, die Fische sensationell frisch: Schlag zwölf Uhr werden sie vom Fischer gebracht, nach ein paar Minuten schon serviert!

Das Restaurant aus den sechziger Jahren ist elegant, wenn auch die Tische mit eher ligurischem Sinn für Gemütlichkeit aufgestellt sind. Das Ambiente erstrahlt in nostalgischer Gediegenheit: solides, unverschnörkeltes Silber, feine Wäsche, herrliche Blumen. Den Service leitet Giulio del Bono, der seit 17 Jahren hier mit Souveränität und starker Stimme regiert und seine Gäste vielsprachig empfängt und berät – es soll Leute geben, die nur seinetwegen hier zu speisen belieben. Oder nicht doch auch wegen des atemberaubenden Blicks auf die Theaterkulisse Camoglis?

1

ANTIPASTO DI MARE

FISCHVORSPEISE

Auf dem Teller sind versammelt: dünne Scheiben von der Lachsforelle, in Weißweinessig kurze Zeit mariniert; hauchzarte Tranchen vom geräucherten Schwertfisch; eingelegte, frische Sardinen; eine gesottene Muschel und Tiefseegarnelen in Cocktailsauce – das alles klingt nicht sehr spektakulär, es sieht auch aus wie anderswo: Nimmt man aber, wie hier, erstklassige Zutaten und keine billige Tiefkühlware und behandelt sie sorgfältig, so ist ein solcher Vorspeisenteller der Himmel beziehungsweise das Meer auf Erden!

2

MISTO ALLA GRIGLIA

FISCHE UND MEERESFRÜCHTE VOM GRILL

Alles ist hier überaus sorgfältig vorbereitet: Die Unterseite der Scampi wurde vor dem Grillen herausgeschnitten, die Schale dann auf dem Rücken liegend gegrillt – so bleibt der Saft erhalten, und das Fleisch läßt sich mühelos herausheben. Garnelen, Tintenfischchen und eine schöne Brasse sind jeweils perfekt gegart, saftig, zart und ein Hochgenuß. Dazu werden gekochte Salzkartoffeln serviert, die zu würzen natürlich dem Gast die Olivenölflasche und die Pfeffermühle auf den Tisch gestellt werden, sowie eine mit Mozzarellakäse überbackene Auberginenscheibe.

3

FRITTURA MISTA

GEBACKENE MEERESFRÜCHTE

Für vier bis sechs Personen:
ca. 1,5 kg möglichst kleine Fische und Meeresfrüchte, Hartweizengrieß, Olivenöl zum Ausbacken

Die Fische und Meerestiere gründlich waschen, putzen und säubern. Gut abtrocknen, in einem Sieb mit Grieß bestäuben und durchschütteln, damit nur ein dünner Film haftenbleibt. Portionsweise in heißem Öl golden ausbacken. Auf Küchenpapier abtropfen und rasch servieren. Ganz wichtig: ein gutes Olivenöl zum Fritieren nehmen!

4

FRAGOLE AL LIMONE

ERDBEEREN MIT ZITRONENSAFT

Mit Mascarpone, Vanilleeis, einfach mit Zucker oder zusätzlich mit Zitrone – das sind die klassischen Arten, wie man in Italien Erdbeeren ißt. Und mit den herrlich aromatischen Früchten, wie man sie dort zur Verfügung hat, braucht's auch wirklich nicht mehr zum Hochgenuß!

1
3
2
4

Geschichte und Gemüse: Albenga

Keine andere Stadt Liguriens kann so viel aus der Vergangenheit erzählen wie Albenga. Zwar sind die Zeugnisse der Besiedelung durch Ligurer und Römer fast vollkommen untergegangen, doch lohnt sich ein Blick in die Geschichte der Stadt, weil dadurch viel vom Wesen Liguriens klar wird. Von den drei altligurischen Stämmen – den Intimiliern von Ventimiglia, den Sabatern von Vado bei Savona und den Ingaunern von Albenga – waren letztere die mächtigsten, begünstigt durch die strategisch bedeutsame Lage ihrer Hauptstadt: *Albium Ingaunum* befand sich am Ende des westlichsten großen Handelsweges von der Poebene ans Mittelmeer.

Als die griechischen Phokäer Marseille gründeten und ihre Vorherrschaft im westlichen Mittelmeer ausbauten, waren die ingaunischen Piraten eine ernsthafte Gefahr. Und als die Römer sich mit den Genuaten und Massiliern gegen Karthago verbündet hatten, standen die Ingauner als natürliche Konkurrenten auf Seite der Punier – die Verstrickungen der Ligurer mit Nordafrika haben lange Wurzeln. Es nützte alles nichts, die Römer obsiegten, erschlossen die gesamte ligurische Küste und legten die Via Aurelia an. Die Stadt, jetzt einer der wichtigsten Handelsschnittpunkte der damaligen Welt, gedieh prächtig und wurde nach der Christianisierung Bischofssitz.

Anfang des 5. Jahrhunderts kamen die Vandalen und zerstörten *Albingaunum* bis auf die Grundmauern. Als wichtiger Stützpunkt zunächst der weströmischen Macht wurde es sofort wieder aufgebaut, schon bald byzantinisch und fiel 641 den Langobarden zum Opfer, die es erneut zerstörten.

Die mittelalterliche Geschichte ist noch wechselvoller: Erst zur tuskischen Mark gehörig, kam *Albinganum* an die Arduinische Mark, Grafschaft von Ivrea, womit die alten kulturellen und wirtschaftlichen Bindungen mit dem piemontesischen Raum wiederbelebt wurden. Adelaide von Susa machte *Albenganum* sogar zur Hauptstadt ihres Reiches. Es folgten die Clavesaner, die Beziehungen nach Norden gestalteten

Tavernetta
La città vecchia

sich enger als die zu den westlichen und östlichen Nachbarn. Durch die Teilnahme am erfolgreichen ersten Kreuzzug gewann Albenga an Geltung. Andererseits geriet es, wie alle Städte Italiens, in den Machtstreit zwischen Kaiser und Papst. Und da entschied sich Albenga wieder einmal falsch, gegen das guelfische Genua, also für Barbarossa und Friedrich II. Das brachte Bischof und Clavesaner auf, innere Zerstrittenheit war die Folge. Wechselnde Verbündete konnten nicht helfen, Genua obsiegte, Albenga verlor wieder sein traditionelles Piemonteser Hinterland. Außerdem hatte ein falsch geplanter Kanal zu einer katastrophalen Überschwemmung der Stadt geführt, wobei der Fluß Centa seinen Lauf änderte, der Hafen verlandete und die Küstenlinie sich schließlich von der Stadt weg weit ins Meer vorschob. Albenga versank in den Schlaf einer unbedeutenden Kleinstadt.
Dieses damalige Unglück erlaubt es uns heute, die Stadt in seltener Unversehrtheit zu erleben: Umringt von häßlichen Neubauvierteln, beschützt von der gewaltigen Stadtmauer, geben Geschlechter- und Stadttürme, Bischofspalast, Rathaus, das Baptisterium aus dem 5. Jahrhundert mit seinen großartigen Mosaiken, die reiche Kathedrale, die Paläste des Adels und viele andere weltliche Baudenkmäler ein einzigartiges Bild vom mittelalterlichen Wohlstand. Es herrscht lebendiges Treiben – Läden, Obst- und Gemüsestände, Antiquitätengeschäfte, Flohmarkt. Golfer finden landeinwärts den Platz von Garlenda. Ein archäologischer Küstenwanderweg führt an römischen Ruinen vorbei nach Alassio, im Flußbett der Centa kann man Fundamente römischer Bauten entdecken, im *Museo Navale Romano* die Reste eines römischen Schiffes bewundern, das vor Albenga sank, sowie die Weinamphoren, die mit ihm ausgegraben wurden. Ob das Schiff damals hier ein- oder auslief, also Wein brachte oder exportierte, weiß man nicht. Möglicherweise wurde schon damals in Ligurien Wein angebaut. Die Gemüsefelder um Albenga entwickelten sich jedoch erst Mitte des letzten Jahrhunderts, nachdem die sumpfige Flußmündung entwässert und urbar gemacht worden war. Der leichte, mineralstoffreiche Boden der Schwemmlandebene der Centa liefert erstklassiges Gemüse, Beeren, Obst und Blumen. Am berühmtesten ist der violette Spargel von Albenga, der mit seinem delikaten Geschmack die Feinschmecker erfreut!

1

ASPARAGI AL LIMONE

SPARGEL MIT ZITRONE

Gerade der lila Spargel, der ja noch viel gemüsiger und charakteristischer ist als der bei uns übliche grüne oder gar weiße, schmeckt so am allerbesten: lediglich in Salzwasser bißfest gekocht und dann mit Zitronensaft und Olivenöl beträufelt – wer mag, streut sich noch frisch geriebenen Parmesan darüber. Für uns ist es zum perfekten Genuß nötig, den Spargel sorgfältig zu schälen – italienische Köche sehen das weniger streng: Der Spargel wird ungeschält gekocht, man beginnt vom Kopf zu essen und lutscht das Fleisch einfach aus.

Die dicken Auberginen eignen sich für Aufläufe – in Scheiben angebraten und mit anderen Zutaten eingeschichtet. Kürbisranken mit Blättern bereitet man wie Spinat zu, die bittere Scorzabianca-*Wurzel wird gekocht und mit Zitronensaft in Olivenöl serviert*

Zucchiniblüten gibt es gleich in ganzen Sträußen: Durch Ausbackteig gezogen und fritiert sind sie eine beliebte Vorspeise. Man kann sie auch füllen und dämpfen oder braten, und gerne gibt man sie in Ravioli-Füllungen oder dünstet sie kleingehackt zu Nudeln

Gelbe und rote Paprika: Besonders gut für geschmortes Gemüse, peperonata, *und vor allem als Vorspeise – sie werden dafür im Backofen geröstet oder gegrillt, gehäutet, entkernt und mit Salz, Pfeffer, Knoblauch, Zitronensaft und Olivenöl angemacht*

Artischocken, das wichtigste Frühjahrsgemüse – mild und rund oder bitter und länglich, mit gefährlichen Dornen: spinosi. *Sie werden geschält, bis nur noch das Herz übrig ist, in Scheiben geschnitten und gebraten oder gedünstet, zu Fisch, Fleisch und Nudeln*

Cuore di bue, *Ochsenherz, heißen die schwach gerippten Tomaten mit kleiner Spitze (auch auf dem großen Bild). Man nimmt sie zu Salat, ebenso die stark gerippten* costoluti, *die man aber lieber grün verwendet. Strauchtomaten braucht man für den Nudel-Sugo*

Die langgezogenen Kürbisse schmecken, jung geerntet, wie Zuccini. Sie werden gedünstet oder gebraten. Ausgewachsene Exemplare werden für Pürees, Suppen und Flous verwendet. Sau- oder Pferdebohnen (unten) ißt man am liebsten roh, natürlich gehäutet

Pigato & Vermentino

Überall in Ligurien wächst Wein. Aber es sind meist nur winzige Terrassen, hier ein paar Stöcke, dort ein kleiner Hang, dazwischen Felder, Oliven, Obst- und Blumengärten: Hier herrschte Realteilung, so entstanden winzige Parzellen, die jede dynamische Entwicklung der Landwirtschaft verhinderten.
Das Weingut von Maria Donata Bianchi gehört, obwohl nur vier Hektar bewirtschaftet werden, schon zu den größeren Betrieben. Sie ist Anwältin, ihr Mann, Emanuele Trevia, kümmert sich um den Wein. Er ist, wie schon sein Vater, Weinbauberater und hatte in dieser Funktion seine Frau kennengelernt. Sie verkaufte damals ihre Trauben, wie fast alle Weinbauern, an eine der großen Kellereien. Und die prägten mit dem unterschiedlichen Lesegut den eher mäßigen Ruf des ligurischen Weins.
Das seit 1983 verheiratete Paar schlug einen anderen Weg ein, den der Qualität – durch Ertragsbegrenzung und moderne Kellerarbeit: Zusammen mit seinem Arbeiter Vincenzo, der hier während der Blüte die Reben hochbindet, verbesserte Emanuele die Qualität der Trauben. »Wenn man sich im Weinberg alle Mühe gibt, kann man im Keller kaum mehr etwas falsch machen«, sagt er bescheiden. »Wir hacken und mähen alles mit der Hand, spritzen keine Herbizide. Und wenn der Vermentino das Meer sieht, bleibt er gesund und entwickelt Aroma.« Tatsächlich geht in seinem Weinberg unter dem Klarissinnenkloster von Diano Castello immer ein leichter, kühlender, Fäulnis vertreibender Wind. Im Sommer ist es hier längst nicht so heiß wie weiter landeinwärts. »Dort fühlt sich der Pigato wohl, der braucht mehr Wärme.« Neben diesen beiden klassischen Weißweinsorten hat Emanuele auch Sangiovese, Barbera und Dolcetto für Rossese und Rosé gepflanzt. Seine Weine zeichnen sich durch kräftige Struktur, würziges Aroma, leichten Bittermandelton und elegante Kraft aus. Vom Pigato und Vermentino füllt er jeweils ein Barrique, mit dem er den im Tank neutral ausgebauten Wein verschneidet, ohne dessen Fruchtigkeit zu zerstören: Weine für Liebhaber, nur in guten Restaurants zu finden!

Elegant: Bordighera

Gewandt: Sommelier

Fragil: Stühle aus Chiavari

Krümig: ligurische Pizza

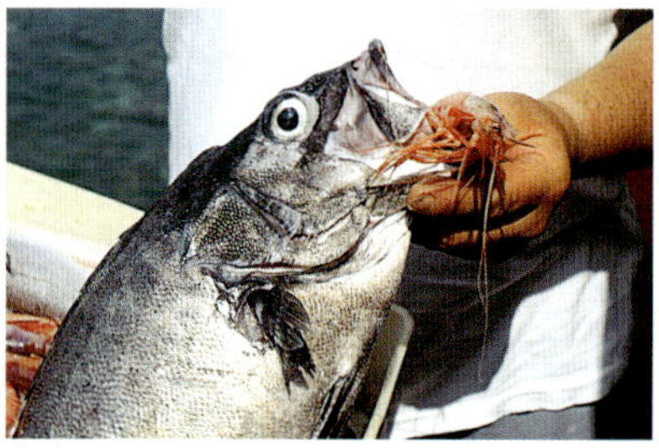

Stolz: der Fischer und sein Fang

Herzlich: die große Köchin mit ihrer Crew

Leicht: Weißwein von der Ponente

Idyllisch: Strandbad für Feinschmecker

SOMMER

Ferienfreuden am Meer und in den Bergen. Fisch, frisch vom Fischer, Grillvergnügen und die große kulinarische Oper

Laigueglia: Fischmarkt am Strand

Der berühmteste Badeort an der Riviera? Es ist noch nicht lange her, da wußte jedes Kind die Antwort: Alassio! Und heute? Der größte Hotelpalast am längsten und schönsten Strand der ganzen Küste steht seit Jahren leer, ist fest verrammelt und gammelt vor sich hin, ein Mahnmal ruhmreicher, längst vergangener Zeiten. Das kleine Laigueglia, das sich Richtung Capo Mele in der weitgeschwungenen Bucht anschließt, hat den Untergang des noblen, elitären Fremdenverkehrs weitaus besser überstanden. Es ist zu klein, als daß der Massentourismus allzuviel Schaden anrichten konnte. Wenn auch das einst feinste Hotel am Platze heute nur noch als *Residence* Ferienappartements und keinerlei Hotelservice mehr bietet. Der entzückende Fischerort indes hat seinen Charme bewahren können, vor allem deshalb, weil trotz der Fremden die Einwohner ihr normales Alltagsleben weiterführen. Jeden Morgen gegen sieben, zum Beispiel, kehren die Fischer vom Fang zurück. »Nein, natürlich haben wir nicht die Nacht draußen auf dem Meer verbracht«, lacht der mit dem roten Bommel an seiner blauen Mütze. »Schließlich haben wir ja noch unsere Pflichten als Ehemänner!« erklärt er und grinst. Gegen fünf Uhr nachmittags sind sie am Vortag hinausgefahren, um ihre Netze zu legen. Am Morgen, wenn sie erneut hinausfahren und heimbringen, was sich nächtens darin verfangen hat, werden sie am Strand bereits von den Hausfrauen erwartet. Die Boote müssen mit Seilwinden auf den Strand hinaufgezogen werden. Für den Verkauf haben sie alles Nötige dabei, von der Waage bis zum tragbaren elektronischen Kassenbondrucker: Kein Verkauf ohne Quittung, das ist strengste Vorschrift – der Staat weiß sich seinen Anteil zu sichern! Michele Parisano, nicht nur Fischer, sondern auch Wirt der Trattoria »Il Pescatore«, kann leider nur an den ruhigeren Tagen unter der Woche mit hinausfahren. Aber die Fische, die er in der schrägbeinigen Vitrine vor seiner Terrasse ausstellt, sind immer von makelloser Qualität!

Im 17. bis ins 18. Jahrhundert verfügte Laigueglia über eine riesige Flotte von fast 1500 Booten für die Korallenfischerei. Sie machte den kleinen Ort reich genug, jene großartige Kirche zu erbauen, die mit ihren buntgedeckten Türmen stolz die Stadt überragt. Der Tourismus ist heute eher bescheiden. Die Badehäuschen am Strand reichen bis an die Wohnhäuser hinan. Im Winter werden sie abgebaut, dann kann das Meer ungehindert an die Mauern branden. In der zweiten Reihe gibt eine Einkaufsstraße Gelegenheit zum Bummeln und Flanieren. Die ins Meer hinausgebaute Mole wird gern zum Spazieren und zum Zeitungslesen in der Morgensonne genutzt. Und auf der Terrasse der Trattoria »Zum Fischer« warten die gedeckten Tische bereits auf die Mittagsgäste …

Trattoria
Il Pescatore

MANE.1.SV.1349

ZUPPA DI PESCE

FISCHSUPPE

Für vier Personen:
4 Miesmuscheln, 4 Herzmuscheln, 3 EL Olivenöl, 1 weiße Zwiebel, 2 Stengel Bleichsellerie, 4 Knoblauchzehen, 2 EL gehackte Petersilie, 1 Glas Weißwein, 500 g entkernte, gehäutete Tomaten, Salz, Pfeffer, 4 möglichst verschiedene Portionsfische, z. B. Knurrhahn (scorfano rosso), Drachenkopf (scorfano nero) und Sterngucker (pesce prete)

Die Muscheln im heißen Öl in einer großen, tiefen Pfanne anrösten. Gehackte Zwiebel, Knoblauch und Petersilie zufügen. Mit Wein ablöschen. Schließlich die Tomaten zufügen. Fünf Minuten auf starkem Feuer kochen, erst dann die geputzten, wenn nötig geschuppten Fische einlegen. Sie sollten im Sud völlig versinken. 15 bis 20 Minuten heftig kochen lassen. Keine Angst, sie könnten dadurch austrocknen oder faserig werden! Was das sonst empfindliche Fischfleisch sehr übelnehmen würde, vertragen die festfleischigen Felsenfische nicht nur, sie brauchen es sogar, um zart zu werden: Länge und Intensität der Garzeit.

1

NASELLI LESSI CON OLIO E LIMONE

GESOTTENE SEEHECHTE MIT OLIVENÖL UND ZITRONENSAFT

Die kleinen, schlanken Fischchen mit der dünnen, silbrig schimmernden Haut sind überaus delikat. Es ist nicht ganz einfach, an ihr zartes Fleisch zu gelangen, weil es so leicht zerbricht, aber dann schmilzt es sanft auf der Zunge.

Für zwei Personen:
6–8 kleine Seehechte (je nach Größe), 1 Möhre, 1 Zwiebel, 3 Petersilienstengel, grobes Meersalz, Olivenöl, Zitronensaft, Pfeffer aus der Mühle

Die Fischchen unter fließendem Wasser innen und außen säubern. Möhre und Zwiebel schälen und in Streifen oder Ringe hobeln. Zusammen mit den Petersilienstielen in einem breiten Topf, der die Fische aufnehmen kann, handbreit mit Wasser bedecken. Zehn Minuten köcheln, dann salzen und die Fische einlegen. Unterhalb des Siedepunkts etwa fünf bis acht Minuten ziehen lassen.

Wenn die Gäste die Fische selbst filieren, Öl und Zitrone sowie die Pfeffermühle auf den Tisch stellen. Sollen sie als feine Vorspeise gereicht werden, die Filets von den Gräten heben, auf einer Platte anrichten, mit Öl, Zitrone und Pfeffer würzen. Zum Schluß gehackte Petersilie darüberstreuen.

2

SPAGHETTI ALL' ARAGOSTA

SPAGHETTI MIT LANGUSTE

Iscia, die Köchin, legt die Languste lebend ins heiße Öl in der Pfanne und beobachtet sie kühlen Blicks. Nach etwa fünf Minuten, während deren sie sie ab und zu dreht, stellt sie nüchtern fest: »Sie lebt immer noch.« Erst jetzt wird das Tier mit einem großen Beil längs halbiert. Zart besaitete Gemüter tauchen die Languste kurz in kochendes Wasser, um sie zu töten, bevor sie sie nach folgendem Rezept weiterverarbeiten.

Für zwei Personen:
1 Languste, ca. 800 g, 3 EL Olivenöl, 2–3 Tassen frischer Tomatensugo (Rezept Seite 16), 150 g Spaghetti, Salz, Petersilie

Die Languste längs halbieren, im heißen Öl in einer großen Pfanne einige Minuten vor allem auf der Schalenseite anrösten – sie gibt der Sauce Geschmack! Die Tomatensauce angießen. Fünf Minuten köcheln, dabei die Langustenhälften immer wieder drehen. Die Spaghetti schließlich in Salzwasser knapp al dente kochen, mit dem Tomatensugo vermischen und noch zwei Minuten mitköcheln. Petersilie darüberstreuen und in der Pfanne servieren.

Eben hat Michele (großes Photo) die Kiste mit Langusten vom Fischer bekommen; keine Viertelstunde später kann Mafalda bereits servieren: frischer geht's nicht!

1

2

Apricale: das kunstvolle Bergdorf der Künstler

Dicht gedrängt stehen die Häuser auf dem Bergsporn, schmiegen sich aneinander, geben sich gegenseitig Halt. Über fünfzig Meter Höhenunterschied muß man vom untersten Haus bis zum höchsten Platz überwinden, über gewundene Treppchen und windige Brückchen, durch feuchte Gewölbe und bucklige Gäßchen. Mauerfundamente, Stützarkaden, mehrfach übereinandergestufte Schwibbögen, abenteuerliche Grundrisse und kühne Dachkonstruktionen – ist dies wirklich gebaut? Oder ist dies vielleicht nur die Idealvorstellung einer organischen, sozial funktionierenden Märchenstadt?

Apricale steht, ganz Stein – ein Gesamtbauwerk von ungeheurer Geschlossenheit, von dem eine eigenartige Faszination ausgeht. Anmutig und herb zugleich, geradezu kubistisch gegliedert, eine Vielfalt von gegeneinandergesetzten Flächen – ob man mit der Morgensonne von Osten hinüber- (großes Bild) oder gegen die Mittagssonne von Südwesten hinaufschaut (unten Mitte).

Apricale ist beileibe keine Märchenstadt – es hat dieselben Probleme, wie all die anderen auf Bergspitzen und Felsvorsprüngen thronenden Dörfer der Seealpen hinter San Remo: Viele der Einwohner sind abgewandert, es drohte die Verödung. Dann haben Künstler und Touristen die Orte entdeckt, haben sich eingekauft und leben nun nur einen kleinen Teil des Jahres dort – die Dörfer bleiben weiterhin die meiste Zeit leer. Um sich eine ganzjährige Einnahmequelle zu sichern, hat der agile Bürgermeister von Apricale mit seinem Gemeinderat ein intelligentes, sensibles Sanierungsprogramm aufgelegt. In der ganzen Stadt wurden Künstlern Wände zum Bemalen angeboten, man veranstaltet Konzerte und Freiluftaufführungen auf dem entzückenden Dorfplatz mit dem dreimundigen Brunnen und holt so Touristen in den abgelegenen Ort. Aber man fördert auch das Leben der Einheimischen und gibt ihnen finanzielle Unterstützung für die Renovierung von unbewohnbar gewordenen Häusern. Der Erfolg ist offensichtlich: Das Gemeinleben beginnt wieder zu funktionieren – und zwar weit besser als im touristisch rummeligen Quasikünstlerdorf, dem vom Erdbeben von 1887 zerstörten Bussana Vecchia oder im übersanierten, geradezu rothenburgisch-putzigen Seborga, das sich selbst zur freien Republik erklärt hat und Zoll erhebt, sozusagen Eintritt für die Besichtigung verlangt.

Die mächtigen Gewölbe über den Gassen tragen Häuser, zu denen schmale, ungesicherte Treppen führen. Wenn es regnet, ist Vorsicht geboten, auch auf dem unregelmäßigen, aber so lebendigen Katzenkopfpflaster. Es ist fast immer feucht, denn nur für kurze Zeit dringt ein Sonnenstrahl hinein – im Sommer bleiben die Mauern kühl. Unzählige Katzen bevölkern die Gassen – an den bunten Szenen, die allenthalben an den Häusern prangen, von mehr oder (häufiger) weniger begabten Künstlern gestaltet, werden sie sich wohl kaum stören

Grillvergnügen am Kamin

Fünfzehn Jahre lang war Mario Anfosso fort gewesen; er hatte als Empfangschef in verschiedenen guten Hotels in England und auf Jersey gearbeitet, bis er endlich seinem Heimweh nachgab und zurückkehrte. Er hatte Sprachen, Kenntnisse im Hotelmanagement und genügend Geld erworben, um seinen Traum verwirklichen zu können: Zu Hause, im geliebten *castello di lucertole* ein Gasthaus einrichten. Eidechsenburg nennen die Bewohner Apricale liebevoll, weil die an den Hang geklebten Häuser sich ebenso der Sonne darbieten wie Eidechsen das gerne tun.

Den Platz für seinen Landgasthof hatte Mario schon lange ausersehen: auf einem Felssporn, dem bilderbuchschönen Ort so vorgelagert, daß man ihn immer vor Augen hat. Zunächst mußte er sich von fünfzehn Eigentümern das Terrain zusammenkaufen. Das Haus, das er darauf schließlich baute, ist einfach, aber rundum hübsch und gemütlich, mit sonniger Terrasse und einem traumhaften Blick. Mario hat in den sieben Gästezimmern eine gut funktionierende Heizung installieren lassen, um auch im Winter Gäste angenehm unterbringen zu können, wenn es, wie er sagt, hier so schön ist, daß die Seele schmerzt: Die Natur strotzt nur so, alles blüht und grünt.

Der Erfolg blieb nicht aus. Besonders gern versammeln sich die Gäste vor dem gewaltigen Kamin im Speisesaal. Denn Mario ist ein Meisterrotisseur von hohen Graden. Den Grill, ebenso simpel wie genial, hat er selbst konstruiert: Die Glut befindet sich senkrecht, seitlich vom Fleisch, so daß keine schädlichen Benzpyrene entstehen können. Seine Grillkunst wissen vor allem die Gäste aus dem nahen Frankreich zu schätzen, die erfreulicherweise auch werktags kommen – anders als die italienischen Besucher, die man nur am Wochenende sieht.

Die Mannschaft vom »La Favorita«: in der Mitte der Patron Mario Anfosso, links Ehefrau Teresa, rechts Sohn Gian Mario. Neben ihm Großmutter Giovanna und Caterina, die zusammen mit Paola in der Küche arbeiten. Und schließlich die gute Seele des Hauses: Faktotum Vincenzo, der im Saal für reibungslosen Ablauf und stets gute Laune sorgt

ANTIPASTI APRICALESI

VORSPEISEN NACH ART VON APRICALE

Wieder eine ganze Auswahl: von rechts oben im Uhrzeigersinn *Sardenaira*, ligurische Pizza (Rezept Seite 142), *Frittelle*, Küchlein, hier mit weißen Bohnen (Rezept Seite 98), *Raviolo alla brace*, gebratene Teigtasche (Rezept Seite 206), *Rosette di patate*, Kartoffelrosette, und *Torta di prosciutto e formaggio*, Schinken-Käse-Torte. Auf dem Teller befinden sich schließlich noch *Cipolline in agrodolce*, süßsaure Zwiebelchen und *fagioli con tonno*, Weiße Bohnen mit Thunfisch.

Kartoffelrosette:
Für sechs Personen:
500 g Kartoffeln, 75 g frisch geriebener Parmesan, 1 Bund Basilikum, 3 Knoblauchzehen, 2 Eier, 2–3 EL Olivenöl, Salz, Pfeffer

Die Kartoffeln kochen, pellen und durch eine Presse drücken. Mit Käse, feingehacktem Basilikum, durchgepreßtem Knoblauch, den Eiern, Öl, Salz und Pfeffer verrühren. Mit einem Spritzbeutel Rosetten auf Backpapier spritzen. Bei 180 Grad 10 bis 15 Minuten backen. Warm als Beilage, kalt als Vorspeise servieren.

Torta di prosciutto e formaggio:
Für eine Springform von 26 cm Durchmesser:
1 Rezept Mürbteig (Seite 238), 200 g gekochter Schinken, 1 Zwiebel, 500 g Mangold, 500 g Zucchini, 3 EL Öl, 200 g Magerquark, 100 g geriebener Parmesan, 1 Handvoll rohe Reiskörner, 3 Eier, Salz, Pfeffer, Cayennepfeffer, Muskat, Petersilie

Den Teig wie beschrieben herstellen, ruhen lassen und zu zwei dünnen Platten ausrollen. Mit einer davon eine Springform auskleiden. Schinken würfeln. Zwiebel, Mangold, Zucchini ebenfalls fein würfeln, in Öl andünsten. Mit Quark, Käse, Reis, Eiern und Gewürzen mischen. In die Form füllen. Mit der zweiten Teigplatte zudecken und rundum gut zusammenkniffen. Die Oberfläche mit verquirltem Ei bepinseln. Die Torte bei 180 Grad eine Stunde backen.

Cipolline in agrodolce:
Für 2–3 kleine Einmachgläser:
1 kg kleine, junge Zwiebeln, ½ l Weinessig, 1 EL grobes Meersalz, 4 EL Zucker, je 1 EL Pfefferkörner, Senfsaat und Korianderbeeren, 1 Tasse Weißwein, 3 Lorbeerblätter, Olivenöl

Zwiebeln schälen, unzerteilt in einem Sud aus den angegeben Zutaten 5 bis 8 Minuten köcheln. Im Sud erkalten lassen. In Gläser schichten. Mit dem kochend heißen Sud übergießen. Olivenöl auf die Oberfläche träufeln, damit sie luftdicht abgeschlossen ist. Zwei bis drei Wochen durchziehen lassen.

Fagioli con tonno:
Für vier Personen:
250 g gekochte weiße Bohnenkerne, 100 g Thunfisch in Olivenöl, Salz, Pfeffer, Olivenöl, Petersilie

Die Bohnenkerne mit dem zerpflückten Thunfisch mischen, mit Salz, Pfeffer, Olivenöl würzen und mit reichlich gehackter Petersilie bestreuen.

1

GNOCCHI DI PATATE

KARTOFFELNOCKEN

Für vier bis sechs Personen:
1 kg mehlige Kartoffeln, Salz, Pfeffer, Muskat, 50 g Butter, 1 Eigelb, 100–150 g Mehl

Die Kartoffeln kochen, pellen und durch die Presse drücken. Eine Kuhle in die Mitte drücken, dort hinein Salz, Pfeffer, Muskat und die Butter geben, die jetzt sofort schmilzt. Das Eigelb zufügen und alles dick mit Mehl bestäuben. Jetzt rasch mit den Händen zu einem Teig verarbeiten, dabei so viel Mehl einarbeiten wie nötig, damit der Teig nicht klebt, aber so wenig wie möglich, damit die Gnocchi schön zart werden. Vom Teig walnußgroße Kugeln abnehmen, mit einer Gabel ein wenig flach drücken. Die Gnocchi bis zum Kochen auf einem mit Mehl bestäubten Tuch aufbewahren. Sie werden in reichlich Salzwasser gekocht; sobald sie oben schwimmen, sind sie gar. Mit einem Sugo nach Wahl, zum Beispiel mit Pesto (Rezept Seite 159), servieren.

2

CONIGLIO ALLA LIGURE

KANINCHEN AUF LIGURISCHE ART

Für vier bis sechs Personen:
1 Kaninchen (ca. 1,5 kg), Salz, Pfeffer, 4 EL Olivenöl, 1 Zwiebel, 3 Knoblauchzehen, je 2 Zweige von Thymian, Rosmarin und Salbei, 2 Lorbeerblätter, 1 Flasche Rossese (ligurischer milder Rotwein), Brühe zum Auffüllen, 1 Handvoll Oliven, Petersilie

Das Kaninchen in Portionsstücke schneiden, salzen, pfeffern und mit Öl einreiben. Im restlichen Öl das feingewürfelte Würzgemüse und die gehackten Kräuter andünsten. Die Kaninchenstücke zufügen und kräftig anbraten. Mit Wein ablöschen. Zugedeckt gut eine Stunde schmoren, dabei wenn nötig mit einem Schuß Brühe auffüllen. Zum Schluß die Oliven kurz mitschmoren und gehackte Petersilie unterrühren.

3

LUMACHE ALLA MENTA

SCHNECKEN MIT MINZE

Für vier bis sechs Personen:
1 Zwiebel, 1 Möhre, 3 Knoblauchzehen, 2 Stengel Bleichsellerie, 1 Lauchstange, 3 EL Olivenöl, 1 kg Schnecken (sie sollten bereits eine Woche lang in einer Kiste ausgehungert sein), $^{1}/_{2}$ l Rotwein, 1 Tasse frischer Tomatensugo, Minze

Zwiebel, Möhre, Knoblauch, Sellerie und Lauch putzen, fein würfeln und im heißen Öl andünsten. Die Schnecken in ihren Häuschen zufügen und fünf Minuten mitrösten, bevor mit Wein abgelöscht wird. Tomatensauce zufügen, zugedeckt alles etwa zwei Stunden leise köcheln. Die Schnecken schmecken warm als Hauptgericht, sind kalt eine herrliche Vorspeise. Vor dem Servieren reichlich gehackte Minze unterrühren.

1

3

Der Grill ist eine intelligente Konstruktion: Senkrecht vor der Glut steht eine Lammschulter, nicht etwa eine Hühnerkeule (das Lamm wog eben mal sieben Kilo), auf dem Rost davor liegt die Keule. Das Steak ist dreifingerdick und präsentiert sich beim Anschnitt durch und durch rosa. Die Schulter wurde mit Knoblauch und Rosmarin gespickt – beides hat Mario zwischen die Muskelstränge geschoben, nicht in das Fleisch gesteckt, damit es nicht austrocknet. Vincenzo tranchiert das Grillstück virtuos: Es ist saftig und zart. Gewürzt wurde sonst nur mit Salz, Pfeffer und Olivenöl (aus eigener Produktion). Dazu gibt es echte Pommes frites, aus richtigen Kartoffeln, von Hand geschnitten und in Olivenöl gebacken – sie haben mit jenem Produkt gleichen Namens aus der Tiefkühltruhe nichts, aber auch gar nichts gemein!

Oliven, Mittelalter und feine Küche

Eine Olivensorte ist es, die für Ligurien typisch ist: Die kleine, perfekt eiförmige Frucht hat relativ wenig, dafür sehr geschmacksintensives Fleisch. Sie liefert das zarte, elegante Öl und gilt auch als eine der besten Speiseoliven. Ihr Name: *Taggiasca*, die Frucht aus Taggia. Benediktinermönche haben sie hier heimisch gemacht, als sie sich im 7. Jahrhundert, aus Cuneo kommend, am Ausgang des Argentinatals in der fruchtbaren Ebene von Taggia angesiedelt hatten. Überhaupt kümmerten sich die Mönche damals um die Bildung und das Wohlergehen der Menschen, die bis dahin vorwiegend als Schafhirten und Seeleute ihr Auskommen hatten. Jetzt lernten sie, Oliven, Mandeln, Zitrusfrüchte und auch Wein anzubauen. So wurde Taggia eine wohlhabende, blühende Stadt. Ihr spätmittelalterlicher Kern, umrahmt von einer weitgehend intakten Mauer, später angereichert durch stolze Gebäude aus der Renaissance und dem Barock, ist heute noch ebenso sehenswert wie die berühmte zweihundertsechzig Meter lange mittelalterliche Brücke mit ihren sechzehn Bogen. Leider umrahmt das Juwel heute die auf Betonstelzen brutal über das Tal geführte Autobahn, was manchen davon abhalten mag, das Städtchen zu erkunden.

Nur vier Kilometer entfernt, an der Küste, hat man nach dem Krieg einen modernen Schwesterort hingesetzt, Arma di Taggia, bei dessen Planung mehr praktische Erwägungen als städtebauliche Phantasie die Feder führten. Jammerschade! Was hätte dies für ein großartiger Badeort werden können! Aber obwohl die Hotellerie nichts Besonderes bietet, regiert der Fremdenverkehr: Der Strand ist herrlich.

Anna Parisi und ihre Zutaten: Fisch wird zweimal täglich frisch ins Haus geliefert

Hinter dem Trompe-l'œil eines schönen Geschirrschranks befindet sich die Küche

Oberkellner Alberto serviert sowohl drinnen wie draußen auf der hübschen Terrasse

Außerdem lockt ein Restaurant: »La Conchiglia«, direkt an der Uferstraße. Empfindliche Gäste mögen vielleicht trotz der hübschen Terrasse lieber im klimatisierten Speisesaal Platz nehmen, denn draußen knattern Mopeds vorbei, fließt Verkehr; aber sie werden in jedem Fall genießen, was Anna Parisi zubereitet und Patron Giacomo Ruffoni, ihr Ehemann, ein begeisterter Liebhaber seiner regionalen Küche, serviert. »Sie können jeden Tag italienische Küche genießen«, ruft er mit theatralischer Gebärde, »und Sie werden sich immer wohl fühlen! Denn unsere Küche ist leicht, bekömmlich und gesund! Viel Gemüse, wenig Fett, und wenn, nur gutes Olivenöl. Butter«, er verzieht seinen Mund verächtlich, »Butter verwenden wir nur für die Kekse zum Kaffee. Selbst unseren Plum-Cake backen wir mit Öl!« Zu jedem Gericht weiß er eine Geschichte. Zum Beispiel das klassische Stockfischpüree, ligurisch *branda-cujún:* Das Wort *brandare*, erklärt Ruffoni, bezeichnet einerseits das Heben der Kanone, beschreibt andererseits ein heftiges Auf und Ab, also die Bewegung, die nötig ist, Kartoffeln, Stockfisch, Knoblauch, Zwiebeln mit Olivenöl zum Püree zu stampfen. Und *cujún*, eigentlich der Leichtgläubige, bedeutet hier der Dumme, der genügend Geduld hat, das Gericht zuzubereiten. »Ganz abgesehen davon«, grinst er schließlich anzüglich, »daß es noch eine weitere, wenig damenhafte Deutung dafür gibt...« Dann erklärt er die Meeresfrüchte: *spuncia currenti* nennt man daumennagelwinzige Tintenfischchen, Garnelen, Scampi. Sind sie ein wenig größer und befindet sich in der Mischung auch Fischbrut, heißen sie *rosetti*. *Gianchetti* wiederum sind *novellame* (also Fischbrut), wenn keinerlei blaue Fische (Sardellen usw.) beigefügt sind, und *bianchetti*, wenn es sich nur um blaue Fischchen handelt. Ganz einfach, oder?

Ristorante
La Conc

1

TORTELLI DI CARCIOFI CON GAMBERI E SCAMPI

ARTISCHOCKENTASCHEN MIT MEERESFRÜCHTEN

Für vier bis sechs Personen:
8 kleine Artischocken, 1 mittelgroße Zwiebel, 1 Knoblauchzehe, 3 EL Olivenöl, 5–6 Salbeiblätter, ca. 1/8 l Gemüsebrühe, 100 g Ricotta, 75 g Parmesan, 4–5 gehackte Oliven, 2 Eier, Muskat, Salz, Pfeffer, 1 Portion Nudelteig (Seite 25), 1 Eigelb, 1 Portion Cognac-Sauce mit Scampi (Rezepte Seite 244)

Die Artischocken bis auf ihr Herz schälen, wie Zwiebel und Knoblauch klein schneiden und im Öl andünsten. Salbeiblätter zufügen und mit Brühe ablöschen. Salz, pfeffern und zugedeckt 20 Minuten köcheln. Durch einen Fleischwolf drehen (im Mixer würde die Masse zu fein), mit Quark, Käse, Oliven, Ei und Gewürzen zu einer geschmeidigen, gebundenen Farce mischen. Den Nudelteig hauchdünn ausrollen, die Füllung mit dem Spritzbeutel darauf setzen, handtellergroße Teigtaschen formen. Behutsam in kochendes Salzwasser geben und einige Minuten lang gar ziehen lassen. Die Täschchen in der Sauce schwenken und mit Garnelen und Scampi dekorieren.

2

SPUNCIA CURRENTE CON ZUCCHINE

MINI-MEERESFRÜCHTE AUF ZUCCHINI

Für vier bis sechs Personen:
1 kleine, weiße Zwiebel, 2 Knoblauchzehen, 2 EL Olivenöl, 1 Sardellenfilet, je 1 Tasse winzig fein gewürfelte Mangoldstiele, Lauchstange und frisches, gewürfeltes Tomatenfleisch, 500 g winzige Meeresfrüchte, Tintenfische, Garnelen etc. (eventuell klein geschnittene), Salz, Pfeffer

Zwiebel und Knoblauch fein würfeln und im Öl andünsten. Sardelle und Würzgemüse zufügen, nach gut fünf Minuten die Meeresfrüchte. Salzen, pfeffern und zugedeckt weitere fünf Minuten dünsten, dabei immer wieder den Topf schütteln. Das Ragout, das keine Sauce hat, sondern nur den eigenen Saft, auf hauchdünnen Zucchinischeiben wie auf dem Photo dekorativ anrichten.

3

MANTECATO DI PATATE E BACCALÀ

PÜREE AUS KARTOFFELN UND STOCKFISCH

Von hier stammt die mittlerweile in ganz Ligurien beliebte Spezialität, in Dialekt Branda-cujún genannt. Ein Wort, in dem auch das französische *Brandade* steckt. Es handelt sich im Prinzip dasselbe Gericht, wie man es weiter westlich, in der Provence, liebt, aber, so sagen die Ligurer entrüstet, erstens haben sie es erfunden und, zweitens, ist ihr Rezept natürlich ganz anders! Sie finden es auf Seite 40. Siehe dazu auch die Erklärung auf S. 92

4

MOUSSE DI LIMONE E LAMPONI

ZITRONEN- HIMBEER-MOUSSE

Hierin werden die vielen Eiweiß verarbeitet, die beim Nudelteigmachen übrig bleiben. Denn Anna Parisi verbraucht für ein Kilo Mehl 35 Eigelb – da muß sie eine Menge Desserts zubereiten, damit all diese Eiweiß Verwendung finden!

Für sechs Personen:
250 g Zucker, 125 g Wasser, 7 Eiweiß, Saft von 2 Zitronen, 250 g Himbeermark (gekochte, passierte, mit wenig Zucker gewürzte Früchte), 4 Blatt Gelatine

Zucker und Wasser aufkochen, bis alles aufgelöst ist, dann noch eine weitere Minute kochen. Eiweiß langsam zu dichtem Schnee schlagen. Nach und nach den kochend heißen Sirup einarbeiten. Diese sogenannte *meringa italiana* in zwei Portionen teilen. Unter die eine Hälfte den Zitronensaft mischen, unter die andere das Himbeermark. Jeweils die Hälfte der eingeweichten Gelatine unterrühren. Portionsförmchen jeweils zur Hälfte mit Himbeer- und mit Zitronenmousse füllen und über Nacht im Kühlschrank fest werden lassen.
TIP: Noch schöner und professioneller sieht das Dessert aus, wenn man die Form zuerst mit einer hauchdünnen Schicht Zitronengelee ausgießt (Zitronensaft, Zucker und Gelatine), dann die weiße und schließlich die rote Mousse einfüllt. Zum Servieren stürzen und auf einem Teller anrichten. Mit einer Fruchtsauce dekorieren, zum Beispiel, wie hier, mit einer Heidelbeersauce (Rezept Seite 188).

1

2

3

4

Finale Ligure: Marina, Pia und Borgo

Finale – das Ende. Dort, wo es aufhörte, das Römische Reich, mit den Sabatern von Vado (Savona), ehe auch die Ingauner (Albenga) unterworfen wurden.
Finale Lígure – die Betonung liegt, für die deutsche Zunge ungewohnt, auf dem »i« – ist ein künstliches Gebilde aus mehreren Gemeinden: Am Meer der heute touristische Badeort Finale Marina, schon in römischer Zeit eine Hafenstadt. Sie wurde von den Sarazenen im 9. und 10. Jahrhundert wiederholt über-

Linke Seite: Von den Höhen über Finale Ligure hat man einen weiten Blick auf die Bucht von Pietra Ligure, Loano und Ceriale; davor blüht ein Akanthus. Für ein Schwätzchen muß auch im belebten Finale Marina Zeit sein. An den Hängen des Finalese wächst die nur hier anzutreffende Lumassina-Rebe, aus der man einen säurebetonten, erfrischenden Weißwein keltert. Oben: Marktplatz in Finalborgo

Finalborgo: Bis vor kurzem hielt es hinter mittelalterlichen Stadtmauern seinen Dornröschenschlaf – jetzt hat man es erweckt. Überall wird mächtig renoviert, herausgeputzt, fußgängergerecht gestaltet und möbliert. Das Hochzeitspaar wird nach der Trauung mit Reis überworfen, Symbol der Fruchtbarkeit. Im Kloster Santa Caterina, bis 1965 als Gefängnis genutzt, finden heute Flohmärkte statt

fallen und zerstört, so daß sich die Bewohner ins Hinterland zurückziehen mußten und dort die befestigten Orte Perti und Finalborgo gründeten. Der vierte Ort, Final Pia, liegt ebenfalls am Meer, unscheinbar und verschlafen um ein Kloster gruppiert.

Herrscher über die Markgrafschaft Finale, zu der auch Varigotti und ein paar Gemeinden talaufwärts gehörten, war die zwar aus Savona und Noli vertriebene, dennoch mächtige Adelsfamilie Del Carretto. Sie residierte auf Castel Gavone am Ortseingang des ehemaligen Perti, von dem nur noch wenige Bauten stehen: Die Genueser hatten in mehreren Anläufen die Städte des Finalese gründlich zerstört und schließlich auch die Macht der Del Carretto gebrochen. Unter genuesisch-spanischem Protektorat allerdings gab es dann eine neue Blüte: Die prachtvollen Kirchen und Paläste aus der Barockzeit verleihen Finale Marina eine heitere, festliche Atmosphäre.

Meidet man den Sommer und die Wochenenden – wenn sich hier die motorisierte Turiner und Mailänder Jugend trifft –, präsentiert sich Finale Marina angenehm und freundlich – erstaunlich für einen so bekannten Ort.

Und im Hinterland lohnt eine Fahrt über das stille Hochplateau von Mánie, mit Höhlen, Siedlungen der Jungsteinzeit und dem Val Ponci, wo fünf gut erhaltene Brücken die Straßenbaukunst der alten Römer demonstrieren.

1

FRISCIEU DI ZUCCHINE

ZUCCHINIKÜCHLEIN

Für vier bis sechs Personen:
150 g Mehl, 3–4 EL Olivenöl, 1 EL Eiweiß (kann man auch weglassen), Salz, Pfeffer, ca. $^1/_4$ l Wasser, 250 g Zucchini, Öl zum Ausbacken

Mehl, Öl, Eiweiß, Salz, Pfeffer und Wasser mit dem Schneebesen glatt rühren. Die Zucchini fein raspeln und untermischen. Jeweils ein bis zwei Eßlöffel dieses Teigs in reichlich Öl in einer Pfanne auf beiden Seiten golden backen. Die Küchlein auf Küchenpapier abtropfen, sofort servieren.

1

»Al Tre«: Purismus mit Phantasie

Das Restaurant »Al Tre« heißt so, weil es sich im Haus Nummer 3, mitten in Calice Ligure, ein paar Kilometer landeinwärts von Finale, befindet. Und zwar zusammen mit der kommunistischen Partei im früheren Postgebäude, welches wiederum davor eine Kapelle war: Im lichten Gewölbe zeugen noch einige Freskenreste davon. Blaue Lünetten, Vorhänge aus Schnüren, in die allerlei am Strand gefundene Objekte geknüpft sind; alles klar und hell, angenehme Beleuchtung – ein wundervolles Bistro! Zur Toilette führt eine halsbrecherische Treppe nach unten, man fürchtet unwillkürlich, vom wild und laut vorbeirauschenden Bach mitgerissen zu werden... Dem Erscheinungsbild des Restaurants entspricht die Küche von Marina Berrino: durchaus bodenständig, orientiert an den Produkten und den Grundideen der Region, aber leichter, frischer, akkurater – und mit Mut zu neuen, ungekannten Zusammenstellungen. Sie hat nie im klassischen Sinn kochen gelernt, sondern war Italienischlehrerin, ehe sie sich mit Carlo Giuliano in das Abenteuer stürzte, ein Restaurant zu betreiben. Sie verschlang alle erreichbaren Kochbücher, probierte Hunderte von Rezepte aus – so bescheiden, fast schüchtern sie wirkt, mit so viel Willenskraft setzte sie sich durch! Sie kocht heute frei und intuitiv, mit den Produkten der Umgebung, die gerade in bester Qualität zur Verfügung stehen. Carlo kann ihre Küche bestens erklären und findet immer den passenden Wein dazu. Als die beiden das Restaurant in Calice eröffneten, blieb er Angestellter der Stadtverwaltung von Finale Ligure, um eine finanzielle Basis zu sichern. Deshalb ist während der Woche nur abends geöffnet. An Wochenenden jedoch auch mittags. Ist schönes Wetter, bleiben die Leute aber am Strand und das Restaurant leer – dann gehen auch Marina und Carlo baden. Im Meer!

2

CAPPON MAGRO

FISCH MIT GEMÜSE

Das typisch ligurische Sommergericht, für das jeder Haushalt ein anderes Rezept kennt. Siehe auch Seite 122. Immer handelt es sich um Fisch mit viel Gemüse – kunstvoll auf einer Platte aufeinandergeschichtet, mit einer Sauce überzogen, prachtvoll verziert und kalt serviert. In Anlehnung an eine üppige Platte, die zu Weihnachten auf den Tischen der Reichen steht, dem Festtagskapaun. Die armen Fischer, die sich einen solchen Hahn nicht leisten konnten, nahmen statt dessen einen Fisch. Marina Berrinos Version ist eine hübsche Vorspeise:

Für vier bis sechs Personen:
ca. 800 g geputztes Gemüse: Fenchel, Bleichsellerie, Möhre, Erbsen, Bohnen, Salz, ca. 800 g Fischfilet, Pfeffer, Olivenöl
Anchovissauce:
1 Eigelb, 2–3 Anchovisfilets, 1 EL Kapern, 1 Bund Petersilie, ca. $^1/_8$ l Olivenöl, einige Tropfen Wasser, Fisch- oder Gemüsebrühe

Das Gemüse in hübsche Stücke schneiden und einzeln, ihrer Garzeit entsprechend, in Salzwasser bißfest kochen. Den Fisch salzen und pfeffern, behutsam über Dampf oder in etwas Olivenöl garen. Gemüse und Fisch abwechselnd in mit Öl eingepinselte Portionsförmchen oder Tassen schichten. Über Nacht fest werden lassen. Dann stürzen, auf Tellern anrichten und mit der Sauce überziehen. Für die Sauce die Zutaten im Mixer fein pürieren und abschmecken.

2

1

FILETTI DI PESCE CON VERMICELLI DI PASTA

FISCHFILET MIT HAARNUDELN

Die Nudeln hat Marina Berrino in Griechenland entdeckt. Dort verwendet man sie vorwiegend für Desserts. Sie sind aber eine ebenso hübsch wie wohlschmeckende und originelle Dekoration auf einer Vorspeise. Die Nüdelchen gibt's übrigens in jedem Griechen- oder Türkenladen.

Für vier Personen:
4 Fischfiletstücke (z. B. vom Seewolf), Salz, Pfeffer, Olivenöl, 4 kleine Händchen griechischer Haarnudeln
Paprikavinaigrette:
1 rote Paprikaschote, 1 kleiner Zucchino mit Blüte, 2 EL Weinessig, 4 EL Olivenöl, $^1/_2$ TL Honig, Salz, Pfeffer, Koriander

Die Filetstücke salzen, pfeffern und mit Öl einpinseln. Auf einem Stück Alufolie auf einem Backblech ausbreiten. Jeweils die Nudeln obenauf häufen und für ca. fünf Minuten in den 250 Grad heißen Ofen schieben. Danach sind die Filets gar und die Nüdelchen zart gebräunt.
Für die Vinaigrette die Paprika mit einem Sparschäler häuten, das Fleisch in winzige Würfel schneiden. Den Zucchino und die Blüte noch feiner würfeln. Mit den übrigen Zutaten mischen. Mit Salz, Pfeffer und reichlich gemahlenem Koriander würzen.

2

SFOGLIATINE DI ERBETTE

TEIGBEUTEL MIT KRÄUTERN

Auch dieser Teig stammt aus Griechenland, den hauchdünnen Phyloteig kann man ja auch bei uns in den ausländischen Spezialitätenläden kaufen.

Für vier bis sechs Personen:
4–6 Blatt Phyloteig, 300 g Zucchini, 2 EL Olivenöl, je 2 Stengel Petersilie, Majoran und Basilikum, Salz, Pfeffer, Muskat, 200 g Raschera (würziger Vollmilchkäse aus dem Piemont) oder Fontina, 2 Eigelb, 1 ganzes Ei, 75 g Parmesan
Tomatenvinaigrette:
3 feste Tomaten, 2 Knoblauchzehen, Salz, Pfeffer, ca. $^1/_8$ l Olivenöl, einige Tropfen Balsamico

Den Teig ausbreiten. Für die Füllung die Zucchini raspeln und in heißem Öl weich dünsten, die gehackten Kräuter zufügen, salzen und pfeffern. Schließlich den geriebenen Käse zufügen und auf sanftem Feuer schmelzen. Vom Herd nehmen, Eigelb und das ganze Ei unterrühren. Auf die Teigplatten verteilen, den Teig darüber zusammenfassen und wie ein Bündel verschnüren.
Auf Backpapier im Ofen bei 200 Grad etwa zehn Minuten backen, bis die Beutel sanft gebräunt sind. Auf Tellern anrichten. Mit der Vinaigrette servieren.
Dafür die Tomaten mit dem Knoblauch im Mixer pürieren, dabei salzen und pfeffern. Schließlich langsam das Öl hinzuträufeln und wie eine Mayonnaise dicklich aufschlagen. Die cremige Sauce mit Balsamico abschmecken.

3

POLPO E SPAGHETTI

TINTENFISCH MIT SPAGHETTI

Für vier bis sechs Personen:
1 große rote, junge Zwiebel, 2–3 Knoblauchzehen, 3 EL Olivenöl, 500 g Tintenfisch (Oktopus), Salz, Pfeffer, 300 g kleine, reife Strauchtomaten, 1 Handvoll schwarze Oliven, 2–3 Zweige wilder Fenchel, 350 g Spaghetti

Zwiebel und Knoblauch fein würfeln und im heißen Öl andünsten. Den geputzten und in kleine Stücke geschnittenen Tintenfisch zufügen, salzen und pfeffern. Die Tomaten halbieren und zufügen, ebenso die entsteinten Oliven sowie den Fenchel. Etwa eine Viertelstunde köcheln. Dann die nicht ganz weich gekochten Spaghetti zufügen und noch einige Minuten alles miteinander köcheln, damit sich die Aromen gut verbinden.

1

2

4

4

ALICI SPINATE CON LE ERBE

ENTGRÄTETE SARDELLEN MIT KRÄUTERN

Für vier bis sechs Personen:
1,2 kg absolut frische Sardellen (ihre silbern glänzende Haut ist dann völlig unversehrt), 4–5 EL Olivenöl, 1 TL gehackter Knoblauch, Saft von 1 Zitrone, 1 Tasse frischer Kräuter: Petersilie, Dill, Salbei, Rosmarin, Thymian

Die Sardellen vorsichtig waschen und abtropfen. In einer Pfanne zwei Eßlöffel Öl erhitzen, Knoblauch und feingehackte Kräuter andünsten. Die Sardellen hineinlegen, mit Zitronensaft beträufeln und im 180 Grad heißen Backofen fünf bis acht Minuten garen, dabei immer wieder sanft rütteln. Auf Tellern oder einer Platte dekorativ anrichten und mit frischem Öl beträufeln.

5

CONIGLIO CON UVA E PINOLI

KANINCHEN MIT ROSINEN UND PINIENKERNEN

Für vier Personen:
1 Kaninchen von ca. 1,5 kg, 3 EL Olivenöl, Salz, Pfeffer, 80 g Oliven, 2–3 EL Pinienkerne, 75 g Rosinen, je 2 Zweige Thymian und Rosmarin, 1 Stück Lauch, 2 Lorbeerblätter, 1 Glas Weißwein, ca. 1/4 l Brühe

Das Kaninchen in Portionsstücke schneiden, im heißen Öl in einem Schmortopf anbraten, dabei salzen und pfeffern. Oliven, Pinienkerne und Rosinen zufügen, ebenso die Kräuter, das Stück Lauch und Lorbeerblätter. Mit Wein ablöschen, zugedeckt auf sanftem Feuer etwa eine Stunde schmurgeln. Falls dabei zuviel Flüssigkeit verdampft, immer mal wieder einen Schuß Brühe angießen.
Zum Kaninchen schmecken wunderbar kroß gebratene Kartoffelscheiben.

6

GELATINA DI FRUTTI DI BOSCO IN SALSA DI KIWI

WALDBEERENGELEE MIT KIWISAUCE

Für vier bis sechs Personen:
insgesamt 800 g Früchte: Himbeeren, Walderdbeeren, Blaubeeren, 120 g Zucker, 1/8 l Orangensaft (frisch gepreßt!), 3 Blatt Gelatine, 3 reife Kiwis, Saft einer Zitrone

Die Beeren waschen, verlesen, wenn nötig entstielen. Mit zwei Dritteln des Zuckers vermischt einen halben Tag Saft ziehen lassen. Den Saft mit dem Orangensaft mischen. Die eingeweichte Gelatine erwärmen und mit der Flüssigkeit unter die Beeren mischen. In Portionsförmchen über Nacht fest werden lassen. Für die Sauce die Kiwi schälen, mit Zitronensaft und Zucker im Mixer pürieren. Wie auf dem Photo anrichten.

3

5

6

»Belvedere«: Traumblick und kluge Küche

Schön, wenn ein Gasthaus seinem Namen Ehre macht: Der Blick vom Ristorante »Belvedere« ist stupend! Das Haus liegt am Giovipaß, der nördlich von Genua das Scriviatal mit dem Val Polcevera verbindet, unterhalb der Wallfahrtskapelle Nostra Signora della Vittoria. Sie wurde 1625 erbaut, aus Dankbarkeit, daß man im französisch-piemontesischen Krieg die Feinde in die Flucht schlagen konnte, weil diese die zahlreichen Wacholdersträucher hier oben im Nebel für Soldaten gehalten hatten. Das alte Gasthaus, das schon die Urgroßeltern von Enzo Agosti seit Ende letzten Jahrhunderts an dieser Stelle betrieben, steht nicht mehr. Das neue ist im schmucklosen Betonstil der sechziger Jahre gebaut und wirkt mit seiner Tür aus gelbem Riffelglas im eloxierten Metallrahmen nicht sehr einladend. Welcher Kontrast, wenn der Gast das Haus betritt! Erst die Bar mit den gemütlichen, mit grünem Filz bedeckten Spieltischen und den unerhört eleganten, filigranen Kirschbaumsesseln aus Chiavari – seltene und kostbare Stücke einer einmal begehrten und berühmten Handwerkskunst. Sie schweben fast, so leicht wirken sie und geben auch dem angrenzenden Speisesaal die freundliche Atmosphäre. Schließlich die lichtdurchflutete, rundum verglaste Veranda mit ihrer überwältigenden Aussicht: etwa, wenn die untergehende Sonne die sich hintereinanderstaffelnden Hügelketten gegen Westen mit goldenem, überirdischem Glanz überzieht. Auf den Bergen, die wie ein Amphitheater einen Halbkreis bilden, sitzen die eher profanen Sendemasten und Stromleitungen wie Ausrufezeichen. Häuser, kleine Dörfchen, Kirchen sind in die grünen Flanken hingetupft; vom dichten, dunklen Grün undurchdringlicher Wälder eingerahmt, öffnen sich weite Almen, Weiden, Wiesen mit allerlei Vieh. Eine friedliche Ruhe, nur die Vögel zwitschern, daß es nur so hallt! Von weit unten aus dem Tal dringt der unentwegte Lärm der Autobahn nur noch wie ein fernes Summen herauf. Man sieht die alte Trasse, die in elegantem Bogen dem Schwung der Berglinie folgt, die Steigung langsam und bedächtig nehmend; daneben die neue Spur, die – den modernen Zeiten angepaßt – schnell und effizient den Höhenunterschied bezwingt, indem sie auf Betonstelzen über Berg und Tal hinwegprescht.

Enzo Agosti hat Glück, daß seine Frau Gloria die Nachfolge seiner Großmütter antreten mochte: Immer hatten hier die Frauen das Regiment geführt. Auch Gloria hat das Kochen von ihrer Schwiegermutter gelernt. All die einfachen, klaren Rezepte der regionalen, bäuerlichen, ehrlichen Familienküche. Diese hat sie dann für sich adaptiert, Kompliziertes vereinfacht, Garzeiten verkürzt, ein Quentchen Phantasie hinzugefügt und eine ganz persönliche, sehr intelligente Küche entwickelt.

Enzos ganzer Stolz ist sein Weinkeller: Es fehlt nichts, was in Italien Rang und Namen hat – meist in vielen Jahrgängen bis zurück in die siebziger Jahre. Was seine Gäste wohl zu schätzen wissen!

Enzo Agosti betreibt das Restaurant »Belvedere« mit seiner Frau Gloria (auf der Bank rechts). Sie hat das Kochen von ihrer Schwiegermutter Maria (auf der Bank ganz links) gelernt, die ihr immer noch in der Küche tatkräftig zur Seite steht. Außerdem werden die beiden von Simonetta (auf der Bank in der Mitte) unterstützt. Den Service besorgt Enzo zusammen mit Saru, die noch in der Ausbildung ist

VINO DA TAVOLA DELLA

1

2

1

SPAGHETTI AL PESTO CON FAGIOLINI E PATATE

SPAGHETTI MIT BOHNEN, KARTOFFELN UND PESTO

Für vier Personen:
250 g feine grüne Bohnen, 250 g mehlige neue Kartoffeln, 250 g dünne Spaghetti (besser Spaghettini), Salz, ca. 3–4 EL Sahne, 4 EL Pesto (Rezept Seite 159)

Wichtig: Bohnen, Kartoffeln und Spaghetti müssen dieselbe Garzeit haben. Dickere Bohnen daher notfalls längs halbieren und zusätzlich zuvor blanchieren; Kartoffelscheiben sehr dünn schneiden und feine Spaghetti verwenden.
Die geputzten Bohnen mit den in Scheiben geschnittenen, geschälten, aber noch rohen Kartoffeln in Salzwasser werfen. Die Spaghetti zufügen – alles miteinander in neun bis zehn Minuten gar kochen. Abgießen, mitsamt etwas Kochwasser zurück in den Topf geben. Pesto zufügen, gut durchschwenken und mischen, dabei die Sahne zufügen.

2

TAGLIATELLE CON FUNGHI

BANDNUDELN MIT PILZEN

Für vier Personen:
250 g Steinpilze, 2 EL Olivenöl, 2–3 Knoblauchzehen, 1 Tasse gewürfeltes, frisches Tomatenfleisch, 2 EL fein gehackte Petersilie, Salz, Pfeffer, 250 g hausgemachte, hauchdünne Bandnudeln (Rezept Seite 25)

Die Pilze putzen, in sehr dünne Scheibchen schneiden und im heißen Öl in einer Pfanne andünsten. Knoblauch fein hobeln, zusammen mit den Tomatenwürfeln und der Petersilie zufügen, salzen und pfeffern. Zwei Minuten dünsten, die frisch gekochten Nudeln tropfnaß zufügen und untermischen.

3

FUNGHI AL FORNO

STEINPILZE AUS DEM OFEN

Für vier Personen:
4 schöne, etwa gleich große Steinpilze, 3 EL Olivenöl, 2 EL fein gehackter Knoblauch, 4 EL gehackte, glatte Petersilie, Salz, Pfeffer

Die Pilzfüße mit einem scharfen Messer bis zum Hut längs mit dicht nebeneinander gesetzten Schnitten einschneiden, so daß sie wie Pinsel aussehen. Kopfüber in eine eingeölte feuerfeste Form setzen. In die Einschnitte ein Gemisch aus Knoblauch und Petersilie stopfen. Salzen, pfeffern und mit dem restlichen Öl beträufeln. Bei 220 Grad im vorgeheizten Backofen etwa 15 bis 20 Minuten backen, bis die Pilze gar sind. Als Vorspeise, Zwischengericht oder als Beilage servieren.

3

Ravioloni *nennt Gloria ihre Teigtäschchen, große Ravioli – auf ligurisch würde man* pansoti *oder, breiter ausgesprochen,* pansooti *sagen. Der Nudelteig dafür wird hauchdünn ausgerollt*

Quadrate von etwa acht bis zehn Zentimeter Kantenlänge ergeben Ravioloni, für Ravioli schneidet man kleinere Teigflecken. In die Mitte jeweils einen Löffel der Quark-Kräuter-Füllung setzen

Den Teig diagonal über der Füllung zusammenklappen und rund um die Füllung gut zusammendrücken. Wer die freie Teigfläche zuvor mit Eiweiß einpinselt, kann sicher sein, daß alles gut haftet

Die beiden Seiten der Tasche fassen und unter der Füllung zusammenführen, dabei darauf achten, daß nirgendwo etwas herausquillt. Mit dem Mittelfinger die Füllung nach oben drücken …

… und zwar so, daß sie sich jetzt regelrecht aufwölbt und dabei ein rundes Bäuchlein bildet – denn von dem Wort pancia, *italienisch für Bauch, leitet sich der Name dieser Teigtaschen ab*

Die Teigenden unterhalb des Bäuchleins zusammenführen, verschränken und ein wenig festdrücken, damit sie sich nicht wieder lösen können. Immer darauf achten, daß der Teig bemehlt ist

Auch die Arbeitsfläche muß stets mit Mehl bestäubt sein, damit der Teig nicht klebt. Roh kann man die Teigtäschchen wunderbar einfrieren. Auf dem Bild unten: alle Zutaten für das Rezept

RAVIOLONI DI ERBETTE CON VERDURE

KRÄUTERTEIGTASCHEN MIT GEMÜSE

Es handelt sich hier um die dickbäuchigen Teigtäschchen, die man sonst in Ligurien *pansoti*, in Dialekt *pansooti* nennt. Sie haben immer eine Kräuterfüllung (Rezept Seite 42). Gloria Strata hat uns ganz genau gezeigt, wie man sie formt. Dazu serviert sie ein wundervolles Ragout aus zarten Sommergemüsen.

Für vier bis sechs Personen:
1 Aubergine, 1/2 gelbe und 1/2 rote Paprika, 2 Zucchini mit Blüten, 2 Knoblauchzehen, 2 EL Olivenöl, Salz, Pfeffer, 1 kleiner Blumenkohl, 200 g feinste, grüne Bohnen, 200 g Spargelspitzen, 200 g ausgelöste Dicke Bohnenkerne, 1 Rezept Kräuter-Ravioli (Seite 207 oder 42), 2 Tassen frischer Tomatensugo (Rezept Seite 16), Parmesan, Petersilie, Olivenöl

Aubergine, Paprika und Zucchini zentimeterklein würfeln. Im heißen Öl langsam golden braten, dabei Knoblauch zufügen, salzen und pfeffern. Die anderen Gemüse putzen, in Stücke schneiden und getrennt in Salzwasser blanchieren. Zum Servieren mit den gebratenen Gemüsen mischen, mit einigen Tropfen Nudelkochwasser benetzen. Die Ravioli wie beschrieben und gezeigt zubereiten und gar kochen. Den Tomatensugo auf Tellern verteilen, die Ravioloni darauf anrichten, das Gemüseragout dazwischen verteilen. Mit Käse und feingehackter Petersilie bestreuen und mit etwas frischem Öl beträufeln.

1

QUAGLIA DISOSSATA AL FORNO CON MELE

GEBRATENE WACHTEL-PÄCKCHEN MIT ÄPFELN

Für zwei Personen:
2 Wachteln, 150 g Kalbfleisch, 50 g Speck, Salz, Olivenöl zum Einpinseln, 1/8 l Marsala, 2–3 säuerliche Äpfel

Die Wachteln entbeinen. Für die Füllung das Fleisch mit dem Speck kräftig anbraten. Schließlich im Mixer pürieren. In die Wachteln stopfen, sie zu kleinen Päckchen schnüren. Mit Öl einpinseln und salzen. Auf einer feuerfesten Platte für etwa 20 Minuten in den auf 200 Grad vorgeheizten Ofen schieben (Heißluft), dabei ein paarmal drehen, damit sie rundum von der Hitze erreicht werden, und gegen Ende der Bratzeit mit Marsala begießen.

Die Äpfel schälen, vierteln, vom Kerngehäuse befreien und in Scheibchen schneiden. Auf einer feuerfesten Platte (aus Metall!) verteilen und in den heißen Ofen schieben. Nach etwa zehn Minuten sind die Äpfel karamelisiert. Etwas loskratzen und vom Blech lösen, neben dem Herd zehn Minuten ruhen lassen – jetzt sind die Äpfel wieder weich und eine fabelhafte Ergänzung zum Fleisch.

1

2

COSCIA DI CAPRETTO ALLE ERBE

ZICKLEINKEULE MIT KRÄUTERN

Für vier Personen:
1 kleine Zickleinkeule (ca. 1,2 kg), 3–4 Knoblauchzehen, je 2–3 Thymian-, Rosmarinzweige und Petersilie, 1 Handvoll Mangoldblätter, ebensoviel Spinat, 100 g durchwachsener Speck, Salz, Pfeffer, 3 EL Olivenöl, 2 EL Cognac

Die Zickleinkeule entbeinen. Mit einem Gemisch aus gehacktem Knoblauch, Thymian, Rosmarin, Petersilie, blanchiertem Mangold und Spinat sowie winzig gewürfeltem Speck füllen. Gut verschnüren, mit Salz und Pfeffer einreiben, mit Öl beträufeln. Im 200 Grad vorgeheizten Ofen (Heißluft) 20 Minuten garen. Vor dem Anschneiden noch zehn Minuten zugedeckt ruhen lassen, so behalten die Scheiben besser ihre Form.

Als Beilage serviert Gloria Gemüse der Saison, die sie in Stifte schneidet und in der Pfanne in etwas Olivenöl brät.

2

3

PANETTONE GENOVESE

GENUESER HEFEKUCHEN

Für vier bis sechs Personen:
100 g Rosinen, 500 g Mehl,
1 Würfel Hefe, $\frac{1}{8}$ l lauwarme Milch,
200 g Zucker, Salz, abgeriebene
Zitronenschale, 125 g Butter, 1 Ei,
$\frac{1}{8}$ l Marsala, 2 EL Zitronensaft,
50 g Pinienkerne, 50 g Zitronat,
Butter für die Form

Die Rosinen in lauwarmem Wasser einweichen. Das Mehl in eine Rührschüssel füllen, die in der Milch aufgelöste Hefe, Zucker, Salz und Zitronenschale zugeben. Die Butter schmelzen, lauwarm mit verquirltem Ei, Marsala und Zitronensaft zum Mehl geben. Mit dem Knethaken der Küchenmaschine zu einem geschmeidigen, weichen Teig verarbeiten. Rosinen, Pinienkerne und feingewürfeltes Zitronat einarbeiten. Den Teig zu einer Kugel formen und zugedeckt eine Stunde gehen lassen. Erneut durchwalken, einem runden Laib formen und auf ein mit Backpapier belegtes Blech setzen. Mit einen Tortenring umgeben, damit der Panettone nicht zu breit auseinanderläuft. Die Oberfläche kreuzweise einschneiden, damit der Laib beim Backen schön aufbrechen kann. 45 Minuten bei 200 Grad dunkelbraun backen. Der Panettone schmeckt warm, bleibt aber auch noch gut einige Tage lang frisch.

Bocca di Magra, Luni und Sarzana

Wo Ligurien aufhört, beginnt die Toskana. Etwas wirr ist der Grenzverlauf hier, wo die wilde Magra aus dem toskanischen Apennin in einer langgezogenen Mündung das Meer erreicht und Ligurien gerade ein Zipfelchen der Apuanischen Alpen mitbekommt. Im schilfgesäumten Brackwasser der Magra dümpeln Tausende von Booten, Segelschiffen und Yachten: Hier schlägt das Meer keine Wellen mehr,vor den Gezeiten geschützt liegen die Schiffe sicher und sind überdies für die Hobbykapitäne der reichen Industriezentren in der Poebene über Parma und die Cisa-Autobahn in einer guten Stunde zu erreichen. Im Sommer und an schönen Wochenenden ist hier die Hölle los. Im Frühjahr, sobald junges Laub die unzähligen Häßlichkeiten der Massenvergnügungsstätten, die Zelt- und Wohnwagenversammlungen, die billigen Bootshäuser und Werften gnädig verdeckt, hat die Gegend rund um die Magra-Mündung ihren Reiz. Dann kann man sogar in den riesigen Ausflugsrestaurants des Ortes Bocca di Magra vernünftig essen.

In der breiten Flußebene und der beginnenden, noch ligurischen Versilia nordwestlich von Carrara wird viel Gemüse und Obst angebaut. Die Landwirtschaft ist kleinbäuerlich strukturiert, fast sieht es aus, als hätten sich hier alle Leute etwas groß geratene Schrebergärten angelegt. Mittendurch dröhnt der Verkehr der Autobahn, in ferner Höhe schimmern von den Gipfeln der Apuanischen Alpen die Marmorbrüche, weiß wie Schneefelder.

Und mittendrin liegt Luni, die alte römische Stadt, die das Magratal beherrschte und der toskanischen Lunigiana den Namen gab. Luni, heute drei Kilometer vom Meer entfernt, war der wohlhabendste Hafen des Römischen Reiches: Von hier aus wurde der Carraramarmor in die gesamte antike Welt verschifft, vor allem natürlich nach Rom, um die repräsentativen Bauten zu schmücken. In Luni blühte aber auch der Holzhandel, es wurde hier der Käse aus dem Apennin sowie der Wein der Region vermarktet. Seit einigen Jahren, nämlich seit er mit modernen Methoden unter Sauerstoffausschluß hell und erfrischend ausgebaut wird, beginnt sich der Vermentino von den *Colli di Luni* wieder einen Namen zu machen.

Es ist jedoch nicht mehr viel übriggeblieben von der großzügigen Stadt, die schon früh Bischofssitz wurde und den Angriffen der Langobarden, Normannen und Sarazenen trotzte. Als um die Jahrtausendwende der Hafen verlandete und wegen mangelnder Pflege der Wasserwege und der Entwässerungsgräben die Malaria Einzug hielt, begann der Niedergang. 1204 verlegte der Bischof seine Residenz nach Sarzana, behielt aber voller Stolz den Titel »Bischof von Luni« bei. Die Stadt wurde aufgegeben, teilweise als Steinbruch benutzt und verfiel nach und nach. Seit 1837 finden Grabungen statt.

Sarzana, der Name zeugt davon, wurde als Zufluchtsburg vor den Angriffen der Sarazenen angelegt. Es entwickelte sich

Zwischen den Golf von La Spezia und die Mündung der Magra schiebt sich der Bergrücken von Montemarcello, ein großer Naturpark. Von dort oben aus hat man einen weiten Blick über die Magramündung, Luni und die Versilia (Bild oben) – die Apuanischen Alpen (großes Bild) verstecken sich hinter dunklen Gewitterwolken. Das Dorf Montemarcello, in dem sich immer mehr Bürger von La Spezia ansiedeln und Ferienwohnungen ausgebaut werden, erfreut durch seine unaufdringlich gestaltete Rustikalität, was sich nicht von allen Orten der Gegend sagen läßt: Oft wird überrenoviert, es entstehen putzige Touristenghettos. Die Versuchung, am Fremdenverkehr mitzuverdienen, ist natürlich groß, denn das bedeutet weniger harte Arbeit als in Landwirtschaft oder Industrie – wobei viele Leute hier zwei Jobs haben müssen, um über die Runden zu kommen. Außerdem liegen die vielen befestigten Orte zwar hübsch, und es macht Spaß, sie im Vorübergehen anzuschauen, aber die Bewohner können nur selten mit dem Auto ans Haus fahren, und das Bauen ist extrem arbeitsaufwendig und daher teuer; zumal heute der Denkmalschutz rigorose Auflagen macht und penibel über deren Einhaltung wacht. In der Ebene hingegen kann man bauen, wie man will, das Leben ist einfacher, man hat Platz. Und die Frauen können sich durch den Verkauf von Obst und selbstgezogenem Gemüse am Straßenrand ein hübsches Nebeneinkommen besorgen

dank seiner Lage an der Einmündung der Handelsstraße aus der Poebene über den Cisapaß in die Via Aurelia rasch zu einem prosperierenden Handelszentrum. Dies weckte die Begehrlichkeit der Nachbarn – erst kam Sarzana unter die Hoheit Pisas, dann war Lucca an der Reihe, es folgten Mailand, Genua, Florenz und schließlich 1562 endgültig Genua. Alle hinterließen ihre Bauten, vor allem gewaltige Befestigungsanlagen, aber auch Kirchen und Paläste. Im Zusammenklang mit den mittelalterlichen Kirchen, Handwerker- und Handelshöfen entstand eine außerordentlich ansprechende, harmonische Stadt, die heute ungewöhnlich gepflegt wirkt.

Die wunderschöne »Pasticceria Gemmi« …

… hat die beste Spungata, *ein mit Nüssen, …*

… Feigen und Honig gefülltes Schaumgebäck

Auch das 19. und 20. Jahrhundert prägen das Stadtbild: Es gibt schöne Kaffeehäuser, Restaurants und Apotheken; vor allem die »Farmacia Piola«, gegenüber dem Dom Santa Maria Assunta, verfügt über eine filmreife Einrichtung und viele schöne Vasen.
Aus Sarzana wanderte im übrigen 1529 die Familie Buonaparte nach Korsika

aus, das Haus der Vorfahren Napoleons kann man noch bewundern.
Sarzana ist ein Zentrum des Antiquitätenhandels – viele Geschäfte bieten einfache, aber auch exquisite Stücke. Und Mitte August wird hier zwei Wochen lang der größte offene Antiquitäten- und Trödelmarkt Italiens abgehalten: *La soffitta nella strada* – »der Dachboden auf der Straße«.
Jeden Donnerstag aber hat man das Vergnügen des normalen Wochenmarktes, der gewiß zu den buntesten Liguriens gehört. Dann kommen die Menschen aus den Dörfern und Städtchen, die herrlich, aber isoliert auf den umgebenden Hügeln, Kegeln und Bergspor-

Auf dem Wochenmarkt gibt es Gemüse, ...

... Käse, Kleider, Unterwäsche, Strümpfe ...

... und natürlich auch Spanferkel: Porchetta

nen liegen, herunter und kaufen ein, was sie dort oben nicht bekommen. Laut und lebhaft geht es dann natürlich zu. Am Samstagvormittag kann man dagegen mit den Einwohnern in Ruhe flanieren, die Geschäftsviertel durchstreifen und das angenehme Leben der ländlichen, aber keineswegs provinziellen Stadt entdecken.

Ausflugsfreuden in Castelnuovo Magra

Auf einem Bergrücken längs des Flusses Magra, das gesamte Mündungsgebiet vor sich ausgebreitet, liegt Castelnuovo Magra. Der einstige Bischofssitz ist heute ein eher verschlafenes Städtchen, mit blumengeschmückten Gäßchen, ruhigen Plätzen, idyllischen Innenhöfen. In der Nähe lohnen noch zwei weitere Orte den Besuch: Nicola, die Häuser unter der Kirche kühn auf einem Felssporn zusammengedrängt wie die Küken unter ihrer Glucke, mit einem fast makellos eiförmigen Grundriß; und Ortonovo, im Rund angelegt, mit einer prachtvollen Barockkirche.

Zur Einkehr empfiehlt sich die Trattoria »Vallecchia« am Eingang des gleichnamigen Dorfes, schon allein wegen der verwunschenen, von Wein üppig zugewachsenen Terrasse mit dem herrlichen Blick weit über das Tal. Um dorthin zu gelangen, muß man eine Art Lebensmittelladen mit Bartresen passieren – Kommunikations- und Handelszentrum des Dorfes. Man versteht sich hier auf eine seltene Spezialität: *Testaroli.* »Aaah«, sagt Pietro Sergianpietri und macht eine ausladende Geste, als er erklären soll, was das ist. »Eine ganz besondere Sache! Haben die Römer hierhergebracht, – also eigentlich nach Luni«, korrigiert er sich. »Dünne Pfannkuchen, aus Mehl, Wasser und Salz«, und er zählt auf, was alles daran besonders ist: »Sie sind sehr schwierig zuzubereiten, man muß Geduld haben und eine Eisenpfanne, jeder einzelne Pfannkuchen wird ganz frisch gebacken …« Da hält es den Gast am Nebentisch nicht länger: »Nein, nein, das sind *panigazzi!*« ruft er, und sein Ton zeigt, daß er es einfach besser weiß! »*Testaroli* werden nicht gebacken, sondern gekocht!« Inzwischen ist Pietros Frau Nadia hinzugekommen: »Aber was denn«, beschwichtigt sie die Diskussion, »man

nennt sie mal so, mal so. Wenn man sie kochen will, braucht man einen ganz anderen Teig, nämlich mit Öl und weniger Wasser!« Jetzt tritt Isabella, die Schwägerin, hinzu und winkt in die Küche: »Kommen Sie, ich zeig' Ihnen, wie's geht«. Den Teig hat sie schon vorbereitet, sie legt eine runde, rabenschwarze, verrußte Eisenplatte an langem Stiel auf den Flammenring des Gasherds und wartet, bis sie nahezu glüht (auf der nächsten Seite ist das alles zu sehen). Es raucht beträchtlich, als sie mit einem Papierknäuel Öl auf der Platte verstreicht, und es zischt nur so, als sie eine kleine Kelle Teig auf die Fläche gießt. Sie dreht und wendet die Pfanne, der flüssige Teig verteilt sich unverzüglich und stockt fast im selben Augenblick. Blitzschnell dreht sie den Pfannkuchen um und befördert ihn bereits im nächsten Moment auf den bereitstehenden Teller. Das alles hat keine Minute gedauert. Nadia bestreut die beiden ersten Pfannkuchen mit Parmesan, die nächsten werden mit Pesto bestrichen und die letzten mit Tomatensugo – so will es die Tradition. Sie sind zart und bieten dennoch Biß – es ist doch immer wieder verblüffend, wie wenig nötig ist, um Köstliches zu schaffen!

TESTAROLI

PFANNKUCHEN

Eine sehr lokal auf die Gegend um Sarzana begrenzte Spezialität. Die hauchdünnen Pfannkuchen heißen so, weil sie auf dem *testo*, einer sanft gewölbten Eisenpfanne, gebacken werden. Wichtig ist dabei die richtige Hitze: Die Pfanne muß so heiß sein, daß der dünn darauf verteilte Teig in Sekundenschnelle gart. Das Rezept soll von den Römern stammen.

Für vier bis sechs Personen:
350 g Mehl, $^{1}/_{2}$ TL Salz,
ca. $^{3}/_{4}$ l Wasser, Olivenöl für die Pfanne

Mehl, Salz und Wasser zu einem dünnflüssigen Teig glattrühren. Eine flache Eisenpfanne, etwa eine Crêpes-Pfanne, stark erhitzen, mit Öl einstreichen – dafür am besten ein Knäuel aus Zeitungspapier nehmen. Eine kleine Kelle Teig darauf sehr dünn verteilen. Den Pfannkuchen nach 30 bis 40 Sekunden wenden, auf der anderen Seite ebenfalls zart bräunen.
Isabella Garbusi (Photo rechts unten) serviert die Testaroli entweder einfach mit Käse bestreut, mit Pesto (Rezept Seite 159) oder mit würzigem Fleischsugo bestrichen (Rezept Seite 207).

1

LASAGNE ALLE ERBE

KRÄUTER-LASAGNE

Statt Nudelteigblätter, wie man sie sonst für Lasagne in Italien verwendet, nimmt Köchin Isabella dünne Pfannkuchen, allerdings jetzt aus einem Teig mit Eiern.

Für sechs Personen:
Pfannkuchen:
4 Eier, 250 g Mehl, 1/2 TL Salz, 1/2 l Wasser, Öl für die Pfanne
Béchamelsauce:
1 EL Mehl, 2 EL Butter, 1/2 l Milch, Salz, Pfeffer, Muskat, 1 Prise Cayenne
Kräutersauce:
2 Handvoll Kräuter, 1–2 Anchovis, 2 Knoblauchzehen, 4–5 EL Olivenöl, 50 g Parmesan, Salz, Pfeffer, 1/8 l Brühe

Aus den Zutaten einen dünnflüssigen Teig rühren, 30 Minuten ruhen lassen, dann dünne Pfannkuchen backen.
Für die Béchamelsauce das Mehl in der Butter goldgelb dünsten, Milch angießen und 20 Minuten sanft köcheln. Mit Salz, Pfeffer, Muskat und Cayenne würzen.
Die Kräuter mit Anchovis, Knoblauch, Öl und Käse im Mixer fein pürieren, dabei salzen, pfeffern und mit Brühe auf Saucenkonsistenz bringen.
Die Lasagne schließlich zusammenbauen: die Pfannkuchen jeweils mit einem großzügigen Klecks Béchamel und Kräutersauce einstreichen; je drei Pfannkuchen aufeinanderschichten und zum Halbmond zusammenklappen. Die Pfannkuchenhalbmonde nebeneinander in eine flache, feuerfeste Form betten, die Oberfläche ebenfalls mit beiden Saucen bestreichen und mit Käse bestreuen. Bei 220 Grad kurz überbacken, bis alles schön gebräunt ist und brodelt.

2

PICCIONE AL FORNO

GEBRATENES TÄUBCHEN

Pro Person:
1 Täubchen, Salz, Pfeffer, Olivenöl, 1 Rosmarinzweig, 2–3 Knoblauchzehen

Das Täubchen längs dem Rückgrat mit einer Schere aufschneiden. Rundum mit Salz, Pfeffer und Olivenöl einreiben. Mit der Hautseite nach oben auf ein Backblech setzen, den Rosmarinzweig und den ungeschälten Knoblauch darunter betten. Bei 250 Grad im vorgeheizten Backofen etwa 20 Minuten braten, dabei ab und zu mit dem Bratfett einpinseln. Schließlich das Täubchen noch für zehn Minuten im ausgeschalteten Ofen in der nachlassenden Hitze ziehen lassen.

3

FOCACCIA DELLA CASA

HAUSGEMACHTER HEFEKUCHEN

Eine Focaccia kann auch völlig anders aussehen: Hier ist es ein Rührkuchen, der in einer Kranzkuchenform gebacken wird. Statt zweier kleiner Formen kann man natürlich auch eine größere von 26 cm Durchmesser verwenden.

Für zwei Formen von 22 cm Durchmesser:
4 Eier, 100 g Butter, 300 g Zucker, 3 EL Likör oder Wermut, 200 g Rosinen, 100 g Pinienkerne, abgeriebene Schale einer Zitrone, 600 g Mehl, 1 Tütchen Backpulver

Eier, Butter und Zucker zu einer dicken Creme schlagen. Den Likör einarbeiten, Rosinen, zwei Drittel der Pinienkerne, Zitronenschale, Mehl und Backpulver. Den zähen Teig in zwei mit Butter ausgestrichene Formen verteilen. Restliche Pinienkerne darüberstreuen. Bei 180 Grad etwa 50 Minuten backen.

Nadia und Pietro Sergianpietri führen Trattoria, Bar und Lebensmittelladen zusammen mit ihrer Schwägerin Isabella Garbusi

»Bagni Giunchetto«: ein Strandbad für Feinschmecker

Fährt man vom immer noch schönen, mit großzügigen Villen in üppigen Gärten und Grand Hotels unter Palmen durchsetzten Bordighera an der Küste in Richtung Osten, hat man eine kleine Chance, den Lido Giunchetto zu finden: Ein unauffälliges, ziemlich angerostetes Schild weist von der Straße nach rechts, scheinbar in den Abgrund. Traut man sich, die steinernen Pfosten zu passieren, führt eine schmale Straße steil den Berg hinab – man hält Auto und Atem an: ein märchenhaft türkisblaues Meer, ein gepflegter, wenn auch etwas steiniger Strand, sauber aufgereihte Liegen, Sonnenschirme, Luxuslimousinen unter Strohdächern, ein Blütenmeer und unter einer Pergola aus dicken Trauben fröhlich gedeckte Tische... Ein Traum? Nein, ein kleines, von Menschen geschaffenes Paradies. Dieser Lido heißt »Giunchetto«, weil hier einst üppig Binsen, *giunchi,* wuchsen. Diese haben schon die Vorfahren beseitigt, haben auf dem schmalen Küstenstreifen unter Straße und Bahndamm Blumen angebaut – es ist eine der wärmsten und am besten geschützten Buchten der Riviera. Erst 1960 hat der Schwiegervater die Fahrstraße gebaut und schließlich 1964 ein kleines Restaurant für Touristen eingerichtet. Damit konnte man Geld verdienen – die klassische Blumenzucht im Freiland hingegen war in eine Krise geraten, die Kunden wünschten makellose Gewächshausqualität.

Es ging rasch und kontinuierlich aufwärts: Fiorella und Pino Gangemi übernahmen das Unternehmen und machten es zu einer einmaligen Institution, zu einem Strandbad mit Spitzenrestaurant – oder sollte man sagen: Spitzenrestaurant mit Bademöglichkeit? Es ist nur mittags geöffnet. Trotzdem werden in der Saison, die vom ersten Juniwochenende bis Mitte September dauert, bei schönem Wetter aber verlängert wird, täglich 120 Essen im Restaurant serviert, denn viele Gäste kommen nur zum Speisen. Und die Badegäste des »Bagni Giunchetto« sorgen noch einmal für Umsatz! Es ist eine eingeschworene Gemeinde. »Wir sind eigentlich ein Club«, sagt die fröhliche Fiorella, »hier kennt fast jeder jeden!«

Das Geheimnis dieser einzigartigen Einrichtung ist die Kochleidenschaft des Patrons. Er war früher auch im Blumengeschäft tätig, aber er liebte die gute Küche. Er studierte alle Kochbücher, deren er habhaft werden konnte, und dann hat er sich einfach an den Herd gestellt und das zubereitet, was er selbst mochte. »Und siehe da«, meint Pino in seiner bescheidenen, aber bestimmten Art, »die Gäste waren begeistert.« Inzwischen ist er mit den berühmtesten Köchen Italiens befreundet, die alle auch immer wieder bei ihm zu Gast sind. Und im Sommer kochen deren Mitarbeiter lieber bei Pino als in den Sternetempeln der Stadt – hier ist noch

vor Sonnenuntergang Schluß, man kann baden, und die jungen Leute können das heiße Riviera-Nightlife genießen … Was diese »Gastköche« an Können mitbringen, findet natürlich Eingang in der Küche Pinos: die Akkuratesse der Vor- und Zubereitung, die Präzision der Garzeiten. Aber anders als seine großen Kollegen kocht Pino ganz einfach, ohne Schnörkel, ohne Sophisterei – er verläßt sich ganz auf die Zutaten – »das Beste kommt immer am billigsten!«: Fische, Garnelen und Scampi frisch aus dem Meer, die Zucchiniblüten und Kräuter aus dem eigenen Garten, die Gemüse von kleinen Bauern … Da braucht er nichts geschmackverstärken oder verdecken, da sind keine raffinierten Kompositionen nötig, da triumphiert der phantastisch reine Eigengeschmack!

Eine riesige Schüssel Basilikum – am frühen Morgen haben die Frauen anderthalb Stunden lang nur die Spitzen ausgeknipst. So wandern die zartesten Blättchen in die Küche, und die Pflanzen verzweigen sich immer weiter! Das hiesige *Basilico genovese* ist weniger intensiv im Duft als das unsrige oder das neapolitanische, aber es hat eine eigenartige, feine, erfrischende Bitterkeit, auf die es Pino viel mehr ankommt als auf

diese süßlich-aromatische Komponente. Im Sommer wohnen Fiorella und Pino hier draußen am Strand, in einem hübschen Steinhaus. Leider untersagen ihnen die Behörden, das Restaurant so auszubauen, daß es auch in der weniger schönen Jahreszeit geöffnet sein kann. So leben sie im Winter im nahen Ospedaletto, helfen Schwager und Schwägerin beim Blumenexport und haben obendrein noch Zeit, zwei Monate zu reisen, um überall auf der Welt essend neue Ideen zu finden.

1
FRITTO MISTO
FRITIERTES

<u>Für vier Personen:</u>
4 kleine Tintenfisch (Kalmare),
4 Garnelen, 1 Zucchino, Hartweizengrieß,
Olivenöl zum Fritieren

Die Tintenfische sorgfältig reinigen, den Kopf mit den Tentakeln abschneiden, Mund und Augen entfernen. Den Körperbeutel waschen, quer in Ringe schneiden. Garnelen waschen. Zucchino längs auf dem Streifenhobel in Julienne schneiden, nur das Grüne verwenden. Alles gut abtrocknen, dann in Grieß wälzen. Portionsweise in heißem Öl schwimmend fritieren. Zunächst in etwa zwei Minuten blaßgelb werden lassen, herausheben und eine Minute abkühlen, bevor ein zweites Mal, diesmal goldbraun gebacken wird. Auf Küchenpapier gründlich abtropfen, bevor serviert wird.

Auf dem großen Bild die Sardenaira, die ligurische Variante der Pizza (Rezept Seite 142). Man kann das Wort sardine *heraushören, und tatsächlich gehören auch Sardellen, also Anchovis, unbedingt auf den Belag. Ob man die Tomaten ohne weitere Behandlung auf den Teigboden legt oder ob man eine Tomatensauce kocht, wie man das in Neapel für die klassische Pizza tut, weshalb man diese Sauce auch Pizzaiola nennt, das bleibt dem einzelnen überlassen. Ein Stückchen Sardenaira zum Aperitif beruhigt den ärgsten Hunger und überbrückt auf das Angenehmste die Wartezeit, bis endlich das eigentliche Essen kommt …*

2
CAPUN MAGRO
LIGURISCHES GEMÜSE-GERICHT DER FISCHER

Die Fischer haben für dieses Gericht genommen, was gerade der Garten bot. Daraus wurde dann ein Eintopf mit Gemüse und dem Fisch, den sie nicht verkaufen konnten. Bevor sie ihn in den Teller füllten, legten sie diesen mit essiggetränktem Brot aus, das gab Volumen, Geschmack, und der Essig sorgte für Frische. Pino Gangemi hat das Rezept für sich abgewandelt und modernisiert:

<u>Für vier bis sechs Personen:</u>
jeweils ca. 250 g Möhren, Kartoffeln,
Salz, grüne Bohnen, Zucchini,
4–5 EL Olivenöl, 2–3 Knoblauchzehen,
3 Stengel Petersilie, ca. $^1/_8$ l Gemüse- oder Fischbrühe, insgesamt ca. 500 g
Fischfilet, Pfeffer,
pro Person 1 schöne Garnele

Das Gemüse putzen, klein schneiden und zunächst vorkochen: Möhren und Kartoffeln können zusammen in Salzwasser gegart werden, die Bohnen werden bißfest gegart, die Zucchini werden nur gedünstet: in etwas Olivenöl zusammen mit fein gewürfeltem Knoblauch und gehackter Petersilie. Schließlich die Möhren, Kartoffeln und Bohnen hinzufügen, salzen, pfeffern und mit ein wenig Brühe anfeuchten. Dieses Gemüseragout: in tiefe Tellern verteilen. Die Fischfilets in kleine Portionsstücke schneiden, salzen, pfeffern und in einer Pfanne in heißem Öl kroß braten. Zusammen mit den ebenfalls gebratenen Garnelen hübsch auf dem Gemüse anrichten.

1

3

MOSCARDINI AL ROSMARINO

KLEINE TINTENFISCHE MIT ROSMARIN

Für vier bis sechs Personen:
je 300 g Kartoffeln und grüne Bohnen, Salz, 1 Rosmarinzweig, 2–3 Knoblauchzehen, 3 Stengel Petersilie, 3 EL Olivenöl, 500 g kleine Tintenfische (Moscardini), 75 g schwarze Oliven (Taggiasche – siehe Seite 92)

Kartoffeln schälen, in kleine Würfel schneiden und in Salzwasser gar kochen. Erst nach etwa fünf Minuten die geputzten und in Stücke geschnittenen Bohnen zufügen, damit beides etwa zur selben Zeit gar wird.
Rosmarinnadeln, Knoblauch und Petersilie fein hacken und im heißen Öl andünsten. Die geputzten, in Stücke geschnittenen Tintenfischchen zufügen. Fünf Minuten sanft dünsten, dabei salzen und pfeffern. Schließlich Kartoffeln und Bohnen sowie die Oliven untermischen. Alles miteinander weitere fünf Minuten schmurgeln.

2

3

SPAGHETTI ALLO ZAFFERANO CON ZUCCHINE E GAMBERI

SPAGHETTI MIT SAFRAN, ZUCCHINI UND GARNELEN

Für vier bis sechs Personen:
300 g kleine Zucchini,
1–2 Knoblauchzehen, 2 EL Butter,
1 Döschen Safran, Salz, Pfeffer,
6–8 schöne Garnelen mit Schale,
1 Handvoll Basilikumblätter,
250 g dünne Spaghetti

Zucchini in dünne Scheibchen hobeln, zusammen mit dem fein gehackten Knoblauch in der Butter andünsten. Safran zufügen, salzen und pfeffern. Die gewaschenen Garnelen zufügen und so lange unter Rühren braten, bis ihre Schale schön rot geworden ist. Das fein geschnittene Basilikum untermischen sowie die frisch bißfest gekochten, tropfnassen Spaghetti. Alles gut mischen und sofort servieren.

2

1

1

ROMBO IN GIARDINO

STEINBUTT IM GEMÜSEGARTEN

<u>Für zwei Personen:</u>
4 Portionsstücke vom Steinbuttfilet à ca. 80–100 g, Salz, Pfeffer, je eine Prise Puderzucker und Mehl, 2–3 EL Olivenöl
<u>Garten-Vinaigrette:</u>
1 kleine weiße Zwiebel, 1 Knoblauchzehe, 2 EL Weißweinessig, Salz, Pfeffer, 3–4 El Olivenöl, 1 große, reife Tomate, je 1/2 rote und gelbe Paprika, Basilikum- und Petersilienblätter

Die Fischstücke salzen, pfeffern und mit einem Hauch Puderzucker und Mehl bestäuben – es soll nur ein hauchzarter Film entstehen, der eine schöne Kruste macht. Im heißen Öl rasch braten, zugedeckt auf einem Teller ungefähr drei Minuten nachziehen lassen.

Für die Vinaigrette Zwiebel und Knoblauch sehr akkurat winzig fein würfeln, mit Essig, Salz, Pfeffer und Öl im Mörser mischen. Tomate häuten, entkernen, ebenso exakt und genauso klein würfeln. Paprika mit dem Sparschäler häuten und genauso klein und sorgfältig würfeln. Mit den gehackten Kräutern zur Zwiebelvinaigrette geben. Über die Fischfilets verteilen und sofort servieren. Pino garniert den Teller mit einem auf japanische Art fritierten Basilikumblatt.

2

FRAGOLE ALLA SALSA DI LAMPONI

ERDBEEREN MIT HIMBEERSAUCE

Diese Himbeersauce läßt sich wunderbar einfrieren, so daß man auch im Winter jederzeit den Duft des Sommers hat.

<u>Für vier bis sechs Personen:</u>
500 g reife Erdbeeren, 2–3 EL Zucker
<u>Himbeersauce:</u>
500 g Himbeeren, 50 g Zucker

Die Erdbeeren putzen und entstielen. Nur wenn nötig waschen, sie verlieren dadurch Aroma. In Scheibchen oder Viertel schneiden, mit dem Zucker mischen und kurz Saft ziehen lassen.

Für die Himbeersauce die Früchte mit dem Zucker vermischt Saft ziehen lassen. Dann aufkochen, bis der Zucker völlig gelöst ist. Durch ein Sieb passieren und gekühlt verwenden. Eventuell mit Orangenzesten dekorieren.

»Balzi Rossi«: große Kochkunst

»XXmiglia« steht auf den Schildern – und hat schon so manchen verführt zu glauben, hier gebe es Autorennen oder ein besonderer Meilenstein habe Pate gestanden. Mitnichten, es handelt sich um die alte Hauptstadt des ligurischen Stammes der Intimilier, woraus sich die Verballhornung der »Zwanzig Meilen« entwickelte.

Die Altstadt liegt wie eine Festung auf dem Bergrücken zwischen Nervia- und Roiatal, den Zugang zum Col di Tenda nach Cuneo im Piemont beherrschend. Die neuen Viertel sind nicht eben besonders schön, aber die Markthalle ist einen Besuch wert: Hier verkaufen nicht nur Händler, sondern viele kleine Bauern ihre Produkte, wundervolle Salate, Beeren, Früchte und die einzigartigen Zitronen. Das Klima ist hier besonders mild, weshalb der berühmte mediterrane Garten der Villa Hanbury mit Pflanzen aufwarten kann, die man in solcher Vielfalt nirgendwo anders findet.

Es haben in dieser Region schon in vorgeschichtlichen Zeiten Menschen gelebt. In den Höhlen der rötlichen Felsenklippen, *Balzi rossi*, einige Kilometer westlich der Stadt, unmittelbar an der französischen Grenze, wurden Felszeichnungen, Gräber und Gebrauchsspuren aus der Cro-Magnon-Zeit, also von vor 200 000 Jahren, gefunden. Anläßlich des Durchstichs der Bahnlinie förderte man schon im letzten Jahrhundert die Schätze ans Tageslicht – man kann sie im kleinen, aber ungewöhnlich gut eingerichteten Museum unmittelbar neben dem Fundort besichtigen.

Früher lockte hier das berühmte Casino »Balzi Rossi« die wohlhabende und spielwütige Klientel der französischen Riviera auf italienischen Boden. Heute rollt nicht mehr die Roulettekugel, sondern es strahlen zwei Michelin-Sterne hinüber nach Frankreich und sind nicht weniger attraktiv: Das Restaurant gleichen Namens könnte ohne seine französischen Gäste gar nicht leben!

Von ganz wenigen Ausnahmen abgesehen sind es in Frankreich die Männer, die sich Sterne erkochen. Im »Balzi Rossi« steht eine Frau am wunderschönen französischen Molteni-Herd: Giuseppina Beglia, genannt La Pina. Ihre Küche hat natürlich als Basis die Hausfrauenküche, wie fast immer in Italien. Aber Pina hat über die Grenze geschaut, hat sich von ihren französischen Kollegen inspirieren lassen, vor allem von Alain Ducasse in Monte Carlo – der allerdings von ihr, was die Produkte und ihre ebenso einfache wie richtige Behandlung anbelangt, genausoviel gelernt haben dürfte wie sie von ihm. Ihre Gerichte sind akkurater gearbeitet, stringenter aufgebaut als anderswo in Ligurien, ihre Kompositionen sind üppiger, mal markanter, mal verspielter, stets aufwendiger und variantenreicher als üblich. Es ist eine von weiblicher Intuition und hausfraulicher Praxis, aber auch von französisch-rationalem Ordnungssinn und männlichem Mut zum Experiment geprägte, in ihrer scheinbaren Einfachkeit raffinierte, schlichtweg faszinierende Riviera-Luxus-Küche.

Der Eingang zum »Balzi Rossi« liegt ziemlich versteckt in einer kleinen Stichstraße

Basis sind die heimischen Zutaten, Oliven und Olivenöl, die herrlichen kleinen Gemüse und jungen Salate, Kräuter, Fisch und Meeresfrüchte. Und natürlich ist Signora Pina ständig auf der Suche nach allerbester Qualität: Bohnen und Gemüse kommen aus Pigna (siehe Seite 148), das Öl und die eingelegten Taggiasca-Oliven aus Isolabona (Seite 144), Pilze bringen Sammler aus den Meeralpen und dem Appenin. Spezialität von Pina sind freilich die Fischgerichte. »Es ist gar nicht so einfach, guten Fisch zu bekommen!« erklärt Pina mit großer Geste, »denn auf diesem Markt kann man viel verdienen, also wird auch viel geschummelt... Gucken Sie mal auf die Speisekarten: Die ganze Küste entlang gibt's überall *orate* und *branzini*. Ja, glauben Sie denn, so viele Goldbrassen und Wolfsbarsche werden hier gefangen? Natürlich sind die alle gezüchtet, kommen aus Sizilien oder Kalabrien oder sogar von der Adria, aus der Lagune von Venedig. »*Questa roba*, so ein Zeug, kann ich nicht gebrauchen!« ruft sie verächtlich, um gleich wieder lachend zu schwärmen: »Ich nehme nur den delikaten und würzigen Felsenfisch von unserer Küste. Und am liebsten ganz große Fische! Die kommen garantiert aus keiner Zucht, sind nicht so wabbelig und fett – wie auch diese unsäglichen Lachse –, sondern durchtrainiert und fest!«

Glücklich ist Pina, wenn Aldo Basile seinen Fang bringt: Ihm kann sie vertrauen, er stammt aus Ventimiglia, sein Boot liegt in Bordighera. Aber selbstverständlich kann auch Aldo bei Sturm und rauher See nicht hinausfahren und nicht so viel liefern, wie von einem fast immer

Dicht an dicht überziehen die Häuser der Altstadt von Ventimiglia den Bergrücken

Die Höhlen der Balzi Rossi, der roten Felsen, waren bereits in grauer Steinzeit bewohnt

Die Felsplatten unmittelbar unter den prähistorischen Höhlen sind beliebt als Badeplatz

ausgebuchten Restaurant mit 60 Plätzen gebraucht wird. Zwei Händler aus San Remo sind daher feste Partner, die jeden Tag präsentieren, was sie auf der Auktion in Imperia erstanden haben. »Fisch muß frisch nach Meer riechen, darf nicht schleimig sein, die Kiemen müssen rot, die Augen hell und klar leuchten. Fisch, der nach Fisch riecht, kommt mir nicht in die Küche!« Sie schüttelt sich vor Grausen: »Dann müßte man womöglich Zitronensaft darübergießen, um ihn aufzufrischen ...«

Das Restaurant »Balzi Rossi« existiert seit 1982, schon nach sieben Jahren gab's den zweiten Stern. »Das ist hier, an der Grenze zu Frankreich, enorm wichtig: Sicherlich 60 Prozent der Gäste und also des Umsatzes haben wir den Sternen zu verdanken«, meint Ehemann Andrea. »Abends kommen die Leute aus Menton, Nizza, ja sogar aus Cannes zu uns zum Essen.« Er ist stolz darauf, und die Gäste sind zu verstehen: So angenehm und ungezwungen wie hier geht es in französischen Restaurants nicht zu – es herrscht eine fröhliche Atmosphäre, man plaudert sofort locker mit den Ankömmlingen, die Stammgäste werden mit Namen empfangen, man kennt ihre Vorlieben, diskutiert sie natürlich immer wieder neu. Die Weinkarte ist schlichtweg sensationell – alles, was in Italien und Frankreich Rang und Namen hat, ist da! Und die Preise sind vergleichsweise sehr, sehr günstig.

Pina und Andrea sind beide in gastronomischer Umgebung aufgewachsen. Im Restaurant seines Onkels im nahen Camporosso haben sie angefangen. Aber zwei Familien in einem Betrieb – die eine mehr auf Menge ausgerichtet, die andere mit mehr Sinn für Qualität –, das ging auf die Dauer nicht gut. Da haben sie ihren ganzen Mut gefaßt und sind, das »Balzi Rossi« wurde gerade frei (siehe Seite 160), in diesem Haus vor Anker gegangen, das seinerseits wie ein gestrandetes Schiff vor den dramatischen Felsen liegt. Sie haben es noch keinen Augenblick bereut: Es gibt zwar viel Arbeit, aber sie sind freie und erfolgreiche Unternehmer.

Mittags wird nur im klimatisierten Saal serviert, denn draußen, auf der relinggesäumten Terrasse, wird es in der Sonne schnell zu heiß. Abends aber muß man Tage vorher reservieren, um einen Platz zu bekommen, von dem aus man die ganze französische Riviera überblickt. Von der praktisch nicht mehr existierenden Grenze und der Straße hört man nur leises Gebraus, das Meer klatscht an Felsen und Mauern, die Palmwedel rascheln in der lauen Brise, die endlose Lichterkette der Küste funkelt mit den Sternen um die Wette ... Nur wenig Phantasie ist noch nötig, um sich wie in der Belle Époque zu fühlen, um wie in einem Traum den schönen Rahmen und die perfekte Bedienung, mit Sorgfalt ausgesuchte Weine und eine wahrhaft glanzvolle Küche, kurz: Tafelfreuden zu genießen ...

Giuseppina Beglia, genannt »La Pina«, im Kreise ihrer Köche – sie strahlt einfach immer gute Laune aus! Da ihr Mann Andrea ein eher ernster Typ ist, ergänzen sie sich ausgezeichnet. Er ist für Wein und Buchhaltung zuständig, leitet zusammen mit Sohn Maurizio und Tochter Rita – auf dem Bild mit Enkelin Valentina – den Service, assistiert vom flinken Luciano. Eiji Nonaka aus Japan gehört schon fast zum Inventar, ebenso Küchenchef Alfio Gadaldi, der sich jedesmal aufs neue freut, wenn der Fischer Aldo Basile seine Beute: Fische, Scampi und Garnelen, höchstpersönlich in die Küche bringt

1

FIORI DI ZUCCHINE FARCITI

GEFÜLLTE ZUCCHINIBLÜTE

Ein Klassiker der ligurischen Küche: Der Kartoffelfüllung begegnet man immer wieder, mal mehr, mal weniger delikat, mal mit weißen Bohnenkernen vermischt, mal mit mehr Kräutern – jeder hat da sein eigenes Rezept.

Für vier bis sechs Personen:
8–12 Zucchiniblüten, Olivenöl zum Beträufeln, 3–4 EL geriebener Käse
Kartoffelfüllung:
250 g frisch gekochte Kartoffeln, 1 Ei, 50 g geriebener Parmesan, je 2 EL gehackte Petersilie und Basilikum, 2 Knoblauchzehen, Salz, Pfeffer

Die Zucchiniblüten vorsichtig waschen, den wattigen Stempel in der Mitte entfernen; es ist nicht schlimm, wenn dabei die Blüte aufreißt. Die Füllung läßt sich am einfachsten mit der Lochtülle eines Spritzbeutels hinein praktizieren; die Blüte dann rund um die Füllung schließen. Die gefüllten Blüten auf ein mit Öl bestrichenes Backblech setzen, mit Öl beträufeln und mit Käse bestreuen. Bei 250 Grad 10 bis 15 Minuten goldbraun backen. Man kann sie warm, aber auch kalt servieren.
Für die Füllung die noch warmen Kartoffeln mit einer Gabel zerdrücken, dabei Ei, Käse, Petersilie, Basilikum, durchgepreßten Knoblauch und Gewürze gut mischen. Kräftig abschmecken!

2

NOVELLINI AFFOGATI

WINZIGE, GEDÜNSTETE TINTENFISCHCHEN

Tintenfische unterscheidet man sehr präzise nach ihrer Größe. Daumennagelwinzig heißen sie *Spuncia* oder *Rosetti* (siehe auch Seite 94), mit Streichholzlänge nennt man sie *Novellini;* etwa fingerlang *Moscardini*, wenn sie ausgewachsen sind, bezeichnet man sie als *polpetti* und schließlich, wenn sie ganz groß geworden sind, *polipi*.

Für vier bis sechs Personen:
3 Stengel Petersilie, 3 Knoblauchzehen, 1 kleine Chilischote, 2–3 EL Olivenöl, 500 g kleine Tintenfischchen, Salz, Pfeffer, 1 Glas Weißwein, etwas Gemüsebrühe, 200 g gekochte weiße Bohnenkerne, 20 schwarze Oliven

Petersilie, Knoblauch und entkernte Chilischote fein hacken und im heißen Öl sanft andünsten. Die sorgfältig geputzten Tintenfischchen zufügen, salzen und pfeffern. Mit Wein ablöschen und etwa zehn Minuten leise dünsten. Bohnenkerne und Oliven zufügen. Wenn nötig vor dem Servieren mit etwas Gemüsebrühe oder Olivenöl anfeuchten.

3

CUNDIGLUN D'ASTICE

BUNTER SALAT MIT HUMMER

Cundiglun bedeutet im ligurischen Dialekt nichts weiter als bunt gemischter Salat mit allem, was der Garten bietet.

Für zwei bis vier Personen:
2 kleine Hummer (à 250 g), Salz, 4 schöne Garnelen, 2 EL Olivenöl, 2 Tomaten, je 1/2 gelbe, rote und grüne Paprikaschote, 1 Fenchelknolle, 1 kleine Gärtnergurke, 2 Frühlingszwiebeln, 1 kleine Handvoll schwarzer Oliven (natürlich Taggiasche, siehe Seite 92), Basilikumblätter
Vinaigrette:
2 Knoblauchzehen, Saft einer Zitrone, 1/2 TL scharfer Senf, Salz, Pfeffer, 4 EL Olivenöl

Den Hummer kopfüber in soeben aufwallendes Salzwasser geben. Nach fünf Minuten den Deckel auflegen, neben dem Herd etwa 20 Minuten ziehen lassen. Die Garnelen im heißen Öl braten, bis sie duften, mit Salz bestreuen und ebenfalls ziehen lassen. Inzwischen die übrigen Salatzutaten richten: Tomaten und Paprika häuten, in Streifen oder Stücke schneiden. Fenchel in dünne Ringe schneiden, die Gärtnergurke schälen, entkernen und wie die Frühlingszwiebeln in Scheibchen hobeln. Mit den Oliven und den zerzupften Basilikumblättern mischen, dabei mit einem Teil der cremig aufgeschlagenen Vinaigrette anmachen. Auf Tellern verteilen. Den Hummer und die Garnelen noch warm ausbrechen, dekorativ auf dem Salat anrichten. Mit der restlichen Marinade beträufeln und sogleich servieren.

1

2

3

1

RAVIOLI DI CONIGLIO

KANINCHENRAVIOLI

Für vier bis sechs Personen:
1 Rezept Nudelteig (siehe Seite 25), 1 Zwiebel, 2 Knoblauchzehen, 3 EL Olivenöl, 300 g ausgelöstes Kaninchenfleisch, 300 g Kräuter (Spinat, Mangold und Borretsch), 100 g gekochter Schinken, 100 g geriebener Parmesan, 2 Eier
Kräutersauce:
je 1 Rosmarin- und Thymianzweig, 1 Zwiebel, 1 Knoblauchzehe, 3 EL Olivenöl, je 1 kleines Glas Kalbsfond oder kräftige Brühe und Weißwein, 50 g Butter, Salz, Pfeffer, Basilikum, 80 g Taggiasca-Oliven

Den Nudelteig herstellen wie beschrieben. Für die Füllung Zwiebel und Knoblauch fein hacken, im heißen Öl weich dünsten, bevor das Fleisch zugefügt wird. Fünf Minuten braten, dabei salzen und pfeffern. Die blanchierten und gut ausgedrückten Kräuter zufügen. Schließlich alles zusammen mit dem Schinken durch den Fleischwolf drehen oder im Mixer (hier nicht zu fein!) zerkleinern. Mit Käse und Eiern mischen, kräftig abschmecken. Kleine Ravioli damit herstellen, die in reichlich Salzwasser garen, bis sie oben schwimmen.
Für die Sauce Kräuter, Zwiebel und Knoblauch im Olivenöl weich dünsten, Fond und Wein angießen und rasch um die Hälfte einkochen. Durch ein Sieb filtern, die Butter untermixen, mit Salz und Pfeffer abschmecken. Reichlich feingeschnittenes Basilikum unterrühren und über die Ravioli gießen.

2

PESCATO DI PESCE

FISCHE – FRISCH AUS DEM FANG

Für vier bis sechs Personen:
4 Seezungenfilets, 8 Rotbarbenfilets, 8 Filets vom kleinen Seehecht (Nasello), 12 winzige Tintenfischchen (Moscardini), 4 Jakobsmuscheln, 2–3 EL Olivenöl, Salz, Pfeffer, jeweils gekocht: 16 Miesmuscheln, 16 Herzmuscheln (Vongole) und 4 Garnelen, 2–3 Frühlingszwiebeln, 1 Tasse exakt geschnittene Tomatenwürfel, Petersilie und Basilikum, je 4–5 EL Zitronensaft und Olivenöl

Die Fischfilets, Tintenfischchen und Jakobsmuscheln in etwas Olivenöl sehr präzise auf den berühmten Punkt braten, dabei mit Salz und Pfeffer würzen. Auf Tellern verteilen, die ausgelösten Muscheln und Garnelen dazwischen betten. Dekorativ mit Tomatenwürfeln, in Ringe geschnittenen Frühlingszwiebeln und gehackten Kräutern bestreuen. Mit Zitronensaft und Olivenöl beträufeln. Wichtig: Die Fische müssen noch warm sein, wenn sie serviert werden!

3

BRANZINO IN FOGLIA DI VITE

SEEBARSCH IM WEINBLATT

Für vier Personen:
4 große Weinblätter, 4 gekochte Kartoffeln, 4 schöne Steinpilze, 4 Filetstücke vom Seebarsch, Salz, Pfeffer, 4 EL Olivenöl, ca. 1/8 l Weißwein, Saft einer halben Zitrone, je 2 EL feingehackter Knoblauch und Petersilie, 2 EL Butter

Weinblätter in einer Bratenreine ausbreiten. Darauf jeweils Kartoffelscheiben verteilen, mit Pilzscheiben bedecken, schließlich die Fischstücke darauf setzen. Salzen und pfeffern, mit Öl, Wein und Zitrone beträufeln. Knoblauch und Petersilie darüberstreuen und Butterflöckchen obenauf setzen. Bei 200 Grad im Ofen etwa zehn Minuten garen. Auf vorgewärmten Tellern hübsch anrichten und mit dem in der Bratenreine entstandenen Saft beträufeln.

1

2

3

1

SFOGLIATINE DI SOTTOBOSCO

TÖRTCHEN MIT WALDBEEREN

Für vier bis sechs Personen:
4 Eiweiß, 100 g Butter, 130 g Zucker,
4 Tropfen Vanilleextrakt, 130 g Mehl
Außerdem:
400 g gemischte Beeren, 4 EL Zucker,
Schlagsahne, Puderzucker

Eiweiß und Butter etwa zwei Stunden Zimmertemperatur annehmen lassen. In einer Schüssel über einem Wasserbad, das 50 Grad nicht überschreiten sollte, erwärmen. In einer zweiten Schüssel, die mit kochendem Wasser erwärmt und anschließend gut abgetrocknet wurde, die Butter mit dem Schneebesen aufschlagen, dabei den Zucker und die Vanille einarbeiten, schließlich nach und nach das Eiweiß. Geduldig und ständig schlagen, bis eine glatte, dichte, cremige Masse entstanden ist. Schließlich das Mehl einarbeiten. Mit einem Löffel auf mit Backpapier belegtem Blech Kreise von 10 cm Durchmesser verstreichen. Bei 175 Grad im vorgeheizten Backofen etwa fünf Minuten hell backen. Auskühlen lassen. Jeweils zwei Törtchen mit Beeren füllen, nach Geschmack zuckern, mit Sahne und Puderzucker garnieren.

2

SFORMATO AL GIANDUIA

SCHOKOLADENPUDDING

Für vier bis sechs Personen:
50 g Butter, 60 g dunkle Schokolade,
2 Eier, 50 g Zucker, 1 EL Mehl,
Butter für die Förmchen

Butter und Schokolade im Wasserbad schmelzen. Eigelb mit Zucker dick und cremig schlagen, das Mehl einarbeiten und etwas abgekühlt die Schokoladenmischung unterrühren. In gebutterte Portionsförmchen verteilen. Sechs Minuten bei 200 Grad im vorgeheizten Backofen backen. Pina Beglia serviert den Pudding auf einer Vanillesauce, für die sie Minze in der Milch hat einen Tag lang ziehen lassen und dann aufmixt, so daß sie grün eingefärbt wird.

1

2

HERBST

Erntezeit: Bohnen, Kürbis und Tomaten.
Zu Gast in einem Weingut,
Pilzsammlers Lust, Fisch vom Grill
und der berühmte Pesto

Fleißig: Fischer am Strand

Üppig: Gemüseladen

Idyllisch: schmale Gasse

Ängstlich: Kätzchen im Baum

Makellos: Steinpilze

Wie ein Pinienzapfen geformt: Pigna

Knusprig: Sardenaira und Fugassa

Saftig: weiße und rote Weintrauben

Geschickt: Korbflechter

Die Schweizers im Weingut »Giuncheo«

Eines Tages war das Schweizer Ehepaar Monika und Arnold Schweizer (nomen est omen!) das ewig triste Wetter im schweizerischen Basel leid. 25 Jahre als Lehrerin und Architekt sind genug, beschlossen sie und spielten mit dem Gedanken, in den Süden zu ziehen. Egal wohin, Hauptsache auch im Winter frostfrei und natürlich verkehrstechnisch einigermaßen günstig an die alte Heimat angebunden.
Und dann ging alles viel schneller als gedacht: Während ihrer Ferien fiel Arnold bei der täglichen Zeitungslektüre die Anzeige von Arnaldo Biamonti ins Auge. Der suchte, weil seine Kinder den kleinen Gutsbetrieb mit sieben Hektar Reben und 500 Olivenbäumen nicht weiterführen wollten, einen Nachfolger. Eigentlich hatten Schweizers nur aus Neugier auf die Annonce geantwortet. Sie wollten zwar gerne ein Bauernhaus erwerben und mit der Natur im Einklang leben, aber dachten nicht im Traum daran, Landwirtschaft zu betreiben oder gar Wein zu machen.
Als sie jedoch »Giuncheo« gesehen hatten, war's geschehen: Liebe auf den ersten Blick! Nicht nur wegen der phantastischen Lage (siehe nächste Seite) auf einer Felsnase, hoch über Camporosso, auf der Westflanke des Nerviatals, nur über eine steile, abenteuerlich gewundene Straße zu erreichen; nicht nur wegen der grandiosen Sicht weit über das gesamte Tal, die Gewächshäuser an der Küste und bis aufs Meer; und nicht nur, weil das Gut so gut in Schuß war, Weinberge und Oliven liebevoll gepflegt: Auch ein Grund waren Maria und Arnaldo, das Vorbesitzerpaar, mit dem sie sich auf Anhieb prächtig verstanden. Rasch wurden sie handelseinig, unter der Bedingung, daß Biamontis ihnen weiterhin zur Seite stehen würden, mit Rat, Tat und jeglicher Hilfe. Sie gaben Basel auf, lernten die Sprache und begannen, sich mit Wein zu beschäftigen. Denn natürlich sollte die Sache nunmehr auch Hand und Fuß bekommen! Gottlob fanden sie Marco Romagnoli als Kompagnon, den Kellermeister, der sich um die Reben kümmert; seine Frau Annie betreut den Vertrieb. Die Rebberge waren bestens in Schuß: drei Hektar *Vermentino*, aus dem jetzt mit Hilfe des Piemonteser Önologen Lannati ein sehr kräftig strukturierter, ausgeprägter, stoffiger Wein gekeltert wird, und vier Hektar *Rossese*. »Eine schwierige Reb-

wei Aussteiger, die voll eingestiegen sind

sorte«, klagt Marco und zeigt eine typische Traube, deren unterschiedlich reife Beeren zum Teil sogar bereits vertrocknet sind (Bild unten). »Wenn es in die Blüte regnet, dann sehen die Trauben furchtbar aus.« Beim Probieren des *94 Rossese di Dolceaqua* und des *93 Rossese Superiore*, eine Riserva, die länger im Faß und auf der Flasche reifen durfte, zeigt sich indes, daß sich durchaus ein kraftvoller, geradezu feuriger Wein daraus produzieren läßt, der trotz seiner eher lichten Farbe auf der Zunge dicht und konzentriert ist. Natürlich sind die Schweizers ständig auf der Suche nach Verbesserungen, lernen jedes Jahr dazu und sind bestrebt, mit zunehmender Ertragsbegrenzung, neuen Schnitt- und Pflegemethoden sowie peniblem Ausbau weiter ihre Qualität zu steigern.

Seit 1991 sind sie auf »Tenuta Giuncheo« – Binsen, die dem Gut einst seinen Namen gaben, sind heute nicht mehr prägendes Gewächs. Inzwischen wurde manches verändert und viel umgebaut – schließlich ist der Hausherr Architekt. Ein neuer Keller wurde errichtet, als Ersatz für die zwei ehemaligen Bunker aus dem Zweiten Weltkrieg, die man bis dahin dafür verwendet hatte – makaber genug und überdies sehr unpraktisch. Auch das Wohnhaus wurde den Bedürfnissen angepaßt. Wichtigster Bauabschnitt: die Freiluftküche auf der Terrasse (Bild unten ganz links, durch die offene Tür eben noch zu sehen) mit weitem Blick auf Land und Meer. »Selbst wenn's mal regnen sollte«, lacht Monika, »macht das gar nichts – es ist ja Gottlob niemals wirklich kalt!«

Arnold Schweizer (Photo ganz links), voller Energie und mit immer wieder neuen Ideen, hat aus dem Weingut »Giuncheo« ein Paradies gemacht. Ohne seine Frau Monika hätte er das sicher nicht geschafft. Auf dem Photo unten rechts ist sie die zweite von links; rechts und links neben ihr sitzen übrigens Signora Pina und ihr Mann Andrea Beglia vom »Balzi Rossi« (Seite 128), wo man natürlich die »Giuncheo«-Weine gerne ausschenkt. Kompagnon Marco Romagnoli ist am Tischende zu sehen. Die Schweizers haben gerne und oft Gäste. Die lange Tafel ist dafür wunderbar geeignet (siehe auch das erste Vorsatzblatt). Maria, die Vorbesitzerin, ist eine fabelhafte Köchin, die mit Vergnügen fürs Essen sorgt. Natürlich serviert sie die Spezialitäten der Region: zum Beispiel die berühmten weißen Bohnen aus Pigna, die sie einfach in Salzwasser kocht, das sie mit ein paar Knoblauchzehen würzt. Die Gäste träufeln sich dann nach Gusto vom gleichzeitig milden und aromatischen Olivenöl des Hauses darüber

1
SARDENAIRA
LIGURISCHE PIZZA

Charakteristisch dafür ist der besonders krumige Teigboden, der kräftig nach Olivenöl schmeckt. Mit grünem, also Gemüsebelag (hier aus Spinat) heißt der gleiche Kuchen Fugassa verde – das Rezept hierfür steht auf Seite 150.

Für ein großes Blech (ca. 6 Portionen):
Pizzateig:
500 g Mehl, 20 g (1/2 Würfel) Hefe, 5 EL lauwarme Milch, ca. 1/4 l lauwarmes Wasser, 1/2 TL Salz, 4 EL Olivenöl
Belag:
2 große Dosen geschälte Tomaten, 1 Handvoll Knoblauchzehen, Salz, Pfeffer, Origano, Salbeiblätter, Olivenöl

Das Mehl in die Rührschüssel der Küchenmaschine geben. Die Hefe in der Milch auflösen, zusammen mit Salz und Öl langsam zufügen, während der Knetarm bereits läuft. So viel warmes Wasser hinzugießen, bis ein weicher Teig entstanden ist. Fünf Minuten die Maschine laufen lassen, den Teig dann herausholen und mit den Händen noch einmal durcharbeiten. In eine mit Mehl ausgestäubte Schüssel betten und zugedeckt mindestens zwei Stunden, besser noch einen ganzen Tag gehen lassen.
Den Teig schließlich erneut mit bemehlten Händen durchkneten, zweizentimeterdick ausrollen und auf ein mit Backpapier bedecktes Blech breiten. Tomaten mit den Fingern zerdrücken und auf der Teigfläche verteilen, nur wenig Saft dabei verwenden. Geschälte Knoblauchzehen, Origano und Salbeiblätter dazwischenstreuen, salzen, pfeffern und mit reichlich Olivenöl beträufeln. Bei 220 Grad eine halbe Stunde backen, bis der Teig gebräunt ist und der Belag brodelt.

2
TAGLIATELLE AI FUNGHI
NUDELN MIT PILZEN

Für vier bis sechs Personen:
800 g frische Pilze (am schönsten sind natürlich Steinpilze oder andere Waldpilze, natürlich kann man auch Champignons verwenden), 1 Zwiebel, 2 Knoblauchzehen, 1 Bund Petersilie, 3 EL Olivenöl, Salz, Pfeffer, 1 Portion hausgemachte (Rezept Seite 25) oder 400 g gekaufte Bandnudeln, 2 EL Butter

Die Pilze putzen und in Scheibchen schneiden. Sehr fein gehackte Zwiebeln und Knoblauch im heißen Öl andünsten, einen Teil der gehackten Petersilie zufügen, erst dann die Pilze. So lange dünsten, bis sie ihre Flüssigkeit abgegeben haben. Salzen, pfeffern und die restliche Petersilie unterrühren. Die bißfest gekochten Nudeln nicht abtropfen, sondern mitsamt etwas anhaftendem Kochwasser und einem Stück Butter unter die Pilze mischen.

3
TAGLIOLINI VERDI
SPINATNUDELN

Für sechs bis acht Personen:
500 g Spinat, Salz, 500 g Mehl, 3 Eier, Mehl zum Ausrollen

Den Spinat putzen, entstielen, gründlich waschen und zugedeckt in einer großen Pfanne zusammenfallen lassen, dabei salzen. Gut abtropfen, zusätzlich ausdrücken und schließlich sehr fein hacken – am besten im Mixer. Das Mehl und die Eier zufügen und einen festen, aber geschmeidigen, leuchtend grünen Teig daraus kneten. In Folie gewickelt eine halbe Stunde ruhen lassen, dann mit der Nudelmaschine oder mit dem Nudelholz hauchdünne, schmale Nudeln herstellen.
Maria Biamonti serviert dazu am liebsten eine frische Sauce aus rohen, winzigen Tomatenwürfeln mit Basilikum und reichlich gutseigenem Olivenöl. Gut paßt natürlich auch ein gekochter Sugo (Rezept Seite 16).

4

CONIGLIO AL VINO BIANCO

KANINCHEN IN WEISSWEIN

Für sechs Personen:
1 junges Kaninchen, 4 EL Olivenöl, 3–4 Stengel Bleichsellerie, 1 große Zwiebel, 3–4 Knoblauchzehen, 1 Bund Petersilie, $^{1}/_{2}$ l Weißwein, 500 g Tomaten, 100 g schwarze Oliven

Das Kaninchen in Portionsstücke teilen und in einem passenden Schmortopf rundum kräftig golden anbraten. Sellerie, Zwiebel, Knoblauch fein würfeln, zusammen mit der gehackten Petersilie in den Topf streuen und mitrösten. Mit Weißwein ablöschen. Tomaten schälen und grob hacken, zusammen mit den Oliven zufügen. Alles zugedeckt eineinhalb Stunden sanft schmoren. Die empfindlichen Rückenstücke jedoch bereits nach einer halben Stunde herausheben, damit sie nicht zu trocken werden. Dazu serviert Monika Schweizer **Patate al forno, Ofenkartoffeln**: Halbierte Kartoffeln kreuzweise einschneiden, salzen, pfeffern und mit Olivenöl beträufeln. Auf einem Blech bei 200 Grad eine halbe Stunde backen.

1

2

3

4

Die Kunst der Konserve

Marco Grillo liebt seine Heimat und ihre Produkte. Und er haßt es, wenn die Leute sagen, von der Landwirtschaft könne man nicht mehr leben. Er beweist, daß es geht! »Man muß natürlich veredeln und nur allerbeste Qualität anbieten«, sagt er überzeugt. »Man muß sich von den Industrieprodukten absetzen, den Geschmack des Bodens, die Seele der Region einfangen!« Er produziert als einziger von sechs Landwirten in Isolabona Nahrungsmittel, die anderen haben sich auf Blumen spezialisiert. Er setzt auf die traditionellen Oliven, natürlich der Sorte »Taggiasca«. Sie werden gewaschen und in 15prozentigem Salzwasser eingelegt, in dem sie acht Monate reifen. Dabei quellen sie zunächst auf, geben später aber das Wasser wieder ab und sind dann genußreif. Weil seine Oliven pur so wunderbar schmecken, würzt er sie nicht: »Knoblauch, Thymian, Lorbeer und Rosmarin

braucht man nur, um schlechte Qualität zu vertuschen!« meint Marco lapidar. Aus den Oliven bereitet er auch ein wunderbares Püree. Die alte Mühle, seit hundert Jahren stillgelegt, will er demnächst wieder in Betrieb nehmen, damit er sein Öl selbst pressen kann.

Marcos neustes Erfolgsprodukt sind eingelegte Tomaten. Er kauft nur bei den Nebenerwerbsbauern des Tals. Die vollreifen Früchte werden bei konstant 40 Grad in einer Maschine schonend getrocknet, dann noch zwei Tage in die Sonne gelegt, was sie besonders geschmeidig macht. Danach kommen sie, gewürzt oder pur, in sein exquisites Olivenöl: ein Gedicht! Die örtliche Gastronomie sowie französische Feinkosthändler reißen ihm alles nur so aus der Hand … Seine Zukunft sieht er daher nicht nur rosa-, sondern tomatenrot!

Berg-Gemüse

Hoch oben über Pigna im Nerviatal liegen, verstreut auf einem sonnigen Osthang, ein paar Häuser. Weit schweift der Blick: unten, einer Bergnase angepaßt, der Ort Castelvittorio; einst war er genuesisch, während Pigna erst zur Provence, dann zu Savoyen gehörte – zwei benachbarte Städte in jahrhundertelangem Widerstreit; oben rechts das 1887 vom Erdbeben zerstörte Baiardo.

Auf den schon vor Generationen angelegten Terrassen gedeihen Blumen und Gemüse: Die fruchtbare Erde, die sonnige Lage und ausreichende Niederschläge machen das Gebiet zu einem wahren Garten Eden: Äpfel und Feigen, Wein und Tomaten, Kürbisse und Zwiebeln, Salate und Kräuter, Astern, Malven und Dahlien, deren Knollen im Winter im Boden bleiben, weil der hier nie gefriert. In 600 Metern Höhe sind allerdings die Temperaturschwankungen zwischen Tag und Nacht groß, was sich positiv auswirkt: Es schmeckt alles würziger und intensiver. Das berühmteste

Die Altstadt von Pigna, in mehreren Kreisen um die inzwischen zerstörte Burg angelegt, wirkt gepflegt. Der hübsche Stadtkern und die Thermen haben für einen bescheidenen Tourismus gesorgt, der etwas Geld einbringt

Produkt von Pigna sind die weißen Bohnen, die einen besonderen Geschmack und Schmelz entwickeln.
Dies ist die Heimat von Mario Muratore, Souschef in der Küche des »Louis XV« bei Alain Ducasse in Monte Carlo – von hier also bekommt Ducasse einen Großteil seiner wunderbaren Gemüse! »Er will immer die ersten Bohnen haben – aber die esse ich selbst«, sagt Mario mit einem Augenzwinkern. Er kann, zu seinem Leidwesen, nur noch zweimal die Woche heraufkommen. Dafür fliegt er mit Ducasse und ausgewählten Gästen ab und zu mit dem Hubschrauber her, um ein ländliches Fest zu feiern: Dann gibt es grünen und roten Gemüsekuchen aus dem Holzofen, der in den Weinbergen steht, man tafelt zwischen Gemüse und Blumen und läßt die Welt ein kleines Paradies sein...

Die Alten sind geblieben, die Jungen längst an die Küste gezogen, wo es leichtere Arbeit gibt: Auf den terrassenartigen Feldern will kaum mehr jemand Landwirtschaft betreiben – Gemüse macht einen krummen Rücken!

Die Arbeit freilich tun der Vetter von Mario und seine Frau, Giovanni-Battista Orengo und Pierina Allavena. Früher haben sie hier oben gelebt, heute wohnen sie in Pigna, weil dort die Familie ist und die Enkel nach der Schule bei ihnen essen können. »Wir haben hier zwar Strom und Wasser, aber unten im Neubau ist doch alles bequemer.«

Spezialität des Valnervia sind getrocknete Tomaten. Man nimmt hierfür Eiertomaten der Sorte »Roma«, die einen guten Geschmack und ein besonders festes Fruchtfleich haben. Anders als in Süditalien, wo die Sonne so viel Kraft besitzt, auch das Fruchtwasser um die Kerne verdunsten zu lassen, werden hier Kerne und Wasser aus den halbierten Früchten gedrückt. Dann bestreut man sie mit Salz und etwas Zucker und legt sie auf Schilfmatten mit der Schnittfläche nach oben in die Sonne. Abends werden sie eingesammelt, mit den Schnittflächen nach unten auf ein Blech gelegt und ins Haus getragen; sobald sie ein wenig angetrocknet sind, legt man jeweils zwei Hälften zusammen. Am nächsten Tag breitet man sie draußen wieder aus ... Je nach Witterung und Sonnenschein sind sie nach sechs bis acht Tagen fertig getrocknet, leuchten immer noch frisch und hellrot. Und sie schmecken nicht karamelisiert wie die in südlicher Sonne gedörrten Früchte, sondern klar und rein. Sie lassen sich problemlos aufbewahren, zum Essen legt man sie in Öl (Seite 144)

FUGASSA VERDE

GRÜNER GEMÜSEKUCHEN

Die ligurische Pizza mit dem roten Belag auf dem Photo wird wie auf Seite 142 beschrieben zubereitet. Mario Muratore hat jedoch noch schwarze Oliven auf der Oberfläche verteilt.

Für ein großes Blech (6 Portionen):
1 Rezept Pizzateig Seite 142
Belag:
1 Zwiebel, 4 Knoblauchzehen,
3 EL Olivenöl, 1 kg Zucchini, Salz,
Pfeffer, 150 g geriebener Parmesan, 1 Ei

Den Teig zubereiten und auf Backblech breiten wie im Rezept beschrieben. Für den Belag Zwiebeln und Knoblauch fein hacken und im heißen Öl andünsten. Die Zucchini raffeln, so lange mitdünsten, bis der Saft, den sie abgegeben haben, nahezu verkocht ist. Salzen, pfeffern, mit Käse und Ei vermischen und auf dem Teigboden verteilen. Bei 220 Grad im Backofen eine halbe Stunde backen.

Der Backofen wird nach althergebrachter Art mit Holz befeuert – die große Hitze und das Aroma von Kastanienholz oder Reben gibt den einzigartigen Geschmack: Giovanni-Battista Orengo präsentiert die Fugassa verde, Mario Muratore eine Sardenaira. Die Bohnen beginnen erst Ende September zu reifen – die ersten, noch weich und zart gepflückt, schmecken am besten. Die Zwiebeln müssen noch trocknen, der Kürbis hält, wenn er ausgereift ist, bis ins Frühjahr

Pilzparadies in Pigna

Tatsächlich macht der Ort seinem Namen alle Ehre: Er ist wie ein Pinienzapfen (italienisch *pigna*) geformt. In konzentrischen Kreisen steigen die Häuser hügelan, bilden, übereinandergewölbt und ineinandergeschachtelt, pittoreske, überdachte Plätze und schmale Gäßchen, *chibi* genannt. Im 12. Jahrhundert als Festung von den Grafen von Ventimiglia erbaut, dehnte sich der Ort immer weiter aus; eine heilende Wunderquelle war Anziehungspunkt. Die heute noch in den Thermen genutzte Schwefelquelle wurde erst später entdeckt – und soll zu neuer Blüte entwickelt werden.

Das Gasthaus mit Namen »Terme« steht oberhalb der Badeanlage. Von außen wirkt es schmucklos und schlicht. Daß drinnen ein gemütlicher Speisesaal, ja sogar angenehme Gästezimmer warten, sieht man ihm nicht an. Und schon gar nicht, daß man hier ungewöhnlich köstlich essen und es sich wohl sein lassen kann. Gloria Lanteri ist eine großartige Köchin, ihr Mann Silvio ein liebenswürdiger Gastgeber und Sohn Claudio Sommelier aus Leidenschaft. Die ganze Familie, auch Tochter Maura, kümmert sich um das Wohl der Gäste.

Spezialität im Herbst: Pilze aller Art. Sogar die seltenen, kostbaren *Ovoli*, die goldfarbenen Kaiserlinge, kann man hier genießen. Jeden zweiten Sonntag im September findet in Pigna ein großes Pilzfest statt. Da werden auf den drei großen Plätzen des mittelalterlichen Ortes buchstäblich tonnenweise Pilze zubereitet: vom Grill, gebraten und gedünstet. Und die Restaurants der Gegend wetteifern um das beste Pilzrezept: Letztesmal hat wieder Gloria gewonnen, mit einer gedeckten Pilztorte, die wirklich unvergleichlich schmeckt!

Gewölbe wie dieses, mit dem Pfeiler in der Mitte, sind typisch für die Architektur von Pigna: Auf dieser Piazza tagte früher das Gemeindeparlament. Das Gasthaus »Terme« befindet sich außerhalb des Ortes, unterhalb der aufgelassenen Wallfahrtskirche Santa Maria Assunta, die man einst an einer heiligen Wunderquelle errichtet hatte. Die ganze Familie Lanteri ist beneidenswert schlank, trotz (oder vielleicht wegen?) der Kochkunst von Mutter Gloria. Sohn Claudio ist ständig auf der Suche nach interessanten Weinen für den gutsortierten Keller, Vater Silvio kümmert sich um Haus und Hof

Antipasti kommen auch im Restaurant »Terme« im Plural daher: Als erstes wird dem Gast gegen den ärgsten Hunger vorneweg ein Häppchen der berühmten Torta verde serviert (Rezept Seite 238)

Dann kommt ein Teller mit getrockneten und in Öl eingelegten Tomaten, ein paar Scheibchen luftgetrocknete Salami und würzige Olivenpaste, die gut auf dem frischen, krumigen Weißbrot schmeckt

Die warmen Vorspeisen: Sardenaira (Rezept Seite 142), Frittelle (Seite 242), hier mit Stockfisch, Gemüsekuchen (Seite 161), gebratene Teigtasche (Seite 206) und gefüllte Zucchiniblüte (Rezept Seite 132)

Die Zucchiniblüten bringt eine Bauersfrau, jeden Morgen frisch gepflückt. Auch die Kräuter: Basilikum, Majoran und Salbei. Auf dem Teller unten: die Bohnenkerne, für die Pigna so berühmt ist

OVOLI CRUDI

ROHE KAISERPILZE

Sie sind eine wahrhaft kaiserliche Spezialität, die orangeroten Kaiserpilze mit dem weißen Fuß. Man könnte sie mit Fliegenpilzen verwechseln, die ja manchmal ein wenig ausgeblichen sein können und dann wirklich gefährlich ähnlich aussehen. Wenn nur wenige, dafür makellose Kaiserpilze zur Verfügung stehen, serviert man sie am liebsten roh: auf dem Trüffelhobel in dünne Scheiben geschnitten und auf Teller ausgebreitet, mit Salz und Pfeffer bestreut, mit erstklassigem Olivenöl und ein paar Tropfen Zitronensaft beträufelt. Hauchdünn gehobelte Parmesanscheibchen geben diesem Vorspeisensalat Pikanz.

1

RAVIOLI DI PATATE

KARTOFFEL-RAVIOLI

In der ligurischen Küche spielen Kartoffeln eine sehr wichtige Rolle. Sie werden jedoch als Gemüse, nicht wie bei uns als Sättigungsbeilage gesehen. Der Kartoffelfüllung begegnet man immer wieder – im Hotel Terme würzt man sie im Herbst gerne mit reichlich getrocknetem und deshalb besonders aromatischem Majoran an Stelle des gewohnten sommerlichen Basilikums.

Für sechs Personen:
1 Portion Nudelteig (Seite 25), 1 Portion Kartoffelfüllung (Seiten 86 oder 132), Salz, 3 EL Olivenöl, Parmesan, Majoran

Den Nudelteig hauchdünn ausrollen und mit der gut gewürzten Füllung kleine Teigtäschchen herstellen. Sanft in reichlich Salzwasser gar kochen. Für eine ganz kleine Sauce etwas Kochsud und Olivenöl sprudelnd aufkochen, bis beides emulgiert. Über die im tiefen Teller angerichteten Ravioli gießen, mit diesmal frischen Majoranblättchen bestreuen und sofort servieren.

2

RAVIOLI DI FUNGHI

PILZ-RAVIOLI

Es versteht sich, daß hier im Herbst die in den umgebenden Wäldern reichlich sprießenden Steinpilze gemeint sind. Man könnte die Füllung jedoch auch mit Champignons zubereiten.
Als Würzkraut liebt man in Ligurien zu Pilzen Nepitella, zu deutsch Katzenminze – tatsächlich paßt der zarte Minzeduft besonders gut dazu.

Für sechs Personen:
1 Zwiebel, 2 Knoblauchzehen, ca. 5 EL Olivenöl, 500 g Pilze, 1 Bund Nepitella oder Petersilie, Salz, Pfeffer 1 Portion Nudelteig (Rezept Seite 25)

Zwiebel und Knoblauch fein würfeln und in zwei Löffeln Öl andünsten. Die Pilze putzen, in Scheiben schneiden und mitdünsten. Mit Nepitella, Salz und Pfeffer würzen. Alles im Mixer pürieren. Mit dem hauchdünn ausgerollten Nudelteig kleine Ravioli herstellen. In Salzwasser gar kochen. Mit einer Sauce benetzen, für die das restliche Olivenöl mit etwas Kochwasser sprudelnd verkocht wurde. Mit hauchdünnen Pilzscheiben dekorieren.

3

FUNGHI FRITTI

AUSGEBACKENE PILZE

Fürs Fritieren ist die Qualität des Öls entscheidend. Es sollte natürlich Olivenöl sein, das hohe Temperaturen besser als jedes andere Öl verträgt, allerdings braucht man nicht die allererste Pressung zu verwenden.

Pro Person:
1–2 schöne Steinpilze, 1 Ei, Salz, Pfeffer, 2–3 EL Hartweizengrieß, Olivenöl zum Ausbacken

Die Pilze sauber wischen; wenn sie groß sind, in dicke Scheiben schneiden. Das Ei mit Salz und Pfeffer verkleppern. Die Pilze(scheiben) darin wenden und drehen, anschließend hauchdünn mit dem Grieß panieren. In heißem Öl schwimmend golden ausbacken.

3

4

COSTOLETTA DI VITELLO CON FUNGHI TRIFOLATI

KALBSKOTELETT MIT PILZEN

Für vier Personen:
4 dünne Kalbskoteletts mit dem ganzen Knochen, Salz, Pfeffer, 2 EL Mehl, 4 EL Olivenöl zum Braten
Funghi trifolati:
800 g feste Pilze, 1 EL Butter, 2 EL Olivenöl, Salz, Pfeffer, 1 Schalotte, 1 Knoblauchzehe, Petersilie (Nepitella)

Die Koteletts behutsam mit der glatten Seite des Fleischklopfers klopfen. Salzen, pfeffern und mit Mehl hauchdünn überpudern. Im heißen Öl auf beiden Seiten je eine knappe Minute scharf braten. Neben dem Feuer zugedeckt noch zehn Minuten ziehen lassen.
Die Pilze putzen, in Scheiben hobeln und im Butter-Öl-Gemisch andünsten. Salzen, pfeffern, schließlich die feingewürfelte Schalotte und Knoblauchzehe zufügen. Zum Schluß die gehackte Petersilie unterrühren. Dekorativ auf den Koteletts verteilen und sofort servieren.

5

TORTA DI PESCHE

PFIRSICHKUCHEN

Genauso kann man auch mit Äpfeln, Birnen oder Aprikosen verfahren.

Für eine Springform von 26 cm Durchmesser:
120 g Butter, 200 g Zucker, 1 Prise Salz, 3 Eier, 0,1 l Milch, 0,1 l Weißwein, 400 g Mehl, Zitronenschale, 1 Tütchen Vanillezucker, $^1/_2$ Tütchen Backpulver, Butter und Brösel für die Form, 4 festfleischige Pfirsiche, Puderzucker

Butter und Zucker schaumig schlagen, Salz zufügen. Nacheinander Eier, löffelweise Milch und Weißwein, Zitronenschale, Vanillezucker und das mit Backpulver vermischte Mehl unterrühren.
Die Hälfte des Teigs in eine gebutterte, ausgebröselte Form füllen. Mit Pfirsichschnitzen belegen. Den restlichen Teig darüber glattstreichen, die restlichen Pfirsichschnitze darauf akkurat anordnen und mit Puderzucker bestäuben. Bei 180 Grad etwa 35 bis 40 Minuten golden backen. Auskühlen lassen und noch einmal mit Puderzucker bepudern.

Die Seele der ligurischen Küche: der Pesto

Leuchtend grün, mit dem betörenden Duft von Basilikum und Knoblauch, cremig und von zartem Schmelz – so präsentiert sich das Herzstück der ligurischen Küche: der Pesto genovese. Die legendäre Sauce aus Basilikum, Knoblauch und sardischem Pecorino (denn Sardinien gehörte einst zu Genua!), gebunden durch die Geschmeidigkeit von Pinienkernen und die süße Kraft des Olivenöls. Man kann sie vielseitig einsetzen: als Sauce zu Pasta aller Art, zu Fleisch, Fisch und Gemüse – besonders beliebt als würzender Klecks in der Minestrone (siehe Seite 178). Ursprünglich wurde der Pesto im Mörser hergestellt, daher der Name, von *pestare* = zerstoßen. Heute überläßt man diese schweißtreibende Arbeit lieber dem Mixer, der das empfindliche Kraut schonender zerkleinert, als das der Stößel des Mörsers tut. Farbe und Aroma bleiben reiner erhalten – wenn auch Puristen den Griff zur Technik für ein Sakrileg halten mögen. Kluge ligurische Köchinnen bereiten im Herbst, wenn das Basilikum ein letztes Mal in üppiger sonnenreifer Fülle vorhanden ist, Pesto auf Vorrat: Unter einer luftdichten Schicht Olivenöl hält sich die grüne Paste im Kühlschrank wochenlang frisch. Bis zu einem Jahr läßt sie sich im Gefrierer aufbewahren, im

Eiswürfelbehälter praktisch portioniert. Bei Bedarf löst man pro Person einen Löffel Pestopaste in etwas Nudelkochwasser auf, bevor man die frisch gekochte Pasta untermischt – sofort entströmt der herrliche Duft des Sommers!

Man benötigt für etwa zwölf Portionen 100 g Basilikumblätter, 100 g Pecorino oder Parmigiano Reggiano, 50 g Knoblauch, 50 g Pinienkerne und ca. 200 g Olivenöl. Alles in den Mixer füllen, pürieren, zunächst nur mit der Hälfte des Öls, dann aber soviel davon hinzufließen lassen, bis eine dicke, streichfähige Paste entstanden ist.

Eine Oase der Ruhe

Die kleine, einsame Bucht Baia Beniamin bei Ventimiglia – durch eine gewaltigen Felswand vor Straßen- und Eisenbahnlärm ebenso geschützt wie vor kalten Winden – ist ein Paradies. Das wußten Carlo Brunelli und Oscar Fassirolli schon, als sie noch in der Nachbarbucht, im Casino »Balzi Rossi«, das Restaurant betrieben. Deshalb hatten sie auch keinen Augenblick gezögert, als man ihnen das Terrain anbot. Sie griffen zu, obwohl sie sich in der Zwischenzeit von der Gastronomie abgewandt und einen florierenden Antiquitätenhandel aufgezogen hatten.

Damals, gut zehn Jahre ist das her, stand hier nichts. Mit viel Mühe wurde erst einmal das Gelände arrondiert, Terrassen mußten eingerichtet werden, um das steil zum Meer abfallende Gelände überhaupt nutzbar zu machen. Die beiden Freunde haben schließlich blühende Gärten angelegt, Dattelpalmen und Bananen gepflanzt, vielerlei Kakteen und Oleander in allen Farben. Heute verschwinden die Gebäude, die das Restaurant und die sieben Gästezimmer beherbergen, völlig im üppigen Dickicht der Bougainvilleen. Die Zimmer sind klein wie die Kajüten einer eleganten Yacht, aber genauso komfortabel, mit schönen Stoffen, edlen Möbeln und alten Stichen aus der Antiquitätenzeit hübsch eingerichtet. Der kleine Kiesstrand ist stets liebevoll geharkt, Sonnenliegen, ordentlich nebeneinander zum Meer hin ausgerichtet und von den passenden Schirmen beschattet, laden zum (Sonnen-)Bade.

Zu den Mahlzeiten allerdings teilen sich die wenigen Hausgäste diese Idylle mit den Liebhabern des Restaurants. Diese sind zahlreich, denn der gute Ruf des Hauses reicht weit. Vor allem aus Frankreich kommen die Genießer gern: Carlos Küche ist intelligent und pfiffig, die Atmosphäre leger und der Weinkeller verführerisch. Natürlich dreht sich alles um den Fisch, der möglichst unverfälscht und naturbelassen auf den Teller kommt, dank präziser Garzeiten und schonender Methoden stets saftig und zart – gedämpft, auf der Hautseite gebraten, ganze Fische im Rohr gebacken. Bewußt werden die regionalen Produkte eingesetzt. Vor allem die ganze Palette der jungen Gemüse, die für die Riviera von Cannes bis San Remo so typisch sind: weiße und grüne Bohnen, Artischocken, Erbsen und Zucchini, Tomaten, Kräuter, Salate, Pilze; und Früchte, etwa Orangen oder Melonen, selbst in Verbindung mit Fisch!

Oscar ist im Sommer 96 gestorben, seither führt Carlo das »Baia Beniamin« allein; er tut das im Gedenken an den Freund genau so, wie sie sich es einst vorgenommen haben: mit Freude, Charme und Herzlichkeit.

Carlo Brunelli, der Patron und Küchenchef des Restaurants »Baia Beniamin«. Die Terrasse liegt so geschützt, daß man sogar im Winter draußen fürstlich frühstücken kann

TORTA DI VERDURE

GEMÜSEKUCHEN

Oscar nimmt statt des üblichen Mürbeteigs die dünnen Phyloteigblätter, wie man sie in Griechenland und der Türkei liebt. Sie sind besonders dünn und machen keine Arbeit!

Für eine Springform von 28 cm Durchmesser:
2 große runde Phyloteigplatten, ca. 1 kg grünes Gemüse (Spinat, Bohnen, Erbsen, Artischocken, Zucchini – pur oder eine Mischung davon), Salz, 100 g durchwachsener Speck, 2 Zwiebeln, 3–4 Knoblauchzehen, 100 g Parmesan, 3 Eier, 2 EL Milch

Eine Springform mit einer Teigplatte auslegen. Das Gemüse in Salzwasser blanchieren und gut abtropfen. Den Speck sehr fein würfeln und in einer großen Pfanne sanft auslassen. Die gewürfelten Zwiebeln, den Knoblauch durch die Presse zufügen und weich dünsten. Das Gemüse untermischen und fünf Minuten mitdünsten. Mit Käse und Eiern vermischen. In die Form füllen. Die überstehenden Ränder des Teigblatts darüber schlagen, die Torte dann mit der zweiten Teigplatte abdecken. Die Oberfläche mit Milch einpinseln. Den Kuchen bei 200 Grad etwa 40 Minuten backen, bis die Oberfläche golden ist und die Füllung gar. Mindestens eine Viertelstunde ruhen lassen, bevor man die Torte anschneidet, damit die Füllung fest werden kann. Der Kuchen schmeckt auch kalt!

1

PICCATA DI BRANZINO CON PETALI DI MELONE

SEEBARSCHFILET MIT MELONENBLÄTTERN

Das Wort *petali* bedeutet Blütenblätter, und genauso sind die Melonenscheiben angeordnet: wie eine sich öffnende Rosenblüte. Ein schönes Gericht für Gäste, weil es mehr Eindruck als Mühe macht.

Für vier Personen:
4 gleich große Scheiben Seebarsch, Salz, Pfeffer, Olivenöl, Zitronensaft, 2 EL Olivenpaste, 1 Honigmelone, grobes Meersalz

Die Fischfiletstücke salzen und pfeffern, über Dampf zwei Minuten sanft garen. Auf Tellern mit Olivenöl und Zitronensaft beträufeln. Tupfen von Olivenpaste daneben setzen. Die längs in hauchdünne Scheiben geschnittene Honigmelone wie auf dem Bild anrichten. Alles mit grobem Meersalz sparsam bestreuen.

2

MOSCARDINI CON FAGIOLI

MINI-TINTENFISCHCHEN MIT WEISSEN BOHNEN

Eigentlich müßten diese Tintenfischchen ja Novellini heißen, weil sie so klein sind – aber wer wird es so genau nehmen? (Siehe auch Seite 132)

Für vier Personen:
400 g winzige Tintenfischchen, 3 EL Olivenöl, 1 Schalotte, 1 Knoblauchzehe, 1 Tasse Tomatenwürfel, Salz, Pfeffer, 2 Tassen frische, gekochte weiße Bohnen, Petersilie

Die Tintenfischchen putzen und waschen, in zwei Eßlöffeln Öl rasch andünsten. Fein gehackte Schalotte, Knoblauch und Tomatenwürfel zufügen, salzen und pfeffern. Nach zwei Minuten die Bohnen in die Pfanne geben, alles miteinander weitere zwei Minuten durchschwenken. Auf Tellern anrichten, mit Öl beträufeln und Petersilie bestreuen.

3

INSALATA DI GAMBERI

BUNTER SALAT MIT GARNELEN

Für vier Personen:
je 1 Möhre, Lauchstange, kleiner Zucchino, 1 Händchen dünne grüne Böhnchen, Salatblätter: Kopfsalatherzen, Frisée, gebleichter Löwenzahn, 1 Rezept Vinaigrette (Seiten 16, 100 oder 127), 8 fangfrische Garnelen (möglichst in ihrer Schale)

Das Gemüse in streichholzfeine Streifen schneiden und nach Garzeiten getrennt in Salzwasser blanchieren. Die Salatblätter mit etwas Vinaigrette anmachen und als Bett auf den Tellern verteilen. Die Gemüsestreifen ebenfalls mit Vinaigrette würzen und darauf verteilen.
Die Garnelen über Dampf zwei bis drei Minuten garen, noch warm auf dem Salat anrichten und mit der restlichen Marinade beträufeln.

4

BRANZINO CON FUNGHI

SEEBARSCH MIT STEINPILZEN

Für vier Personen:
4 schöne Filetstücke vom Seebarsch mit ihrer Haut, Salz, 6 EL Olivenöl, Pfeffer, 500 g junge, feste Steinpilze, 1 Tasse Tomatenwürfel, Petersilie

Die Fischfiletstücke auf ihrer Hautseite mit Salz einreiben, mit dieser Seite dann in zwei Eßlöffeln Öl in der Pfanne langsam schön kroß braten. Dabei die Fleischseite behutsam salzen und pfeffern. Eine Minute zudecken, damit das Fischfleisch gart, aber nicht austrocknet.
In einer zweiten Pfanne in zwei Eßlöffeln Öl die in Scheibchen gehobelten Pilze braten, salzen und pfeffern und mit fein gehackter Petersilie bestreuen. Erst ganz zum Schluß die Tomatenwürfel mitschwenken, sie sollen zwar warm werden, aber noch roh bleiben. Auf Tellern anrichten und vor dem Servieren mit etwas frischem Öl beträufeln.

5

RAVIOLI AL MAGRO

KRÄUTER-RAVIOLI MIT RICOTTA

Die Ravioli werden mit klassischem Nudelteig zubereitet, der sehr dünn ausgerollt wird, genau wie auf Seite 25 beschrieben. Die Füllung ist ganz leicht:

Für sechs bis acht Personen:
300 g Magerquark, insgesamt 500 g Kräuter (Minze, Brennesseln, Dost = wilder Majoran, Petersilie oder/und Spinat), 100 g geriebener Parmesan, Salz, Pfeffer, Cayennepfeffer, Zitronenschale

Den Quark in einem Sieb einen Tag oder sogar länger abtropfen lassen, damit er schön trocken und bröselig wird. Die Kräuter verlesen und gründlich waschen, dabei Blattstiele entfernen. In Salzwasser blanchieren, eiskalt abschrecken – wegen der schönen Farbe. Im Mixer pürieren, dabei Quark und Käse zufügen. Diese Farce mit Salz, Pfeffer, Cayennepfeffer und Zitronenschale kräftig würzen.
Oscar serviert die frisch gekochten Ravioli ganz *nature*, mit frischem Parmesan und Tomatenwürfeln bestreut – wer mag, kocht etwas Butter mit Nudelwasser cremig auf und feuchtet die Teigtäschchen damit zusätzlich an.

6

MOUSSE DI YOGURT

JOGHURT-MOUSSE

Es ist ein Grundrezept, das Oscar je nach Laune und Obstangebot mit verschiedenen Marmeladen abwandelt – zum Dekorieren verwendet er möglichst die dazu passenden frischen Früchte.

Für sechs bis acht Personen:
500 g Joghurt, 3 Blatt Gelatine, 100 g Aprikosenkonfitüre, 1/4 l Sahne, 1 Tütchen Vanillezucker

Den Joghurt mindestens einen, besser noch zwei Tage in einem mit Küchenpapier ausgelegten Sieb abtropfen lassen. Die Gelatine einweichen. Die Aprikosenkonfitüre erwärmen, die Gelatine darin auflösen und mit dem Joghurt vermischen. Die Sahne steif schlagen, mit Vanillezucker würzen und schließlich unterziehen. In Portionsförmchen verteilen. Über Nacht kalt stellen und fest werden lassen. Mit frischen Früchten und eventuell mit einer Fruchtsauce servieren.

1

2

3

4

5

6

Montegrazie: Wallfahrtsziel mit Tafelfreuden

»Zwei Personen für Sonntag? Gut, kommen Sie um 12.30 Uhr!« sagt die Stimme am Telephon resolut und ohne Widerspruch zu dulden. »Aber seien Sie pünktlich!« schallt es nochmals laut.

An einem wundervollen Herbsttag – die Sonne fällt schon ziemlich schräg, wärmt aber noch sommerlich – kommen die Leute in Scharen, um den Platz zu genießen: Die Wallfahrtskirche Montegrazie im Hinterland von Imperia ist ein beliebtes Ausflugsziel. Weit geht der Blick über die welligen Hügel, ein Meer von Olivenbäumen; es duftet nach trockenem Gras, Kräutern und der süßen Reife der allgegenwärtigen Feigen; eine träge Ruhe liegt über den silbrig glänzenden Hainen, Vögel zwitschern, Wespen summen. Ein Liebespaar sitzt auf der Mauer vor dem Säulenportal. Eine Männergruppe spielt Boccia auf dem weiten Platz. Kinder tollen umher, Frauen schwatzen.

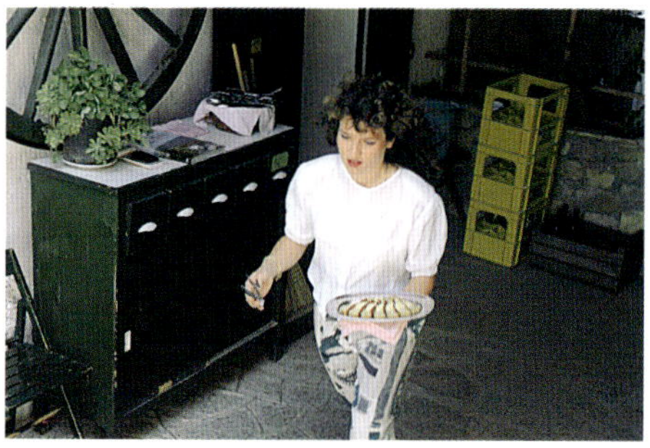

Eine Seitentüre der Kirche – die eigentlich nur für besondere Anlässe geöffnet ist – steht offen: Ein italienischer Professor hat sich den Schlüssel besorgt, hat die Kirche besichtigt und will nun wieder abschließen. Aber die Leute, neugierig, treten einfach ein. Da wartet er gelassen eine halbe Stunde, bis alle Besucher sich zum Essen in der kleinen Trattoria nebenan versammeln.

Einst betrieb eine Familie aus dem nahen Weiler Montegrazie das Restaurant. Doch als immer mehr Leute an die Küste zogen, lohnte es sich nicht mehr – Ausflügler gab es vor zwanzig Jahren noch nicht. Nach ein paar Jahren Pause kam ein deutscher Aussteiger, doch der hatte keine richtige Vorstellung von so einer Wirtschaft. Wieder stand das Haus zwei Jahre leer. Dann, 1985, faßte sich Roberto Guasco ein Herz. Er griff das alte ligurische Konzept der abgelegenen Trattorien auf – nämlich nur ein einziges Menü für alle Gäste anzubieten – und empfängt nur (telephonisch) angemeldete Gäste. Das ist höchst ökonomisch, weil er so immer weiß, wieviel er wovon wann braucht. In der Woche ist nur abends geöffnet, im Winter nur an den Wochenenden – so können er, seine Schwester und deren Mann Marco Alberigo den Betrieb mit zwei bis drei Hilfskräften führen.

Es wird draußen unter Schilfmatten serviert, die Innenräume mit hübschen Kacheln werden nur im Winter benutzt. Um 12.30 Uhr sind tatsächlich alle Plätze besetzt: An den großen Tafeln sitzen Italiener – Familien, Freunde, Vereine –, an den kleineren Tischen Deutsche; viele haben in der Nähe ein Haus.

Pünktlich um 12.35 Uhr geht es los, die erste Vorspeise kommt. Nur ob man *vino bianco* oder *rosso*, *aqua naturale* oder *gasata* trinken will, muß man entscheiden. Roberto und seine Schwester Silvana bringen nun einen Teller nach dem anderen, insgesamt zwölf Gänge: herrlich einfache, köstliche Gerichte.

Es geht fröhlich zu, alle genießen das Geschenk eines schönen Tages. Nach dem Dessert beginnt eine Gruppe zu singen: Der Pfarrer dirigiert, der Küster spielt Ziehharmonika, die Mädchen singen aus vollem Halse, mit schönen Stimmen – *O sole mio* ist keine Schnulze, sondern ein tönendes Dramolett. Nach und nach stimmen die anderen italienischen Gäste ein – jeder kann hier singen, Kirche und Schule haben sie ausgebildet. Als die Touristen klatschen, freuen sich alle Akteure, klatschen mit. Wirklich, ein schöner Tag…

Die Wallfahrtskirche Nostra Signora delle Grazie: ein klarer, in den Details reicher Bau vom Ende des 15. Jahrhunderts. Die Fresken gehören zu den bedeutendsten Kunstschätzen der Ponente.
Gleich daneben das schlichte Gasthaus: Essen und Trinken halten Leib und Seele zusammen!

1
MARINATO DI CONIGLIO E CIMA ALLA GENOVESE
KANINCHENSALAT UND GEFÜLLTER KALBSBRATEN

Für sechs bis acht Personen:
Kaninchensalat:
1 Kaninchenrücken, Salz, Pfeffer,
3 EL Olivenöl, 1/8 l Weißwein,
1 Radicchiokopf, 50 g Gartenkresse,
Salatblätter, 2 Frühlingszwiebeln,
1 Tasse Maiskörner,
1 Rezept Vinaigrette (Seite 127)
Gefüllter Kalbsbraten:
ca. 1,5 kg Kalbsbraten (aus der Rose),
1 Brötchen, 1/8 l Milch, 500 g Spinat, Salz,
1 Zwiebel, 3–4 Knoblauchzehen,
2 EL Butter, 1 Ei, 3 EL Olivenöl,
1 Bund Suppengrün, 1/4 l Brühe

Den Kaninchenrücken salzen, pfeffern, im heißen Öl sanft rundum anbraten und mit Wein ablöschen. Zugedeckt sanft etwa eine halbe Stunde garen. Das Fleisch vom Knochen lösen und in Alufolie gehüllt nachziehen lassen. Knochen in Stücke hacken und im Bratfond auskochen. Zum Schluß sollen nur zwei bis drei Eßlöffel konzentrierter Sud übrigbleiben, die unter die Vinaigrette gerührt werden. Das Fleisch in dünne Scheiben schneiden, mit Salatblättern, in Ringe geschnittenen Frühlingszwiebeln und Maiskörnern anrichten.
In das Fleischstück mit einem langen, dünnen Messer eine Tasche schneiden. Das Brötchen in heißer Milch einweichen. Spinat in Salzwasser blanchieren. Gut ausdrücken, mit dem ebenfalls ausgedrückten Brötchen, den gehackten und in etwas Butter gedünsteten Zwiebeln und Knoblauch sowie dem Ei zu einer Farce mixen, dabei kräftig abschmecken. Locker in das Bratenstück füllen, dieses mit stabilem Zwirn zunähen. In heißem Öl rundum anbraten, das gewürfelte Wurzelwerk danebenstreuen. Mit Brühe ablöschen, bei 180 Grad eine Stunde braten, dabei immer wieder begießen. Den Braten schließlich abkühlen lassen. Unbedingt eine Nacht kalt stellen, dann läßt er sich auf der Aufschnittmaschine wunderschön in dünne Scheiben aufschneiden. Sie werden kalt serviert, mit einem Klecks frischem Pesto.

2
MELANZANE CON POMODORI
AUBERGINE MIT TOMATEN

Hierfür kann man alles wunderbar vorbereiten und braucht das Blech dann nur noch vor dem Servieren rasch kurz erneut in den Ofen zu schieben.

Für vier bis sechs Personen:
2 mittelgroße Auberginen, Olivenöl zum Einpinseln, Salz, Pfeffer, getrockneter Origano und Thymian zum Bestreuen, frischer Tomatensugo (Seite 16), Parmesan

Die Auberginen in fingerdicke Scheiben schneiden. Auf einem mit Öl eingepinselten Blech ausbreiten, mit Öl einstreichen und mit Salz und Pfeffer würzen. Mit Origano und Thymian bestreuen. Bei 200 Grad im Backofen etwa 15 bis 20 Minuten backen, bis die Scheiben weich sind. Mit Parmesan bestreuen, jeweils einen Klecks frischen Tomatensugo auf jede Scheibe setzen und warm, lauwarm oder sogar ganz kalt servieren.

3
SFORMATO DI ZUCCHINE
ZUCCHINI-TERRINE

Für eine Kastenform von 1,2 l Inhalt:
1,5 kg Zucchini, 1 Zwiebel,
2 EL Olivenöl, 4 Knoblauchzehen, Salz,
Pfeffer, Cayennepfeffer, Muskat,
4 Eier, 100 g geriebener Parmesan
Knoblauchmayonnaise:
4 Knoblauchzehen, 1 TL scharfer Senf,
2 Eigelb, 150 g Olivenöl, Salz, Pfeffer,
Zitronensaft, 3–4 EL kräftiger Kalbsfond

Zucchini und Zwiebeln fein raspeln, im heißen Öl sanft andünsten, den Knoblauch durch die Presse hinzudrücken. Dünsten, bis fast alle Flüssigkeit verdampft ist. Salzen und Pfeffern nicht vergessen, mit Cayennepfeffer und Muskat würzen. Mit Eiern und Käse mischen, in eine mit Alufolie ausgelegte Kastenform füllen und zudecken. Im Wasser im 175 Grad heißen Backofen eine Stunde sanft garen. Im Ofen abkühlen lassen. Erst am nächsten Tag aufschneiden.
Für die Mayonnaise den Knoblauch durch die Presse drücken, mit Senf und Eigelb verrühren. Langsam das Öl hinzufließen lassen, ständig mit dem Handrührer oder Schneebesen schlagen, bis die Sauce dick und cremig wird. Mit Salz, Pfeffer und reichlich Zitrone kräftig würzen, mit Kalbsfond auf die gewünschte Konsistenz verdünnen.

4
CRESPELLE CON PROSCIUTTO
PFANNKUCHEN MIT SCHINKEN

Für vier bis sechs Personen:
1/2 Rezept Pfannkuchen (Seite 118),
200 g gekochter Schinken (hauchdünn geschnitten), 300 g Scamorza (geräucherter Schmelzkäse aus Apulien), ca. 1/8 l Milch, Muskat, Pfeffer

Hauchdünne Pfannkuchen zubereiten, jeweils mit einer Schinkenscheibe belegen, aufrollen und in eine feuerfeste Form betten. Den Käse in der heißen Milch auflösen. Mit Muskat und Pfeffer würzen, über die Pfannkuchen gießen. 10 Minuten bei 220 Grad backen.

5
RAVIOLI ALLE ERBE
RAVIOLI MIT KRÄUTERSAUCE

Für vier bis sechs Personen:
1 Rezept Kräuter-Ravioli (Seite 162 oder fertig gekauft)
Helle Kräutersauce:
1 Zwiebel, 2 Knoblauchzehen,
2 EL Butter, 2–3 Rosmarinzweige,
1 Händchen voll Salbeiblätter,
1 Chilischote, 1 EL Mehl, ca. 1/4 l Milch,
Salz, Pfeffer, Basilikum und Petersilie

Zwiebel und Knoblauch fein hacken und in der Butter weich dünsten, dabei bereits die Hälfte des Rosmarins und der Salbeiblätter, auch die Chilischote mitdünsten. Das Mehl darüberstäuben und durchschwitzen, bevor mit Milch aufgefüllt wird. Ohne Deckel leise 20 Minuten köcheln, dabei mit Salz und Pfeffer schließlich würzen.
Die mitgekochten Kräuter herausfischen, frische Kräuter zufügen und alles im Mixer fein pürieren. Über die bißfest gekochten Ravioli geben und heiß servieren.

1
2
3
4
5

1

2

1

TAGLIATELLE AI FUNGHI PORCINI

BANDNUDELN MIT STEINPILZSUGO

Die Nudeln sind hier natürlich hausgemacht, und zwar aus einem Nudelteig ohne oder mit höchstens einem Ei (Rezept Seite 228). Natürlich kann man auch gekaufte Nudeln nehmen.

Für vier bis sechs Personen:
Steinpilzsugo:
500 g (auch mehr, je nach Marktlage oder Pilzangebot) Steinpilze, 1 Zwiebel, 2 Knoblauchzehen, 2 EL Butter, 1 EL Olivenöl, 1 Bund Petersilie, Salz, Pfeffer, 3 frische Tomaten, 1 Glas Weißwein, 3–4 EL Bratensauce (wenn vorhanden)

Die Pilze putzen und würfeln. Zwiebeln und Knoblauch sehr fein hacken. In der heißen Butter andünsten, Öl und die Pilze zufügen, auch die Hälfte der fein gehackten Petersilie. Salzen und pfeffern. Die Tomaten häuten, entkernen, würfeln und ebenfalls mitdünsten. Schließlich mit Weißwein und Bratensauce ablöschen. Etwa 20 Minuten köcheln, bis sich alles zu einem duftenden Sugo verbunden hat. Die restliche Petersilie unterrühren. Die sehr bißfest gekochten Nudeln noch etwa zwei bis drei Minuten in diesem Sugo mitkochen, bevor serviert wird. Käse, wenn überhaupt, erst bei Tisch darüberstreuen!

2

ROASTBEEF CON OLIO E LIMONE

ROASTBEEF MIT OLIVENÖL UND ZITRONE

Für ca. sechs Personen:
Roastbeef (Rezept Seite 208), 4 Stengel Bleichsellerie, Salz, Pfeffer, 4 EL Olivenöl, Zitronensaft, Parmesan am Stück
Ofenkartoffeln:
1 kg Kartoffeln, Salz, Pfeffer, 3–4 EL Olivenöl, Petersilie

Das Fleisch hauchdünn auf der Aufschnittmaschine aufschneiden und auf einer Platte oder Tellern dekorativ anrichten. Sellerie in dünne Scheibchen schneiden und darüber verteilen. Alles mit Salz und Pfeffer bestreuen, mit Öl und Zitronensaft beträufeln. Zum Schluß mit dem Trüffelhobel vom Parmesan hauchdünne Scheibchen abschneiden und auf dem Fleisch verteilen. Dazu gibt es Ofenkartoffeln: Die Kartoffeln dafür schälen, in Stücke schneiden, auf einem Backblech verteilen. Salzen, pfeffern, mit Olivenöl und gehackter Petersilie vermischen. Bei 200 Grad im Backofen etwa 50 Minuten braten, dabei ab und zu mit der Bratschaufel wenden.

3

4

3
AGNELLO ALLE ERBE
LAMM MIT KRÄUTERN

Für sechs Personen:
1 Lammrücken von ca. 2 kg, 4–5 Knoblauchzehen, 1 Bund Petersilie, 4 EL Olivenöl, Salz, Pfeffer, je ca. $^1/_4$ l Weißwein und Brühe
Möhrengemüse:
1 kg Möhren, 2 EL Butter, 1 EL Olivenöl, Salz, Pfeffer, Zucker, Cayennepfeffer, $^1/_4$ l Brühe, Petersilie

Den Metzger bitten, den Lammrücken längs zu halbierten und das Rückgrat zu entfernen. Die Hälften mit einer Marinade aus Knoblauch, Petersilie und Öl einstreichen – die Zutaten dafür einfach im Mixer pürieren, salzen und pfeffern. Im 280 Grad vorgeheizten Backofen zunächst 15 Minuten kräftig anbraten. Dann Wein und Brühe angießen. Die Hitze auf 80 Grad herunterschalten. Den Lammrücken gut eine bis eineinhalb Stunden nachziehen lassen. Falls der Bratenfond noch zu flüssig ist, rasch einkochen und als Sauce dazureichen. Die Möhren in Scheiben hobeln in Butter und Öl andünsten; würzen und mit Brühe bedecken. Zugedeckt 20 Minuten schmoren. Petersilie unterrühren.

4
PESCA AL FORNO
GEBACKENER PFIRSICH

Dafür braucht man die späten Pfirsiche, die festfleischig sind und nicht so leicht zerfallen. Hier wird der Pfirsich zusammen mit einem Semifreddo von Mandelgebäck serviert (das Rezept Seite 208) und einem Klecks Schokoladensauce.

Für sechs Personen:
Pfirsiche:
4–6 Pfirsiche, 3 EL gemahlene Mandeln, 3–4 EL grob zerkleinertes Mandelgebäck (Amaretti), 2 EL Zucker, 2 El in Grappa eingeweichte Rosinen, Zimt, $^1/_8$ l Rotwein

Die Pfirsiche sekundenlang in kochendes Wasser tauchen, dann eiskalt abschrekken; jetzt lassen sie sich bequem häuten. Halbieren, mit der Schnittfläche nach oben dicht nebeneinander in eine feuerfeste Form setzen. Mandeln, Amaretti, Zucker, Rosinen und eine Prise Zimt vermischen und in die Höhlung verteilen. Mit Rotwein beträufeln. 20 Minuten bei 180 Grad im Backofen backen bis sie sanft gebräunt sind.

Fisch zum Verlieben

Varigotti ist ein Glücksfall: Das winzige Fischerdörfchen, dessen alter Kern aus kaum einer Handvoll Häusern besteht, liegt so geschickt in die Bucht der Punta Crena geschmiegt, daß der Verkehr einfach dahinter vorbeirauscht. Auf der Autobahn, die hier weitab der Küste verläuft, sowieso, und von der Via Aurelia erblickt man nur den eher gesichtslosen neuen Ortsteil. Erst wenn man, eher mühsam, einen Parkplatz gefunden hat und zum Strand läuft, wird man die pastellfarbenen, würfelgeraden, maurisch anmutenden Häuser gewahr. Von hier sind die Ligurer gegen die Sarazenen aufgebrochen, die den Schiffsverkehr terrorisierten. Sarazenen haben sich in der Folge hier angesiedelt. Daran erinnern die arabisch klingenden Namen der Hotels: »Arabesque« oder »Al Saraceno« und »Nik Mehari«.

Das Restaurant »Muraglia« indes trägt den Mädchennamen der Mutter des Besitzers, Untertitel: »Conchiglia d'oro«. Es liegt an der Uferstraße, das Strandbad auf der anderen Straßenseite, das genauso heißt, gehörte früher dazu, als das Restaurant Teil eines kleinen Hotels war. Inzwischen sind die Gästezimmer zu Appartements umgewandelt. Enzo Frumento bedauert das. »Heutzutage«, klagt er, »kann man mit ein paar Gästezimmern auf keinen grünen Zweig kommen: Man muß die gleichen Auflagen erfüllen wie ein großes Hotel, dieselbe Infrastruktur aufweisen, aber kann in den zwei Monaten Saison die Kosten nicht erwirtschaften.« Nur im Juli und August herrscht an der Küste Hochbetrieb. Einst kamen an die milde, sonnige Riviera die Reisenden vorwiegend im Winter. Heute ist schon ab September nichts mehr los. »Dabei«, wundert sich Enzo, »sind gerade Herbst und Winter

die schönste Zeit. Das Wetter ist stabil, man kann vieles unternehmen: angeln, Golf spielen, Fahrrad fahren, spazierengehen, dem wild brausenden Meer zuschauen …« Aber wie sollen die Gäste all dies genießen, wenn sämtliche Hotels geschlossen sind? Da zuckt er ratlos die Achseln.

Enzo hat ja keinen Grund zu klagen. Sein Restaurant ist rund ums Jahr ausgelastet. Das liegt am überzeugenden Konzept: Die ganze Familie arbeitet mit. Ehefrau Emma (auf dem Bild ganz vorn rechts) mit Tochter Anna in der Küche, unterstützt von Luca und Adonella; im Service sind Sohn Matteo mit Antonello und Roberta. Es gibt ausschließlich Fisch, und nur solchen, den die Fischer zweimal täglich bringen. In zwei breiten, flachen Körben (in denen man früher die Artischocken zum Markt brachte, weil sie darin mitsamt ihrem langen Stiel Platz finden – siehe Seite 174) liegen sie auf Eis gebettet, den Gästen zur Wahl. Enzo besorgt den Grill, der sich im Gastraum befindet. Dank eines kräftigen, geräuschlosen Abzugs ist es ein ungetrübtes Vergnügen, ihn dabei zu beobachten; zu sehen, wie die dekorativen Kräutersträuße im Laufe der Mahlzeit in der Glut und als Zutat auf den Tellern verschwinden. Was Emma aus der Küche schickt, ist nicht nur stets mit größter Sorgfalt komponiert und bildschön anzusehen, sondern auch ein großer Genuß. Und der Dessertwagen ist einfach überwältigend – siehe vorletzte Buchseite!

1

NASELLO E TONNO MARINATI

MARINIERTER SEEHECHT UND THUNFISCH

Dünne Scheiben von makellos frischem Fisch werden auf einem mit Olivenöl eingepinselten Teller angerichtet, mit Olivenöl beträufelt, mit etwas Zitronensaft beträufelt, gesalzen und gepfeffert. Dekoriert wird der Teller mit winzigen bunten Gemüsewürfelchen, mit feingehackter Petersilie, mit zerzupften Thymianblättchen und ein paar rosa Pfefferbeeren. Eine herrliche Vorspeise, federleicht und schnell zubereitet – vorausgesetzt, man hat wirklich frischen Fisch zur Hand.

2

ZUPPETTA DI MUSCOLI

MIESMUSCHELN IM SUD

Für vier Personen:
1 Zwiebel, 2 Knoblauchzehen,
1 Bund glatte Petersilie,
2–3 EL Olivenöl, Salz, Pfeffer,
2 kg frische Muscheln, 1/4 l Weißwein,
1 Tasse Tomatenwürfel, 1/2 Tasse
Fischsauce (siehe Rezept 3)

Zwiebel, Knoblauch und Petersilie sehr fein hacken und in einem großen Topf im heißen Öl andünsten. Sogleich salzen und pfeffern, die sorgsam geputzten, entbarteten und wenn nötig auch in immer wieder gewechseltem Wasser entsandeten Muscheln zufügen. Den Wein angießen. Zugedeckt etwa zehn Minuten köcheln, dabei immer am Topf rütteln, damit die Muscheln durcheinanderbewegt werden und gleichmäßig garen. Zum Schluß die Tomatenwürfel und die Fischsauce untermischen. In Suppentellern servieren.

3

ACCIUGHE CON CAPPERI

SARDELLEN MIT KAPERN

Emmas Saucen sind duftig leicht und herrlich aromatisch. Ihr Geheimnis: eine Grundsauce, die sie am Herd stehen hat und von der sie immer zum Schluß ein Löffelchen nimmt, um den eigentlichen Saucenfond zu binden und zu würzen. Hier das Rezept – die Sauce hält sich ein paar Tage lang im Kühlschrank frisch.

Für vier Personen:
8 schöne, frische Sardellen,
2–3 mittelgroße gekochte Kartoffeln,
3 EL Olivenöl, Salz, Pfeffer, 1 EL frische
geriebene Brotbrösel, 2–3 El Kapern
Weiße Fischsauce:
2 EL Mehl, 1/4 l Fischfond,
1/4 l Weißwein, 1 Stück Zimt, 1 Nelke,
1 Zwiebel, 1 Chilischote

Die Sardellen entgräten und aufklappen, jeweils auf eine zentimeterdicke Kartoffelscheibe betten, abwechselnd mit der Haut nach oben, mal nach unten. Auf ein mit Öl bestrichenes Backblech setzen. Mit Salz, Pfeffer und Bröseln bestreuen. Bei 220 Grad 5 Minuten backen.
Für die Grundsauce das Mehl mit etwas Fischfond glatt quirlen, bevor es mit den übrigen Zutaten vermischt wird. 20 Minuten leise köcheln und schließlich durch ein Sieb passieren. Für die Kapernsauce eine Tasse voll abnehmen, mit den Kapern mixen und aufkochen. Über die Sardellen gießen und servieren.

Emma Patri (rechts) in ihrem Reich, der Küche. Sie ist ganz einfach, aber unerhört praktisch eingerichtet.

4

FAZZOLETTO AL RAGÙ DI GALLINELLA

TASCHENTUCH MIT KNURRHÄHNCHENSAUCE

Eine hübsche Idee, Nudelteig zu tellergroßen Quadraten zu schneiden und als Unterlage für den Sugo zu nehmen. »Eine uralte ligurische Tradition«, wehrt Enzo Komplimente dazu ab, »das hat schon meine Großmutter so gemacht«, lacht er und führt damit, natürlich ohne Namen zu nennen, den großen Kollegen vor, der unter der Bezeichnung »raviolo aperto« genau dieses Rezept als eigene Erfindung ausgegeben hat.

Für vier bis sechs Personen:
1/2 Portion klassischer Nudelteig von
Seite 25 (eventuell mit Petersiliensaft –
Seite 226 – grün gefärbt), Salz, Basilikum
Fischsugo:
1 Zwiebel, 2 Knoblauchzehen, Petersilie,
2–3 EL Olivenöl, 2 Tassen
Tomatenwürfel, ca. 300 g Fischfilet
(es können auch Reste sein), 1 Glas
Weißwein, 1 Kelle weiße Fischsauce
(Rezept 3), Salz, Pfeffer

Den Nudelteig sehr dünn ausrollen, tellergroße Quadrate ausschneiden. Einzeln in leise siedendes Salzwasser gleiten lassen. Nur ein bis zwei Minuten kochen, herausheben, auf Tellern ausbreiten und sofort jeweils einen Schöpflöffel Sugo und Basilikum darauf verteilen. Für den Sugo Zwiebel, Knoblauch und Petersilie im heißen Öl andünsten. Tomaten zufügen, ebenso den gewürfelten Fisch. Wein und Fischsauce angießen, salzen, pfeffern und zwei Minuten köcheln.

1

2

3

4

1

FILETTI DI BRANZINO AI PORRI

SEEBARSCHFILET MIT LAUCH

Für zwei Personen:
3–4 schöne, zarte Lauchstangen,
4 EL Olivenöl, Salz, Pfeffer,
1 mittelgroßer Seebarsch, Thymian,
2 gekochte Pellkartoffeln, 1 Tasse weiße
Fischsauce (Rezept S. 172), Petersilie

Nur das Weiße vom Lauch verwenden, einen Teil längs in Streifen zwei Drittel quer in Ringe schneiden. Diese in zwei Eßlöffeln Öl andünsten, mit etwas Wasser besprenkeln und zugedeckt zehn Minuten weich dünsten. Den Fisch unterdessen filieren, die Haut schuppen und dran lassen. Im restlichen Öl auf der Hautseite knusprig braten, das Fleisch salzen und pfeffern sowie mit reichlich Thymianblättchen würzen. Die Kartoffeln mit Schale in Scheiben schneiden und mit den Lauchstreifen knusprig braten.
Für die Sauce den gedünsteten Lauch mit Fischsauce und Petersilie mixen. Gut abschmecken, Fisch, Kartoffeln und Lauchstreifen hübsch anrichten.

2

PACIUGO DI PESCE

FISCHRAGOUT

Eigentlich bedeutet das Wort im Ligurischen »Durcheinander« – und das ist es ja schließlich auch: jede Menge verschiedenster Fische auf dem Teller.

Für zwei Personen:
insgesamt 500 g Fisch und Meeresfrüchte,
filiert und portioniert
(Rotbarbe, Priesterfisch (prête),
Knurrhahn, Seebarsch, Steinbutt,
Tintenfischchen, Kalmar und Scampi),
4 EL Olivenöl, 4–5 Knoblauchzehen,
1 Tasse gewürfelte Tomaten, eine Handvoll
Cocktailtomaten, Salz, Pfeffer, reichlich
Majoran, 1 Tasse Fischsauce (Rezept S. 172)

Meeresfrüchte und den Fisch mit der Hautseite ins heiße Öl geben, kurz und heftig anbraten. Gehackten Knoblauch, Tomaten und Majoran hinzustreuen, salzen und pfeffern. Schließlich die Fischsauce zufügen, alles miteinander noch zwei Minuten köcheln und mitsamt dem Sud in tiefen Tellern servieren. Emma garniert das Ragout mit knusprig gerösteten Vollkorncroûtons.

3

CROSTACEI ALLA GRIGLIA

KRUSTENTIERE VOM GRILL

Der Umgang mit dem Grill ist Enzos Spezialität. Der Grill ist im Speisesaal installiert, und es ist ein Vergnügen, ihm bei der Arbeit zuzusehen. Man lernt dabei: Zum Grillen gehört Geduld. Die richtige Hitzeführung ist wichtig, damit sie den stabilen Panzer durchdringt, das zarte Fleisch auf alle Fälle saftig bleibt. Der Taschenkrebs wird mit seinem Schild nach unten auf den Rost gesetzt. Hummer oder Langusten werden längs halbiert, mit Olivenöl beträufelt, mit Salz, Pfeffer und frischen Kräutern gewürzt und garen, mit der Schnittfläche stets nach oben, damit kein kostbarer Saft verlorengeht. Auch die Scampi werden aufgeschlitzt und stets mit der Öffnung nach oben gegrillt. Reichlich Lorbeer, Thymian und Rosmarinzweige liegen zwischen den Meeresfrüchten auf dem Grill, damit sie ihren Duft weitergeben. Vor dem Servieren öffnet Enzo den Taschenkrebs, träufelt noch ein wenig frisches Öl über alles und würzt mit einem Hauch geriebenem Ingwer.

4

FRUTTA COTTA

KOMPOTT VON FRÜCHTEN

Der Dessertwagen ist spektakulär! Bildschön arrangiert, eine Nachspeise delikater als die andere. (Siehe das Nachsatzbild.) Es gibt die klassische Crème caramel, zarten Schokoladenpudding, kandierte Orangen- und Zitronenscheiben, gezuckerten Ingwer, geeiste Trauben (sie sind ganz einfach nachzumachen: Die Früchte einzeln mit Eiweiß einpinseln, dann in Zucker tauchen), verschiedene wunderbare Kuchen sowie eine große Schüssel mit Kompott:

Für sechs bis acht Personen:
250 g Zucker, 1/8 l Wasser, 1 Zimtstange,
1 Stück Zitronenschale, 1 Vanilleschote,
ca. 2 kg verschiedene Früchte: Feigen,
Birnen, Pfirsiche, Äpfel, Backpflaumen

Aus Zucker und Wasser einen dicken Sirup kochen, Zimt, Zitronenschale und Vanille mitköcheln. Nacheinander die Früchte in diesem Sud pochieren – Dauer je nach Reifegrad und Konsistenz. Zum Schluß alle Früchte in eine Schüssel schichten und mit dem erneut aufgekochten Sud übergießen. Abkühlen und durchziehen lassen. Das Kompott hält sich einige Tage im Kühlschrank.

1

2

3

4

Die freie Seerepublik Noli

In einer eigenen Bucht liegt, von einer mächtigen Festungsanlage bewacht, das Städtchen Noli. Steil und unpassierbar fallen die Felswände zu beiden Seiten ins Meer – selbst die Via Aurelia weicht ins Landesinnere aus. So hat sich das erst seit gut hundert Jahren durch eine Straße erschlossene, davor nur über Saumpfade und vom Meer her erreichbare Noli den ganzen Charme seiner Vergangenheit bewahren können. Auch wurde es dank seiner beengten Lage nicht vom Tourismus vereinnahmt, sondern konnte ihn sanft auf sich lenken.

Durch Jahrhunderte hatte sich Noli – der Legende nach vom aus Neapel stammenden hl. Paragorius als *Neapolis* gegründet, woraus dann über das mittelalterliche *Naboli* schließlich Noli wurde – so locker mit dem mächtigen Genua zu verbünden gewußt, daß es bis zur Neuordnung Liguriens durch Napoleon selbständig blieb. Allerdings hatten nur jene Bürger, die der Republik Genua eine Kriegsgaleere stifteten, das Recht auf einen Geschlechterturm! Noli besticht durch sein geschlossenes Stadtbild, mit wehrhaften, eng stehenden Häuser aus dem späten Mittelalter. Elegante Läden locken zum Einkauf, Konditoreien verführen mit köstlichem Gebäck. Die palmengesäumte Straße mit hübscher Uferpromenade führt, ohne wie anderswo etwas zu zerstören, vor den Stadtmauern vorbei. Dadurch wurde der Strand zwar etwas enger, aber Badegäste und Fischer teilen sich einträchtig den verbliebenen Platz: Da es keinen Hafen gibt, müssen die Boote auf den Sand gezogen werden, wo sie dann als Verkaufsstände für den herrlichen, fangfrischen Felsenfisch dienen.

Albisola: Töpfer und Fayencen

Strandpromenade, Gehwege und Bürgersteige, Straßenschilder, Türrahmen und ganze Häuserfassaden sind gefliest: Blitzblank und schmuck präsentiert sich Albisola Marina dem Besucher. Das Keramikhandwerk hat hier Tradition, seit Generationen lebt das hübsche Städtchen davon. Im 17. und 18. Jahrhundert gehörten Fayencen aus Albisola zur typischen Ausstattung eines wohlbestellten Haushalts – in der Stadt wie auf dem Lande. Der Siegeszug des stoßfesteren und billigeren Industrieporzellans brachte zu Beginn des Jahrhunderts eine Krise, die erst durch den Tourismus überwunden wurde. Geschirr und Gerätschaften sind aber seither nicht mehr Gebrauchsgegenstände, sondern Zierstücke und Souvenirs. Und so sieht denn auch das heutige Angebot aus: Einerseits fertigen die Ateliers in makelloser Handarbeit Prunkplatten, prächtige Vasen, Kannen, Teller und Vorratstöpfe nach klassischen Vorbildern, andererseits gibt es Fabrikware und jede Menge buntesten Kitsch, wie heutzutage in allen touristischen Orten üblich.

Am Fuße des Castellaro liegt Albisola Superiore, als *Alba Docilia* einst Poststation an der Römerstraße. Bei den Ausgrabungen einer römischen Villa entdeckte man vielerlei landwirtschaftliche Nebengebäude – ein Beweis für die frühe Urbarmachung der Gegend. Als nach der Erfindung des von Ochsen gezogenen Pfluges im Mittelalter erneut viel Obst und Gemüse angebaut wurde, legte man es in Öl oder kochte es ein, füllte es in Keramiktöpfe. Diese wurden nun in aller Herren Länder versandt – und machten so die Fayencen aus Albisola berühmt und begehrt.

Minestrone, Risotto nero und Zitronenlikör

Der vielgerühmte Badeort Sestri Levante zeigt zwei Gesichter: Die schöne Altstadt auf der Landzunge zur vorgelagerten *Isola* – einst wirklich eine Insel – umschließt eine entzückende, tatsächlich stille Traumbucht, die *Baia del silenzio* (Bild unten); eine wahre Idylle mit den kleinen Fischerbooten vor den farbigen Stadtpalästen. Der engen *carrugi* wegen ist dieser Teil fast autofrei. Auf der anderen Seite, wo der Verkehr vor Hotels und Pensionen brandet, öffnet sich die *Baia delle favole*, die Märchenbucht – einst mag sie märchenhaft gewesen sein, heute spiegelt sie die Auswüchse des internationalen Tourismus.

So eng mit dem Meer verbunden, muß die kulinarische Spezialität Sestris, sollte man glauben, ein Fischgericht sein. Es ist aber eine Gemüsesuppe, der *Minestrone*, der im August mit einem Volksfest gefeiert wird. Im heute verbauten Hinterland lagen einst weite Gemüsefelder. In den auf Urlauber eingestellten Restaurants Sestris wird aber weder diese Spezialität gepflegt, noch gibt es sorgfältig gekochte Fischgerichte. Dabei wäre es gar nicht schwer, zum Beispiel einen guten schwarzen Risotto zu machen: Hier werden jede Menge *sepie* gefangen – Sepia-Tintenfische, aus deren Farbbeuteln man auch Zeichentusche gewinnen kann. Zum Kochen entfernt man den Beutel vorsichtig, ohne ihn zu verletzen, drückt erst im entscheidenden Moment die Tinte heraus – siehe nächste Seite. Diese tiefschwarze Flüssigkeit färbt, gibt dem Gericht Bindung und einen vollen, meerwürzigen Geschmack.

Der neueste Hit der Gastronomie ist ein Digestif, der Zitronenlikör *Limoncino* – wer auf sich hält, macht ihn im likörfreudigen Ligurien selbst: Unbehandelte Zitronen findet man auf jedem Markt.

MINESTRONE

GROSSE GEMÜSESUPPE

Rund ums Jahr sieht die große Gemüsesuppe jedesmal anders aus, je nachdem, was der Garten oder der Markt gerade bietet. Im Frühling also beispielsweise so:

Für vier bis sechs Personen:
500 g Kartoffeln, 2 dicke Möhren, 2 Zwiebeln, 3–4 Knoblauchzehen, 1 kleine Sellerieknolle, 2–3 EL Olivenöl, 1,5 l Wasser, Fleisch- oder Gemüsebrühe, 200 g ausgelöste Saubohnenkerne, $^1/_2$ Wirsingkopf, 2–3 Zucchini (in verschiedenen Farben), je 200 g ausgelöste Erbsen und feine grüne Bohnen, 250 g feste Tomaten, je ein Händchen voll Petersilie und Basilikum, 3–4 EL Pesto (Rezept Seite 159),
Zum Nachwürzen bei Tisch:
Parmesan und Olivenöl zum Würzen

Kartoffeln, Möhren, Zwiebeln, Knoblauch und Sellerie schälen, knapp zweizentimeterklein würfeln und im Olivenöl in einem großen Suppentopf andünsten. Mit Wasser oder Brühe auffüllen. Zunächst eine halbe Stunde köcheln. Dann die Saubohnenkerne, den fein geschnittenen Wirsing, die gewürfelten Zucchini und die blanchierten (wegen der schöneren Farbe!) Erbsen und Bohnen zufügen, schließlich auch die gehäuteten, entkernten und gewürfelten Tomaten und die gehackten Kräuter. Weitere zehn Minuten köcheln, bis sich alles gut gemischt hat. Vor dem Servieren den Pesto in die Suppe rühren. Mit Käse und Olivenöl kann sich jeder Gast seine Portion nach eigenem Gusto würzen.

1

RISOTTO NERO

SCHWARZER RISOTTO

Für vier Personen:
1 Zwiebel, 2 Knoblauchzehen,
1 rote Chilischote, 100 g Butter,
400 g geputzter Tintenfisch (Sepia) mit seiner Tinte, 300 g Reis (Carnaroli),
1/2 l Weißwein, ca. 1,5 l Gemüsebrühe,
50 g Parmesan, Petersilie,
frisch abgeriebene Zitronenschale,

Zwiebel, Knoblauch und Chili sehr fein würfeln, in zwei Löffeln Butter andünsten. Den Tintenfisch in Stücke schneiden und kurz mitbraten. Bevor die Zwiebeln Farbe nehmen, die Tintenfischstücke herausfischen und beiseite stellen. Den Reis statt dessen zufügen; erst wenn er gut von Butter durchtränkt ist, mit Wein ablöschen. Salzen und pfeffern, leise köcheln lassen und nach und nach die Brühe angießen. Sobald der Reis gar ist, also angenehmen Biß hat, die Tinte aus ihrem Beutel drücken und den Risotto damit schwarz färben. Schließlich Käse, Butter und gehackte Petersilie unterrühren und mit Zitronenschale abschmecken.

1

2

2

LIMONCINO

ZITRONENLIKÖR

Die Herstellung dieses Likörs klappt nur mit absolut frisch geernteten, sonnenreifen Zitronen, die natürlich nicht gespritzt sein dürfen. Am allerbesten sind die großen Zedrat geeignet, aus deren dicker aromatischer Schale man sonst Zitronat herstellt.

Für ca. 2 l:
1 l reiner Alkohol (90 %ig),
2 frisch geerntete Zitronen,
1 kg Zucker, 1 l Wasser

Den Alkohol in ein großes Gefäß füllen; es muß so geräumig sein, daß man die beiden Zitronen darüber hängen, ohne daß sie mit der Flüssigkeit in Kontakt kommen, man aber das Gefäß trotzdem gut verschließen kann. 50 Tage lang den Alkohol gut zugedeckt den Duft der Zitronen annehmen lassen.

Schneller geht's, wenn man sieben Zitronen hauchdünn schält und die Schalen im Alkohol mazerieren läßt; dann genügen sieben Tage.

Den Zucker im Wasser auflösen und fünf Minuten zu Sirup kochen. Den Alkohol damit verdünnen. Diesen Zitronenlikör zwei Monate kühl stellen und reifen lassen, dann zum Verschenken in hübsche Fläschchen füllen oder selber trinken.

Glasbläser, Pilze und Vogelscheuchen

Zwischen Albenga und Savona steigt das Hinterland sofort steil an: Die Wasserscheide des Apennin liegt nur wenige Kilometer von der Küste entfernt. Schon vor der Zeitenwende wurden die Wälder abgeholzt, die Erde von den häufigen Wolkenbrüchen weggeschwemmt. Der karstige Kalkstein birgt zwar viele Höhlen, kann das Wasser aber nicht für eine kontinuierliche Versorgung halten – die rasch und gefährlich anschwellenden, zum Meer hinuntertosenden Sturzbäche versiegen deshalb schnell wieder, die Vegetation bleibt karg. Ganz selten nur bieten zwischen den nackten Felswänden sanftere Hänge und Plateaus die Möglichkeit zu einer bescheidenen Landwirtschaft.

Hat man einen der Pässe – am eindrucksvollsten ist die Fahrt über den Melogno – überwunden, öffnet sich eine andere Welt: Richtung Piemont sind die Böden lehmig, die Hänge bewaldet, durchzogen von ganzjährig wasserführenden Flüssen, einem verzweigten System namens Bormida di Millesimo, di Pallare, di Mallare, di Spigna. Grüne Wiesen erlauben Viehzucht, Almwirtschaft und Sommerfrische. Der stille Stausee von Osiglia ist ein beliebtes Ausflugsziel.

Das reichlich zur Verfügung stehende Wasser begünstigte Handwerk und Kleinindustrie – Millesimo war für seine Holz- und Lederwaren bekannt, Altare hatte für Gebrauchsglas jahrhundertelang den gleichen Ruf wie Murano. Ende des 19. Jahrhunderts gab es einen gewaltigen Aufschwung, und die Familie Bormioli verschaffte Altare während des Jugendstils mit künstlerisch gestaltetem Glas Weltruf. Hunderte von Menschen arbeiteten in den riesigen Fabriken. Heute verfallen sie vor sich hin, und die herrschaftlichen Jugendstilvillen und Palazzi bieten einen traurigen Anblick. Das Glasmuseum, in einer aufgelassenen Kirche untergebracht, zeigt den untergegangenen Reichtum der Stadt unterhalb des Passes von Cadibona, über den neben den alten Handelswegen auch die Autobahn Turin–Savona führt. Nur Sandro Bormioli, ein Nachfahre der berühmten Glasbläserfamilie, übt das alte Handwerk heute noch aus; auf traditionelle Art fertigt er Nippes und fragiles Dekorationsglas.

Millesimo war einst eine strategisch wichtige Stadt zwischen Turin und Savona – die Burgruine, der Rest einer mittelalterlichen Brücke mit Torturm und das malerische Zentrum zeugen davon. Durch die Nähe zu Piemont hatte sich eine florierende Infrastruktur entwickelt, die jedoch von den neuen, schnellen Verkehrsmitteln unserer Zeit zerstört wurde – die Menschen wanderten ab in die Großstädte mit Industrie, Verwaltung und Dienstleistung. Dörfer und Städte im Gebirge verödeten.

Nun versucht man, ebendiese Leere und Weite als Kapital zu nutzen, einen naturnahen »Tourismus der Ruhe« zu entwickeln. Im Sommer und Herbst kommen Familien zum Wandern in der

kühlen, frischen Bergluft, zum Radfahren und vor allem zum Pilzesammeln. Inzwischen ist der Andrang allerdings so groß geworden, daß man in einigen Gemeinden eine Lizenz kaufen muß, ehe man sammeln und doch nur eine begrenzte Menge Pilze mitnehmen darf. Im Bergstädtchen Bardineto findet Mitte September die *Sagra del fungo* statt, eine Pilzkirmes. Unter dem Zepter des zum Frieden mahnenden Engels klären mykologische Vereine die interessierten Sammler auf, die größten Pilze werden prämiert, und in den Festzelten kann man Pilzgerichte aller Art genießen.

Ein nicht unwichtiger Nebenerwerb der Bevölkerung ist das Trocknen der Steinpilze: In dünne Scheiben geschnitten legt man sie auf Drahtroste, die in die Sonne gestellt und allabendlich, wenn es feucht wird, wieder hereingeholt werden. Einige Firmen importieren die Pilze zum Trocknen allerdings aus Südosteuropa, um sie dann als heimisches Produkt zu verkaufen.

Bardineto ist nicht nur *capitale del fungo*, sondern ebenso berühmt durch eine eher kuriose Veranstaltung: Jeden Herbst findet der *Concorso di spaventapasseri* statt, ein phantasievoller Wettbewerb um die schönste Vogelscheuche – zur Freude der Kinder und der vielen Väter, die es geblieben sind.

»Msé Tutta« – lebendige Tradition

Calizzano ist ein schmuckes Städtchen im Hinterland Liguriens, an der Nordseite des Apennin; im 13. Jahrhundert als Sommerresidenz des Grafen Del Carretto angelegt, präsentiert es sich heute noch als belebter Marktflecken. Die Menschen aus den umliegenden Tälern kommen her, um ihre wöchentlichen Einkäufe zu erledigen. Im Herbst reisen die Naturfreunde an, denn die Wälder sind reich an Pilzen. Allerdings ist das Sammeln stark reglementiert: Man braucht einen Erlaubnisschein von der Gemeindeverwaltung, aber auch der gestattet höchstens ein Kilogramm und allenfalls zum eigenen Verzehr zu finden. Im Restaurant »Msé Tutta« stehen zwei reich gefüllte Körbe auf dem hochglanzpolierten Kastanienholzparkett, ein Sammler hat sie soeben abgeliefert. Das ist mehr als ein Kilo, oder? Eine fragende Geste, ein nach vorn geschobenes Kinn und eine hochgezogene Schulter sind die Antwort. Pilze sind die unverzichtbare Spezialiät der Gegend! »Msé Tutta«, schwierig auszusprechen, ist die Dialektkoseform für Opa. Dem Urgroßvater zu Ehren, dem Gründer des »Albergo Centrale« in Calizzano, hat Sandro Nari sein Restaurant so benannt. Als er den Betrieb vor ein paar Jahren von seiner Mutter übernahm, hat er die bescheidenen Gästezimmer erst einmal zugesperrt, um sich ganz auf das Restaurant konzentrieren zu können. Mit wenig Mitteln, dafür mit guten Ideen und viel Geschmack hat er den Speiseraum hell und licht gemacht, nur so viele Tische hineingestellt, daß sich Maria Grazia, seine zierliche Ehefrau, auch wirklich um jeden Teller kümmern kann. Ihr hätte man vor zehn Jahren nicht prophezeien dürfen, daß sie eines Tages weitab jeglicher Großstadt für Gäste kochen würde. Sie studierte in Genua Literatur, er Philosophie, als sie sich kennen- und lieben lernten. Aber Sandro wollte unbedingt wieder heim, und da ist sie ihm eben gefolgt. Zuerst hatten sie gegenüber dem Gasthaus der Mutter ein kleines Delikatessenlädchen. Man konnte Wein probieren und Kleinigkeiten dazu essen, Pasta oder Salat. Als Sandro dann das Restaurant übernahm, brachte Maria Grazia sich das Kochen selbst bei. »Die ersten Gäste«, lacht sie und gluckst vergnügt, »tun mir heute noch leid«. Aber inzwischen hat sie ihre ganz persönliche Küche entwickelt, intelligent, leicht, gar nicht ländlich, eher elegant. Sie wird unterstützt von Francesca, der Römerin, die ebenfalls die Liebe an diesen abgelegenen Ort verschlagen hat. Ihr Mann fährt täglich eineinhalb Stunden hin und wieder zurück, um seine Arbeitsstelle in Genua zu erreichen. »Er ist Schiffbauer, hier gibt's keine Arbeit für ihn.« Zusammen mit Silvia und Federico Santamaria (Bild unten links), die das Delikatessenlädchen weiterführen, haben die fünf das Städtchen fest im Griff – jedenfalls kulinarisch.

Spezialität von Silvia und Federico Santamaria sind die in Öl eingelegten Pilze: Feste, kleine Steinpilze werden in einem Sud aus 2/3 Essig und 1/3 Weißwein mit Wurzelwerk, Lorbeer, Nelke, Salz und Pfefferkörnern zehn Minuten gekocht, dann zwischen Tüchern zwei Tage lang getrocknet. In Gläser gestopft, mit erstklassigem Olivenöl bedeckt, sind sie nach einem Monat ein Genuß!
Rechts: Sandro kümmert sich um die Organisation des Restaurants und um den Weinkeller. Maria Grazia kocht, Francesca hilft ihr und serviert – in ihren bildschönen Schürzen sehen sie entzückend aus

1

TORTINO DI PEPERONI GIALLI

TÖRTCHEN MIT GELBER PAPRIKA

Für sechs Personen:
Mürbteig:
250 g Mehl (Type 405), Salz,
250 g Hartweizengrieß, 250 g Butter,
1 Ei, ca. 200 ml Wasser
Füllung:
3 gelbe Paprika, 2 Eier, Salz, Pfeffer
Zucchinisauce:
300 g Zucchini, 4 Knoblauchzehen,
4 EL Olivenöl, Salz, Pfeffer

Aus den Zutaten einen festen, aber geschmeidigen Teig kneten und für eine halbe Stunde kalt stellen. Messerrückendünn ausrollen, Portionsförmchen oder eine große Kuchenform damit auslegen. Für die Füllung die Paprika auf einem Stück Alufolie bei 250 Grad im Backofen etwa 20 Minuten rösten und mit einem feuchten Tuch bedeckt auskühlen lassen. Dann läßt sich mühelos die Haut abziehen. Die Kerne entfernen, dabei jedoch den Saft, der sich in den Früchten gesammelt hat, auffangen. Paprika mitsamt Saft und Eiern im Mixer pürieren, gut abschmecken und auf den Teigboden verteilen. Mit viel Unterhitze die Törtchen bei 200 Grad etwa 30 Minuten backen. Für die Sauce die Zucchini würfeln, mit dem durch die Presse gedrückten Knoblauch in zwei Löffeln Öl 20 Minuten zugedeckt weich dünsten. Im Mixer pürieren, dabei salzen, pfeffern und das restliche Öl untermixen, damit die Sauce schön cremig wird. Wie auf dem Bild anrichten.

2

FAGOTTO DI SCAMORZA

KÄSEBEUTELCHEN

Scamorza ist jener Käse, der als leuchtend gelbe, von Wachs umhüllte Kugel oft in italienischen Feinkostläden hängt. Manchmal ist die wächserne Hülle, die ihn übrigens lange frisch hält, dunkelbraun; dann ist der Käse geräuchert. Es ist ein milder Käse, dem Mozzarella ähnlich, der cremig schmilzt und daher gern zum Kochen genommen wird. Der Räuchergeschmack kann ganz schön intensiv sein – deshalb mischt Maria Grazia beide Sorten, etwa zu gleichen Teilen.

Für sechs Personen:
Crêpeteig:
2 Eier, 80 g Mehl, ca. $^1/_4$ l Milch,
2 EL Butter, Salz
Außerdem:
Butter zum Backen,
ca. $^1/_8$ l Béchamelsauce (Rezept Seite 118),
Mohnsamen zum Dekorieren
Käsefüllung:
75 g Speck in dünnen Scheiben, je 125 g
geräucherter und ungeräucherter
Scamorza, 250 g Ricotta, Salz, Pfeffer,
Cayennepfeffer

Den ziemlich flüssigen Teig anrühren, in einer immer wieder dünn mit Butter ausgestrichenen Pfanne dünne Crêpes backen. Speck würfeln, vorsichtig auslassen, den Käse darin schmelzen, Ricotta unterrühren, die Crêpe verteilen, sie zu Beutelchen zusammenbinden.
Vor dem Servieren bei 220 Grad (Heißluft) etwa 8 bis 10 Minuten backen. Die Beutelchen auf Béchamelsauce anrichten und mit Mohnsamen umstreuen.

3

SOUFFLÉ DI PARMIGIANO CON INSALATA DI FUNGHI

PARMESANSOUFFLÉ MIT STEINPILZSALAT

Für sechs Personen:
Käsesoufflé:
$^1/_4$ l Béchamelsauce (Rezept Seite 118),
3 Eier, 250 g frisch geriebener Parmesan,
Pfeffer, Muskat, Cayennepfeffer,
Butter für die Förmchen
Steinpilzsalat:
6 kleine feste, möglichst makellose
Steinpilze, die noch kaum spürbare
Schwämme ausgebildet haben,
Salz, Pfeffer, 3 EL Olivenöl,
2 EL Zitronensaft, Petersilie

Die Béchamelsauce auf milder Hitze mit den Eigelb glatt rühren, heiß werden und binden lassen, aber auf keinen Fall kochen, weil sonst das Eigelb ausflockt. Den Käse unterrühren und behutsam schmelzen. Mit Pfeffer, Muskat und Cayenne sehr würzig abschmecken. Den steifgeschlagenen Eischnee unterheben. Die Masse in gebutterte Portionsförmchen oder in eine große Form füllen. Bei 220 Grad etwa sechs Minuten (Portionsförmchen) oder 25 Minuten backen.
Für den Salat die Steinpilze in hauchdünne Scheiben hobeln – das geht am besten mit dem Trüffelhobel. In einer Schüssel mit Salz, Pfeffer, Olivenöl und Zitronensaft mischen und zehn Minuten ziehen lassen. Soufflé und Pilzsalat auf Teller anrichten und mit sehr fein gehackter Petersilie dekorativ bestreuen.

4

RAGOUT DI RANE CON RISO

FROSCHSCHENKELRAGOUT MIT REIS

Für sechs Personen:
1,5 kg küchenfertige Froschschenkel,
3 EL Olivenöl, 5–6 Knoblauchzehen,
1 Bund Petersilie, 500 g reife Tomaten,
1 Glas Weißwein, Salz, Pfeffer

Die Froschschenkel behutsam sauber wischen. Im heißen Olivenöl in einer tiefen Pfanne rasch anbraten. Sofort die gewürfelten Knoblauchzehen zufügen, die gehackte Petersilie und das entkernte, schiere Tomatenfleisch. Mit Wein ablöschen, salzen und pfeffern. Etwa fünf Minuten leise köcheln. Maria Grazia serviert das Ragout mit einer Reistimbale, für die sie einfach einen gut gewürzten Risotto in ein Förmchen gepreßt und schließlich auf die Teller gestürzt hat.

1

3

4

2

1

TEGAME DI PATATE E SANGUINE

KARTOFFELPFANNE MIT REIZKERN

Für sechs Personen:
1 kg Kartoffeln, ca. $^1/_8$ l Olivenöl, Salz, Pfeffer, 1 kg Reizker, 5–10 Knoblauchzehen, Petersilie

Die Kartoffeln in dünne Scheiben hobeln, in einer mit Öl ausgestrichenen Pfanne verteilen, dabei salzen und pfeffern und immer wieder mit etwas Öl beträufeln. Zugedeckt auf mittlerer Hitze etwa eine halbe Stunde garen, nach der halben Zeit die Kartoffeln wenden. In einer zweiten Pfanne im restlichen Öl die geputzten, in Streifen geschnittenen Reizker braten, dabei mit winzig gewürfeltem Knoblauch und sehr fein gehackter Petersilie bestreuen. In der offenen Pfanne etwa 20 Minuten langsam braten, bis sie ganz trocken und knusprig werden. Salzen und pfeffern! Sobald die Kartoffeln gar sind, den Inhalt beider Pfannen mischen und abschmecken. Maria Grazia gibt den Portionen eine hübsche Form, indem sie sie jeweils in einen kleinen Tortenring preßt und auf die Teller stürzt.

2

LAMPONI IN NIDO

HIMBEEREN IM NEST

Für sechs Personen:
Katzenzungenteig:
125 g Mehl, 125 g Zucker, 50 g flüssige Butter, 3 Eiweiß
Vanillesauce:
4 Eigelb. 4 EL Zucker, $^3/_8$ l Milch, 1 Tütchen Vanillezucker, 1 TL Mehl

Die Teigzutaten zu einem glatten dickflüssigen Teig verrühren. Kreise davon auf ein mit Backpapier ausgelegtes Blech setzen und bei 200 Grad etwa 10 Minuten backen. Noch warm vorsichtig vom Papier lösen und jeweils über eine umgedrehte Tasse legen. Nach dem Abkühlen bleiben sie in Form und bilden kleine Körbchen beziehungsweise Nester.
Für die Sauce alle Zutaten in einen Topf füllen und auf mittleres Feuer setzen. Erhitzen, dabei unermüdlich rühren, damit sich alles gut verbindet und die Eigelb nicht gerinnen. Auch während des Abkühlens immer wieder rühren. Zum Servieren in die Teignester verteilen, mit Himbeeren verziehen und mit Himbeersauce servieren (Rezept Seite 127).

3

TARTE TATIN

GESTÜRZTE APFELTORTE

Eigentlich ein französisches Rezept. Aber gleich nebenan ist eine große Apfelplantage – klar, daß Maria Grazia die Früchte davon vielfältig verarbeitet.

Für eine Form von ca. 24 cm Durchmesser:
$^1/_2$ Rezept Mürbteig (Rezept 186), etwa 1 kg Äpfel, Zitrone, 100 g Butter, 100 g Zucker
Außerdem:
Butter zum Bestreichen, Zucker zum Bestreuen

Den Teig zu einer Fläche ausrollen, die möglichst genau der Form entspricht. Die Äpfel schälen, vierteln, vom Kerngehäuse befreien, mit Zitronensaft rundherum beträufeln, damit sie nicht braun werden.
In der Backform auf der Herdplatte die Butter schmelzen, den Zucker darin richtig auflösen, aber nicht braun werden lassen. Die Apfelviertel dicht an dicht, mit ihrer runden Seite nach unten, kreisförmig in die Form schichten. Darauf achten, daß es ein hübsches Muster ergibt, wenn man nachher den Kuchen stürzt. Die Äpfel auf mildem Feuer in diesem Karamel kochen, bis dieser die Farbe von dunklem Gold erreicht hat. Die Teigplatte darüberbreiten, dabei den Rand nach innen drücken. Die Oberfläche mit Butter einpinseln und mit Zucker bestreuen. Bei 200 Grad ca. 35 Minuten auf der mittleren Schiene backen, bis der Teigdeckel goldbraun ist. Etwa fünf Minuten abkühlen lassen, dann die Form mit einer Kuchenplatte abdecken, mit Schwung auf den Kopf drehen und stürzen. Falls sich zuviel Flüssigkeit in der Form gesammelt hat – was bei besonders saftigen Früchten vorkommt-, den Saft zuvor behutsam abgießen. (Er schmeckt übrigens herrlich als Karamelsauce über Früchten.)

4

PANNA COTTA CON MIRTILLI

PANNA COTTA MIT HEIDELBEEREN

Für sechs Personen:
$^1/_2$ l Sahne, 100 g Zucker, 1 Tütchen Vanillezucker, 2 Blatt Gelatine
Heidelbeersauce:
500 g Heidelbeeren, 3 EL Zucker, Zitronenschale

Sahne aufkochen, Zucker, Vanillezucker und eingeweichte Gelatine darin auflösen. In kleine, hohe Portionsförmchen verteilen und mindestens 15 Stunden kalt stellen. Zum Servieren die Förmchen kurz in heißes Wasser tauchen, die Creme rundum mit einem Messer vom Rand lösen und stürzen. Für die Sauce die Heidelbeeren schon am Vortag mit Zucker bestreuen und einige Stunden Saft ziehen lassen. Mit der Zitronenschale in einem Topf behutsam aufkochen, fünf Minuten leise köcheln, dann zugedeckt abkühlen.

2

1

3

4

Erlesen: gedämpfter Scampo mit Mark

Fruchtig: das erste Olivenöl

Interessant: Weine von Bisson

Betörender Duft: Veilchen und Mimosen

Belebt: Laubengänge am Hafen von Imperia

Üppig: pelzgeschmückte Damen in Portofino

Hingebungsvoll: Grabengel in Staglieno

Knusprig und köstlich: Farinata

WINTER

Handfeste Gemüse, Fisch und Fleisch, Pasta aus Kastanienmehl, herzhafte Kuchen und das junge, frisch gepreßte Olivenöl

Portofino im Winter: welche Idylle!

Wo man im Sommer stundenlang im Stau brütet, auf der Küstenstraße von Santa Margherita nach Portofino, braust man jetzt ungehindert durch. Die Ampelanlage, die sonst die Zufahrt reguliert, ist abgeschaltet. Im Parkhaus, und nur dort darf der Besucher überhaupt seinen Wagen abstellen, sind fast alle Plätze frei. Wenn es im Sommer wegen Überfüllung oft stundenlang geschlossen ist, läßt sich der geschützt in seiner halbrunden Bucht gelegene Traumort Portofino allenfalls zu Fuß erreichen. Wer in Portofino wohnt, kommt dann am besten mit dem Schiff!

Im Winter präsentiert sich der einstige Fischerhafen, heute bezaubernder Ferienort, von seiner allerschönsten Seite: verschlafen, ruhig, heiter und gelassen. Jetzt flanieren nur wenige Menschen. Sie sitzen im dicken Mantel auf der Bank am Hafen und wärmen ihr Gesicht in der Sonne. Fast alle Fensterläden sind geschlossen, vor den wenigen geöffneten Fenstern flattert Wäsche. Überall sind Handwerker beschäftigt, die Häuser für den Sommer herzurichten. Der Fischer gibt seinem Boot einen neuen Anstrich. Lauthals schimpft er los, weil er mit der roten Farbe über den weißen Saum gefahren ist – mit seiner blauen Strickmütze läßt sich das Malheur jedoch rasch wieder wegwischen. Die eleganten Läden in der Via Roma machen Ausverkauf und hoffen drauf, die Reste der Sommermode doch noch an die Frau zu bringen. Die Galerie mit kitschigen Gemälden hat Glück: Ein amerikanisches Touristenpaar ist interessiert. Sogar der Juwelier mit den dicken Klunkern hofft nicht vergeblich auf finanzkräftige Kundschaft.

Die Cafés und Restaurants an der Mole sind noch geschlossen, aber entlang der Piazzetta haben sie schon ihre Tischchen und Stühle aufgestellt. In der »Taverna del Marinaio« wird soeben die grün gestreifte Markise emporgezogen. Hier läßt es sich auch im Februar herrlich in der Sonne sitzen und ein tadelloses Mittagessen genießen: anständige Pasta, frischer Fisch – ob es im Sommer hier wohl genauso köstlich schmeckt?

Seine phantastische Lage in einer von der felsigen Steilküste des gewaltigen Vorgebirges absolut geschützten Bucht hat Portofino schon zu Zeiten der Römer zum begehrten Ziel gemacht. Damals eher strategisch wichtig, ist der ehemalige Fischerort heute als elegantes Ferienparadies der Schönen und der Reichen berühmt. Bereits vor hundert Jahren wurde Portofino dank seines milden Klimas im Winter von englischen Touristen entdeckt. Nach dem Krieg entwickelte es sich zum mondänen Luxusort. So haben teure Preise zusammen mit strengen Bauvorschriften das malerische Bild erhalten

1

ACCIUGHE AL POMODORO

ANCHOVIS MIT TOMATEN

Steht und fällt mit der Qualität der Anchovis – deshalb im italienischen Feinkostgeschäft danach suchen, nicht die in Minigläschen gestopften Sardellen dafür verwenden!

Pro Person:
4–5 doppelte Anchovisfilets (gesalzene Sardellen), Petersilie, 1–2 Tomaten, erstklassiges Olivenöl

Die Anchovisfilets auf einer kleinen Platte hübsch anordnen. Mit sehr fein gehackter Petersilie bestreuen. Tomaten in Achteln oder Scheiben drum herum drapieren und alles großzügig mit Öl beträufeln. Dazu frisches, knuspriges Weißbrot und ein kraftvoller ligurischer Weißwein – was will der Mensch mehr?!

2

PENNE CON GAMBERI

PENNE MIT GARNELEN

Für vier Personen:
1 Aubergine, 2 EL Olivenöl, Salz, Pfeffer, 2 Knoblauchzehen, Petersilie, 1 Glas Weißwein, $^1/_8$ l Sahne, 250 g ausgelöste Garnelenschwänze, 350 g Penne (gerippte Nudelröhren)

Die Aubergine in kleine Würfel schneiden und im heißen Öl anbraten, bis alle Würfel Bratspuren zeigen. Salzen und pfeffern. Mit durchgepreßtem Knoblauch und gehackter Petersilie würzen. Wenn alles schön angeschmurgelt ist, mit Wein und Sahne ablöschen. Nach fünf Minuten die Garnelen zufügen und alles miteinander drei bis vier Minuten köcheln. Inzwischen die Penne al dente kochen, abgießen und noch zwei Minuten in der Sauce mitschwenken.

3

BRANZINO IN VERDE

SEEBARSCH IM GRÜNEN

Für zwei Personen:
1 kleiner Seebarsch (ca. 700 g), Salz, Pfeffer, Olivenöl
Grüne Fischsauce:
1 Bund Petersilie, je 1–2 EL kleine Kapern, Pinienkerne, gehackter Knoblauch und entsteinte schwarze Oliven, 4 EL Zitronensaft, 4–5 EL Olivenöl, Salz, Pfeffer

Den Seebarsch vor allem innen salzen und pfeffern, auf einem mit Öl eingepinselten Teller über heißem Dampf etwa 20 Minuten garen. Die Filets häuten und von den Gräten lösen und auf dem heißen Teller anrichten. Mit der grünen Sauce gleichmäßig bedecken. Dafür Petersilie, Kapern und Pinienkerne mit einem Messer fein hacken und mit den übrigen Zutaten mischen.

1

2

3

Urlaubsluxus, Alltag, frischer Fisch

In Santa Margherita Ligure, hingebreitet an den malerisch-milden Südhang des Promontorio di Portofino, gab sich die vornehme Welt bereits im letzten Jahrhundert ein Stelldichein zum Nichtstun und Genießen. Pompöse Hotelpaläste und prachtvolle Villen zeugen heute noch davon. Dennoch ist Santa Margherita kein reiner Badeort, sondern eine richtig lebendige Stadt, in der Handel und Wandel herrscht und beileibe nicht der Tourismus allein regiert. Vorn, an der Uferpromenade, spazieren die Urlauber unter majestätischen Palmen, erfreuen sich am traumhaft schönen Golfo di Tigullio hinter einer Phalanx exquisiter Yachten, den eleganten Läden, Hotels, Cafés und Restaurants. Mitten in diesem mondänen Treiben thront die Fischhalle – und niemanden stört's. Nur wer rechtzeitig am frühen Morgen kommt, kann dort die überwältigende Fülle und Vielfalt der herrlichsten Meerestiere bestaunen. Der Golf birgt offenbar noch jede Menge köstlichsten Getiers! Wo, fragt sich der auf den Geschmack gekommene Besucher, kann er solch frischen Fisch genießen? Dafür empfiehlt es sich, in den engen Straßen und Gassen hinter der feinen Stadtfassade zu forschen, wo das normale Leben quirlt. Hier finden sich appetitliche Metzger- und Delikatessengeschäfte, ein entzückender Gemüsemarkt, Bars, in denen man rasch seinen Espresso oder ein Gläschen Limoncino nehmen kann – jenen Zitronenlikör, der so sehr in Mode ist. Der Barmann schickt den Gast in eine kleine Straße hinter der Piazza Fratelli Bandera. Dort, wo die Häuser hoch sind und eng beieinander stehen, ist unter rosagetünchten Arkaden die »Trattoria Cesarina« versteckt, ein einfaches, aber schönes Restaurant mit wirklich bestem Fisch!

Küchenchef Angelo Cozzi (links) ist ein Faß von einem Mann. Roberto, sein Sohn, steht ihm in seiner Fülle kaum nach; er serviert, was der Vater zubereitet hat. Er tut das quick und effizient, mit gesammeltem Ernst, nur schwer ist ihm ein Lächeln zu entlocken. Das Essen schmeckt prächtig, man sitzt im lichten, harmonisch rosa eingefärbten Speiseraum gemütlich, bei schönem Wetter sogar draußen, vor der Tür, unter den Arkaden. Und die Weinkarte ist für ligurische Verhältnisse erstaunlich umfangreich

Fabrizio Bonardi, der Wirt der »Trattoria Cesarina«, ist ein alerter Unternehmer des modernen Tourismus und geht mit seinem Lächeln genauso sparsam um wie seine Mitarbeiter. Aber wenn er verspricht: »Bei mir kommt nur Frischfisch in die Küche, und zwar richtiger, von hier! Mit dem Zeug aus der Zucht hab' ich nichts im Sinn!« fühlt sich der Gast mit Recht gut aufgehoben. Eine Speisekarte ist hier überflüssig: Es gibt ohnehin nur das, was der Markt gerade bietet und solange der Vorrat reicht

1

1

TRIGLIE MARINATE E GAMBERI CON SALSA ROSA

MARINIERTE ROTBARBE UND GARNELEN MIT ROSA SAUCE

Nach dem selben Prinzip kann man auch Sardellen, Sardinen oder kleine Weißfischchen marinieren.

Für vier bis sechs Personen:

Rotbarben:

500 g Rotbarben (ganz frisch, möglichst klein und von gleicher Größe), Salz, Pfeffer, ca. $^1/_8$ l guter Weißweinessig, ca. $^1/_8$ l Olivenöl, 2 Tomaten

Rosa Sauce (Mayonnaise):

1 Eigelb, 1 TL Senf, ca. $^1/_8$ l erstklassiges Olivenöl, Salz, Pfeffer, 1 EL frisches, gründlich abgetropftes Tomatenpüree

Außerdem:

200 g gekochte Tiefseegarnelen

Die Fischchen sorgfältig filieren, häuten und entgräten; die Y-Gräten mit einer Pinzette herausziehen. Die Filets salzen, pfeffern und in eine passende Schüssel betten. Mit Essig begießen und eine Nacht lang im Kühlschrank durchziehen lassen. Zum Servieren abtropfen und mit frischem Öl begießen.
Die Tomaten häuten, entkernen, würfeln und als Farbklecks darüberstreuen.
Für die rosa Sauce das Eigelb mit dem Senf cremig schlagen, tropfenweise das Öl hinzufließen lassen. Die Mayonnaise mit Salz, Pfeffer und dem frischen Tomatenpüree würzen und einfärben. Die Garnelen damit beträufeln.

2

INSALATA DI MARE

MEERESFRÜCHTESALAT

Eine weitere Variation der Lieblingsvorspeise der ligurischen Küche. Ein Salat aus lauwarmen Sepie, Muscheln und Garnelen. Dazu werden sanft gar gekochte Bohnen serviert – so kann sich jeder nach eigenem Gusto bedienen. Wie immer werden sie mit erstklassigem Olivenöl, Zitronensaft, gehacktem Knoblauch und Petersilie angemacht.

3

ACCIUGHE RIPIENE

GEFÜLLTE SARDELLEN

Für vier bis sechs Personen:
12 frische Sardellen, Olivenöl zum Einpinseln und Beträufeln, 150 g Magerquark, 1 Ei, 2 Knoblauchzehen, 2 EL Pinienkerne, 2 EL feingehackte Kräuter, Salz, Pfeffer, 2 EL Semmelbrösel, 1 kleines Glas Weißwein

Die Fischchen vorsichtig entgräten, dabei den Kopf entfernen. Damit die Filets zusammenhalten, den Schwanz dranlassen. Mit der Hautseite nach unten aufgeklappt in eine mit Öl ausgestrichene Form betten. Für die Füllung Quark, Ei, durchgepreßten Knoblauch, Pinienkerne und Kräuter mischen, mit Salz und Pfeffer würzen. Auf die Sardellen verteilen, dabei jeweils die Fischform nachbilden. Die Semmelbrösel darüberstreuen, alles mit Öl beträufeln und schließlich den Wein in die Form gießen. Bei höchstens 180 Grad im vorgeheizten Ofen etwa 15 bis 20 Minuten garen. Die gefüllten Sardellen warm oder kalt servieren.

4

GALLINELLA AL FORNO

KNURRHAHN AUS DEM OFEN

Für zwei Personen:
1 frischer Knurrhahn (ca. 1 kg), 3–4 Knoblauchzehen, 1 Bund Petersilie, 2–3 Tomaten, 1/2 TL getrockneter Origano, Salz, Pfeffer, 1/4 l Weißwein, 4 EL Olivenöl

Den Fisch in eine feuerfeste Form betten. Gehackten Knoblauch und Petersilie, entkernte, gehäutete Tomatenachtel daneben verteilen, alles mit Origano, Salz und Pfeffer würzen. Den Wein und das Öl angießen. Den Fisch 20 Minuten bei 200 Grad im Backrohr garen.

2

3

4

TRATTORIA
Cesarina

DIVERSE TORTE E CREMA DI MASCARPONE

VERSCHIEDENE KUCHEN UND MASCARPONECREME

Küchenchef Angelo Cozzi ist kein Freund aufwendiger Zubereitungen. Mit ein und demselben Mürbteig zaubert er fünferlei verschiedene Kuchen: Für den *Orangenkuchen* bestreicht er den Mürbteigboden mit Orangenkonfitüre, für den *Pflaumenkuchen* nimmt er Pflaumenmus, den *Pinienkernkuchen* und den *Walnußkuchen* bestreicht er ebenfalls zuerst mit einer Marmelade und streut dann einfach dick die jeweiligen Nüsse darauf – beim *Apfelkuchen* kommen noch in Grappa eingeweichte Rosinen zwischen die Apfelstücke. Schließlich verziert er die Oberfläche mit Teigstreifen und bäckt die ganze Sache im 200 Grad heißen Ofen gut 40 Minuten, bis alles herrlich knusprig ist. Sein Grundrezept für den Mürbteig lautet so:

Für eine Springform von 26 cm Durchmesser:
300 g Mehl, 200 g Butter, 100 g Zucker, 1 Tütchen Vanillezucker, abgeriebene Zitronenschale, 1 Eigelb
Mascarponecreme:
250 g Mascarpone, 2–3 EL Zucker, 2–3 EL Cognac

Für den Teig Mehl auf die Arbeitsplatte häufen, die Butter in Flöckchen, Zucker, Vanillezucker, Zitronenschale und Eigelb darauf verteilen. Rasch mit den Fingerspitzen alles zu einem Teig kneten, der sich nicht zu sehr dabei erwärmen darf. In Folie gehüllt eine Stunde kalt stellen. Für die Creme den Mascarpone mit dem Zucker und Cognac glatt rühren. Mit Löffelbiskuits servieren.

Rapallo: ein Altersheim im Paradies

An einem sonnigen Wintermorgen ist die Uferpromenade Rapallos schwarz vor Menschen. Lauter Ausflügler, lauter Touristen? Nein: alte Leute, Senioren in Wintermänteln und Pelzen! Sie genießen die für unsere Begriffe kräftige Sonne, sitzen einfach da und strecken ihr die Gliedmaßen entgegen, schwatzen, lesen Zeitung, flanieren.

Rapallo ist offenbar das Altersheim Italiens. Von überall ziehen die Alten hierher, in scheußliche Wohnsilos, die sich im Hinterland dicht an dicht den Berg hoch staffeln oder in die schmalen Täler drücken. Von unglaublicher Häßlichkeit, billig gebaut, ärmlich, eng und laut. *Rapallizzare* nennt man diese profitgierige Zerstörung einer schönen Landschaft inzwischen in ganz Italien – denn nirgendwo manifestiert sich der Niedergang eines ehemaligen mondänen Kurorts so brutal wie hier.

Trotzdem: Wenn man es sich an der Küste, wo die Reichen wohnen, wohl sein läßt, ist Rapallo immer noch – gerade im Winter! – ein kleines, fast sommerliches Paradies. Dies zu genießen ist für den Besucher freilich gar nicht so einfach, denn viele Restaurants öffnen (entgegen ihren eigenen Angaben!) nur zu besonderen Gelegenheiten und fast alle Hotels sind geschlossen. Das »Excelsior Palace«, hoch über der Uferstraße zwischen Santa Margherita und Rapallo auf einem Felssporn thronend, ist eine rühmliche Ausnahme – zwar wurde ein Flügel des riesigen Luxuspalastes in lukrativere *residence*, also Ferienwohnungen, umgewandelt, doch der schönste Teil ist als Hotel wiedereröffnet worden (Bilder unten). Blickt man von der weiten Dachterrasse über den Yachthafen hinweg auf die Stadt (unten links), versteht man sofort, warum Rapallo bei italienischen Rentnern in so hoher Gunst steht. Und dreht man sich um, schaut Richtung Portofino (großes Bild), so entdeckt man zwischen den Palmen die Villa, in der 1922 der umstrittene Rapallovertrag zwischen dem Deutschen Reich und der Sowjetunion geschlossen wurde, der die Reparationsfragen und die wirtschaftliche Zusammenarbeit regelte und beiden Staaten erstmals nach dem Krieg politische Eigenständigkeit auf der Weltbühne bestätigte.

Im Herzen der immer noch hübschen Altstadt von Rapallo ist jeden Morgen

Markt (siehe nächste Seite.) Ein kleiner Platz, bildschön, umsäumt von hohen Häusern. Eine kleine, verglaste Fischhalle. Ansonsten lange Reihen von Ständen. Die wunderbarste Ausstellung von herrlichem Gemüse: spitze Artischocken mit gefährlichen Dornen, Blumenkohl und vielerlei Varianten in giftigem Gelb, Grün und leuchtendem Lila, alle Arten von jungen Salaten, daumendicke Zucchini mit Blüten, Zitrusfrüchte aus Sizilien, Tomaten aus Sardinien und Albenga... Und Blumen, knallbunte Blumen! Alles wird betatscht und berochen, bewertet und verhandelt, gewogen und verpackt, gekauft und weggeschleppt... Auf dem Boden bleiben Berge von leeren Kisten und Abfällen zurück, doch kurz nach Mittag ist der Spuk vorbei, am Nachmittag alles wieder sauber.

Sehr freundlich sind die Menschen hier nicht: Richtig böse werden sie, wenn man ihnen, von Begeisterung hingerissen, mal im Wege steht. Kein Lächeln, auch wenn man es noch so hartnäckig hervorzulocken versucht. Liegt es an der deutlich spürbaren Armut, dem dichten Gedränge, dem raffgierigen Starrsinn der Alten? Nicht unbedingt: Ein altes Ehepaar fragt: »Inglesi?« und freut sich, als wir italienisch antworten. »Wir sind jetzt alt und frei«, erzählen sie, »unsere Kinder arbeiten in Mailand, sie besuchen uns manchmal, wenn ein Fest ist. »Wir« – ihr Mitteilungsbedürfnis ist nicht zu bremsen – »wir haben früher in Genua gewohnt, aber da ist es so laut, so hektisch. Deshalb haben wir unsere Wohnung verkauft und sind hierher gezogen – hier ist das Klima viel angenehmer, das Wetter nicht so drückend, man fühlt sich einfach wohl...«

18000
32000
18000
MOSTELLE
25.000
32000

Bauernküche im Hinterland

Campo di Né, ein winziges Dorf hoch über dem Gravegliatal, war bis Mitte der sechziger Jahre nur zu Fuß oder per Maultier zu erreichen. Dann erst wurde eine Straße gebaut. Die Leute sprachen nur ligurischen Dialekt, Italienisch verstanden sie nicht. Sie lebten wie vor Jahrhunderten von dem, was hier wuchs, wilden Kräutern, Hülsenfrüchten, Kastanien, Olivenöl und ihrem eigenen Wein. Die Güter waren winzig, man konnte kaum mehr erzeugen, als man selbst brauchte. So reichte das Geld nur für das Allernötigste, oft nicht einmal dazu. Für die Alten hat sich auch seit dem Bau der Straße nicht viel geändert – sie führen ihr Leben wie einst, gelangen kaum je die paar Kilometer hinunter zur Küste, wo ein völlig anderer Rhythmus herrscht: Die Gegensätze sind unglaublich schroff!

Um so wichtiger wäre es, dem Hinterland eine Perspektive zu eröffnen, Glauben an die Zukunft zu geben. »Aber«, sagt Sergio Circella, der älteste der drei Söhne, die mit ihren Eltern hier oben, am Ende der Welt, ein großartiges Gasthaus führen, »das ist mitnichten der Fall. Die Provinzregierung fördert den Tourismus an der Küste, der schnelles Geld verspricht, vergißt darüber aber das Hinterland und die Basis der Region, die Landwirtschaft. Man gibt mit unserem Olivenöl und unserem Wein zwar gerne an«, fügt er mit einem bitteren Unterton hinzu, »preist sie als die wahren, echten Produkte des Landes, aber interessiert sich nicht dafür, ob bald, wenn die Alten nicht mehr können, die Jungen damit noch ein Auskommen finden…!« Die Circellas hatten sich, als

die kleine Ölmühle von Vater Carlo nicht mehr genügend einbrachte, vor zehn Jahren selbst eine neue Lebensgrundlage geschaffen. Der Familienrat befand damals, es müsse sich doch mit Kochkünsten von Mamma Franca etwas anfangen lassen. Die Idee: die einfache regionale Bauernküche, sorgfältig und liebevoll zubereitet, mit den besten Weinen Italiens zu begleiten und damit aufzuwerten. Das ist ihnen gelungen! Die Trattoria »La Brinca« ist ein Erfolg, der Weinkeller mit mittlerweile mehr als 220 Sorten grandios und die ganze Großfamilie mit Freude und nunmehr drei Generationen dabei.

Welch ein traumhafter Blick von den Bergen oberhalb des Örtchens Né hinunter ins Gravegliatal! Die pittoreske, steile Lage indes macht die Bewirtschaftung hart und beschwerlich. Jetzt kümmert sich noch Bäuerlein Giovanni Rivara (Bild unten links) um die Reben. Die junge Generation jedoch will die mühselige Arbeit nicht mehr machen. Was wird dann?

1

CASTAGNACCIO E RAVIOLO ALLA BRACE

KASTANIENFLADEN UND GEBRATENE TEIGTASCHE

Für vier bis sechs Personen:
Kastanienfladen:
300 g Kastanienmehl, Salz, ca. $^{3}/_{8}$ l Wasser, 2 EL Olivenöl, außerdem Olivenöl zum Beträufeln
Teigtasche:
300 g Mehl, Salz, ca. $^{1}/_{8}$ l Wasser, 2 EL Olivenöl, 200 g Kräuter (Borretsch, Dost, Petersilie), 2 EL geriebener Parmesan, 1 Ei, 1 EL Semmelbrösel, Pfeffer, Öl zum Braten

Für den Kastanienkuchen das Mehl in eine Schüssel füllen, in die Mitte eine Vertiefung drücken, salzen. Wasser hinzugießen, dabei ständig rühren, damit keine Klümpchen entstehen. Der Teig sollte sehr flüssig und absolut glatt sein. Das Öl unterrühren. In eine geölte, unten geschlossene Backform gießen – der Teig sollte nicht mehr als fingerhoch darin stehen. Im 250 Grad heißen Ofen etwa 30 Minuten backen. Mit frischem Öl beträufelt servieren.
Übrigens: Kastanienmehl klumpt leicht, deshalb sollte man es unbedingt vor Gebrauch durch ein Sieb streichen!
Für die Teigtasche aus Mehl, Salz, Öl und Wasser einen weichen Teig kneten. Eine halbe Stunde ruhen lassen, dann handtellergroße Ravioli formen.
Für die Füllung die Kräuter blanchieren, gut ausdrücken und fein hacken. Mit den übrigen Zutaten vermischen. Die Teigtaschen in einer Pfanne in wenig Öl auf beiden Seiten braun braten.

2

PATATE PREBUGIUN

KARTOFFELPÜREE MIT KRÄUTERN

Außerdem liegen auf diesem wie auf dem Vorspeisenteller links gebackene Blätter (Rezept für den Ausbackteig Seite 156), im roten Radicchioblatt sitzt ein Klacks von cremiger Ricotta aus dem nahen Davetotal. Die Spinat-Quark-Tasche am oberen Tellerrand wird mit den gleichen Zutaten wie für die Spinattorte (am unteren Bildrand, Rezept Seite 239) zubereitet, nur eben in anderer Form. Das folgende Rezept ist für die grüne Kugel auf dem Teller.

Für vier bis sechs Personen:
Kartoffelpüree:
500 g Kartoffeln, 2 großzügige Handvoll wilder Wiesenkräuter (z. B. Borretsch, Pimpinelle, wilder Radicchio und Spinat) oder gemischte Gartenkräuter, Salz, 4 EL Olivenöl

Die Kartoffeln nach Belieben als Salzkartoffeln oder in der Schale gar kochen. Die Kräuter unterdessen blanchieren, gut ausdrücken und sehr fein hacken. Mit Salz und Öl mischen und schließlich unter die heiß durchgepreßten Kartoffeln rühren. Das Püree wird kalt als Vorspeise serviert, schmeckt aber auch warm.

3

FRISCIULLA AL PESTO

PFANNKUCHEN MIT PESTO

Wie viele Gerichte aus der Arme-Leute-Küche verblüffend einfach und erstaunlich gut! Die Frisciulla ist den Testaroli sehr ähnlich, die man weiter südlich bei Sarzana ißt (siehe Seite 116), aber eben doch wieder völlig anders.

Für vier Personen:
300 g Mehl, Salz, 2–3 EL Olivenöl, ca. $^{1}/_{4}$ l Wasser, Öl zum Backen, 4–5 gehäufte EL Pesto (Rezept Seite 159), Parmesan zum Bestreuen

Mehl, Salz, Öl und Wasser zu einem flüssigen Teig quirlen. In einer Eisenpfanne, die sorgfältig mit Öl ausgestrichen ist, dünne Pfannkuchen backen. Auf vorgewärmten Tellern mit Pesto bestrichen, mit Parmesan bestreut servieren.

Sohn Roberto (Bild links) steht mit Mamma Franca (Bild rechts) in der Küche. Vater Carlo, die Söhne Sergio und Andrea betreuen miteinander den Weinkeller, das Haus und Saal

4

GNOCCHI DI CASTAGNE CON FAVE

KASTANIENMEHLGNOCCHI MIT SAUBOHNEN

Für vier bis sechs Personen:
200 g Kastanienmehl, 300 g Weizenmehl, Salz, 2 EL Olivenöl, ca. $^{1}/_{4}$ l Wasser, 300 g ausgelöste, frische Saubohnenkerne (ca. 1,5 kg mit Hülsen), 100 g fertiger Pesto (Rezept Seite 159), Olivenöl

Das Kastanienmehl durchsieben, mit dem Weizenmehl, Salz und Öl mischen. Das Wasser zufügen, dabei kräftig mit dem Rührlöffel oder besser gleich alles im Mixer miteinander zu einem geschmeidigen, aber formbaren, festen Teig verarbeiten. Eine halbe Stunde ruhen lassen. Erneut durchkneten und zu einer Rolle vom Durchmesser eines Markstücks formen. Zentimeterdicke Scheiben abschneiden, jeweils mit dem Daumen eine Delle hineindrücken und lose in Mehl wälzen, damit die Gnocchi nicht kleben. Zusammen mit den Saubohnenkernen in Salzwasser etwa zehn Minuten gar kochen. (Zarter sind die Saubohnen, wenn man sie nicht nur aus ihrer Hülle löst, sondern auch aus der die Kerne umgebenden, dünnen, aber zähen Haut. Dafür die Kerne nur für eine Minute in kochendes Salzwasser werfen, danach kalt abschrecken, dann lassen sie sich zwischen Daumen und Zeigefinger ganz leicht herausschnipsen.)
Gnocchi und Bohnen aus ihrem Sud heben und auf heißen Tellern anrichten. Mit Pesto und etwas frischem Olivenöl beträufeln und sofort servieren.

5

RAVIOLI DI ERBETTE

KRÄUTER-RAVIOLI MIT FLEISCHSUGO

Für vier bis sechs Personen:
1 Portion Nudelteig ohne Ei (Seite 228 oder Rezept 1) insgesamt 300 g Spinat und Kräuter (Borretsch, Dost, Petersilie), Salz, 100 g geriebener Parmesan, 2–3 EL Semmelbrösel, 2 Eier

Fleischsugo:
1 Zwiebel, 2 Knoblauchzehen, 2 EL Olivenöl, 300 g Hackfleisch, 1 EL Tomatenmark, 2–3 getrocknete Tomaten, 1 kleine Dose geschälte Tomaten, Salz, Pfeffer, 2 Thymianzweige, 1 kleines Bund frischer Majoran, 1 Glas Weißwein

Den Nudelteig kneten, ruhen lassen und sehr dünn ausrollen. Für die Füllung Spinat und Kräuter blanchieren, ausdrücken und fein hacken. Mit Käse, Bröseln, einem Ei und einem Eigelb mischen. Den Teig mit Eiweiß einpinseln, teelöffelweise Füllung in Abständen darauf setzen, mit einer zweiten Teigplatte abdecken, gut zusammendrücken, Ravioli ausradeln. In Salzwasser (einzeln hineingleiten lassen!) gar ziehen lassen. Für den Sugo Zwiebel und Knoblauch fein würfeln, im heißen Öl andünsten. Das Fleisch mitbraten, Tomatenmark, getrocknete Tomaten und Dosentomaten zufügen. Salzen, pfeffern, die Kräuterstiele einlegen und mit Wein auffüllen. Zugedeckt eine halbe Stunde köcheln.

1

2

3

4

5

1

CIMA DI FARAONA RIPIENA

GEFÜLLTE PERLHUHNBRUST

Ein Klassiker der ligurischen Küche ist die gefüllte Kalbsbrust. Es gehören allerlei Innereien vom Kalb in die Füllung auf Brotbasis und möglichst buntes Gemüse. In der Trattoria »La Brinca« hat man sich von dem Grundrezept inspirieren lassen und eine eigene Version kreiert.

Für vier bis sechs Personen:
1 ganze Perlhuhnbrust (mit Knochen und Haut), 5 EL Olivenöl, 2 altbackene Brötchen, Milch zum Einweichen, 1 Zwiebel, 2–3 Knoblauchzehen, 2 dicke Möhren, Salz, 200 g Spinat- und Kräuterblätter, 100 g frische Erbsen, 3 Eier, 150 g geriebener Käse, 1 Bund frischer Majoran, Muskat

Die Perlhuhnbrust vorsichtig entbeinen, die Haut unversehrt lassen. Mit der Haut nach unten auf ein großes Stück Alufolie betten, die mit Olivenöl eingepinselt ist. Für die Füllung die Brötchen in Milch einweichen. Zwiebel, Knoblauch und Möhren fein würfeln und in 3 EL Öl andünsten. Sofort salzen, damit die schöne Farbe erhalten bleibt. Spinat und Kräuter fein hacken und mit den Erbsen zum Schluß zufügen. Auskühlen lassen, dann Eier, Käse, gehackten Majoran und eine kräftige Prise Muskat zufügen und gründlich verrühren. Möglichst viel dieser Masse auf die Perlhuhnbrust verteilen, sie mit Hilfe der Alufolie darüber zusammenschlagen und gut verschließen. Den Rest in eine kleine Kastenform füllen. Beides für etwa 30 Minuten in den 180 Grad heißen Ofen legen. Schließlich die Aluhülle öffnen, die Haut mit Öl einpinseln und unter dem Grill oder in der Pfanne goldbraun rösten.
Man tut sich mit dem Aufschneiden leichter, wenn man die gefüllte Perlhuhnbrust über Nacht im Kühlschrank fest werden läßt. Die Scheiben lassen sich dann in der Pfanne oder in der Mikrowelle wieder behutsam erwärmen. Nach Belieben mit Möhren und Spinatgemüse servieren.

2

ROASTBEEF CON CREMA DI PINOLI

ROASTBEEF MIT PINIENKERNSAUCE

Eine herrlich sanft-nussige Sauce, die trotz ihrer Cremigkeit duftig und leicht wirkt und auch gut zu Steaks paßt.

Für vier bis sechs Personen:
ca. 1 kg abgehangenes Roastbeef (Rinderlende), Salz, Pfeffer, 2–3 EL Olivenöl
Pinienkernsauce:
75 g Pinienkerne, 2 EL Olivenöl, 50 g Butter, 1/8 l Fleischbrühe, Salz

Das Fleisch mit Salz und Pfeffer einreiben. Auf jeder Seite in der Pfanne in heißem Öl auf starkem Feuer jeweils knapp eine Minute kräftig anbraten (Spritzschutz auflegen!), dann im 80 Grad warmen Backofen etwa 90 Minuten nachziehen lassen. Das Fleisch in Alufolie gewickelt über Nacht in den Kühlschrank legen. Erst dann auf der Aufschnittmaschine dünn aufschneiden und kalt servieren. Dazu passen knusprige Bratkartoffeln.
Für die Sauce die Pinienkerne im heißen Öl rösten. Vorsicht: Sie sollen duften, aber dürfen nicht verbrennen. Im Mixer mit Olivenöl, Butter und einem guten Schuß Brühe zu einer glatten, cremigen Sauce mixen. Abschmecken.

3

SEMIFREDDO DI AMARETTI, TORTA DI MELE E PAN DI SPAGNA CON CREMA DI FRAGOLE

HALBGEFRORENES VON MANDELGEBÄCK, APFELTORTE UND ERDBEERBISKUIT

Jeweils für sechs Personen:
Semifreddo vom Mandelgebäck:
4 Eigelb, 4 EL Zucker, 4 EL Amarettolikör, 1/4 l Sahne, 150 g Amaretti (Mandelgebäck)

Die Eigelb im Wasserbad mit dem Zucker zu einer dicken, heißen Creme schlagen, dabei den Likör hinzuträufeln. Die Eiercreme abkühlen lassen, erst dann die steifgeschlagene Sahne unterziehen. Zwei Drittel der Amaretti zerkrümeln und den Boden von Portionsförmchen (Souffléförmchen oder Tassen) damit auskleiden. Die Eimasse einfüllen und im Gefrierfach einige Stunden fest werden lassen. Zum Servieren stürzen, auf Tellern anrichten, mit den restlichen Amarettokrümeln bestreuen.

Apfeltorte (am oberen Tellerrand):
Mürbteig:
200 g Mehl, 100 g Butter, 100 g Zucker, 1 Tütchen Vanillezucker, 1 Eigelb, 3 EL Wasser
Apfelfüllung:
800 g säuerliche Äpfel, 100 g Zucker, je 2–3 EL Pinienkerne und Rosinen, Butter für die Form und Flöckchen

Zunächst aus den angegeben Zutaten einen Mürbteig kneten und ruhen lassen. Mit zwei Dritteln davon eine gebutterte Springform auskleiden. Die Äpfel schälen, vierteln, in Scheiben schneiden, dabei das Kerngehäuse entfernen. Mit Zucker, Pinienkernen und Rosinen mischen. In die vorbereitete Form füllen, aus dem restlichen Teig ein Gitter formen und darüberlegen. Mit Butterflöckchen besetzen und bei 200 Grad (auf dem Ofenboden, wegen der direkten Hitze!) etwa 40 bis 45 Minuten backen.

Biskuit
6 Eier, 180 g Zucker, 75 g Mehl, 75 g Speisestärke, 1 Tütchen Vanillezucker, abgeriebene Zitronenschale, 50 g Butter

Eigelb mit Zucker zu einer dicken, hellen Creme schlagen. Mehl und Stärke hinzusieben, Vanillezucker und Zitronenschale unterrühren, schließlich auch die geschmolzene, abgekühlte Butter. Den steifgeschlagenen Eischnee unterziehen. Auf ein mit Backpapier belegtes Blech verteilen, glatt streichen und im Ofen bei 180 Grad etwa 20 Minuten backen. Die Teigplatte auf ein mit Zucker bestreutes Tuch stürzen und auskühlen lassen.

Erdbeercreme:
500 g Erdbeeren, 80 g Zucker, 3 Blatt Gelatine, 200 g Sahne, Vanillezucker, 50 g gemahlene Pistazien

Die Früchte putzen, mit Zucker pürieren. Die Gelatine einweichen, auflösen (Mikrowelle) und unterrühren. Sahne mit Vanillezucker steif schlagen; zwei Drittel davon unter die Erdbeeren ziehen, sobald Straßen sichtbar bleiben, wenn man sie durchrührt.
Den Biskuitboden quer in zwei Hälften schneiden. Die Erdbeercreme auf einer Hälfte verteilen. Mit der zweiten Hälfte abdecken und endgültig fest werden lassen. Die Oberfläche mit etwas Schlagsahne bestreichen und dick mit gemahlenen Pistazien bestreuen.

1

2

3

Bisson: Kellerei in Chiavari

Zwischen Bahnhof und der stimmungsvollen Altstadt von Chiavari mit ihren von schwarzen Schiefersäulen getragenen Laubengängen erstreckt sich ein nobles Wohnviertel mit prachtvollen Jugendstilvillen aus der Blütezeit der Stadt. Chiavari, Betonung auf dem ersten *a*, war damals Zentrum der Stuhlfabrikation (siehe Seiten 102–105).

Unter schützenden Arkaden liegt hier die »Enoteca Bisson«, die Weine und edle Produkte aus ganz Italien anbietet. Doch »Bisson« ist auch eine komplette Kellerei mit Presse, Fässern, Tanks und Abfüllanlage, benannt nach der früh verstorbenen Ehefrau von Piero Lugano, die mit ihm das Geschäft aufgezogen hatte. Sie kümmerte sich um den Handel, er um den Wein. Gelernt hatte er dieses Handwerk nicht, war vielmehr Kunsterzieher. Doch er wollte versuchen, aus Liguriens derbem Bauerntrank anspruchsvollen Weißwein zu machen. So kaufte er Trauben – *Bianchetta Genovese* und *Vermentino* –, kelterte sie und baute den Wein nach modernen Erkenntnissen aus. Inzwischen hat er beste Lagen selbst erworben, ist mit drei Hektar einer der größten Weinbergsbesitzer der Levante und macht sogar einen Rotwein aus der *Dolcetto*-Traube, *Mosaico*. Trotzdem muß Piero Lugano zukaufen; er berät die Winzer, begrenzt den Ertrag, überwacht den Rebschnitt und die Verwendung von Spritzmitteln, legt den Erntetermin fest.

Die weißen Trauben werden entrappt und drei Tage auf den Schalen vergoren – also nicht sofort abgepreßt: »Die Tannine und Aromen der Schalen geben dem Wein mehr Struktur, Tiefe und ein ausgeprägteres Bukett«, sagt Piero. Sanftes Pressen und niedrige Gärtemperatur erhalten die Qualität, anschließendes Kühlen auf zwei Grad verhindert jeden Säureabbau.

Die einfachen Weißweine füllt Piero bereits im Januar ab, die ausgezeichneten Lagenweine *Ü Pastine*, *San Bernardo* und *Vigna Erta* dürfen bis Anfang März warten, um ihre ganze Komplexität zu entwickeln. »Längeres Reifen«, sagt er, »schadet ihnen. Sie verlieren dann ihren jugendlichen Charme, die Frische und den zarten Duft.«

Porto Maurizio + Oneglia = Imperia

In Porto Maurizio war er einige Jahre Lehrer gewesen, 1923 machte er obenstehende Gleichung auf: Mit einem Federstrich vereinigte Mussolini zwei historisch gewachsene Städte mit völlig unterschiedlicher Geschichte zu einer künstlichen Einheit, benannt nach dem Wildbach, der die beiden Gemeindeteile bisher getrennt hatte, dem Impero. Sensibel war das nicht: Porto Maurizio, stolz und geschützt auf einem Hügel gebaut, hatte sich der Republik Genua angeschlossen und zu einer praktisch freien Kommune entwickeln können. Oneglia, im Tal gelegen, gehörte den Bischöfen von Albenga, kam 1298 in den Besitz der Doria (der große Andrea Doria wurde hier geboren), 1576 an Savoyen. Klar, daß die beiden Partner grundverschieden sind und sich nicht mögen! Und obwohl Rathaus, Post und andere öffentliche Gebäude zwischen die Orte gesetzt wurden, hat man hier die Bezeichnung Imperia bis heute nur für die offizielle Provinzhauptstadt akzeptiert, verwendet man als Ortsangabe stets nur Oneglia oder Porto Maurizio.
Porto Maurizio hatte seit dem Mittelalter kontinuierlich an Bedeutung gewonnen und war durch die Vermarktung der landwirtschaftlichen Produkte der Region – Olivenöl und Wein – reich geworden. Um seine Macht zu demonstrieren, beschloß man im ausgehenden 18. Jahrhundert den Bau eines Doms – San Maurizio ist die größte Kirche Liguriens, ein neoklassizistischer Bau von gewaltigen Dimensionen. Allerdings hatte man die Kuppel etwas zu groß dimensioniert, so daß sie noch während der Bauzeit einstürzte; man begnügte sich danach mit dem achteckigen Tambour und der Laterne, die dazwischen gehörende Kuppelschale fehlt.
Porto Maurizio könnte allein von Verwaltung, Olivenöl- und Weinhandel nicht mehr leben, setzt jetzt auf Schifffahrt, Fischerei und Tourismus (Yachthafen). Oneglia siedelte Nudelfabriken und Petrochemie an, wurde leider zur typischen, gesichtslosen Wohnstadt.

Imperia – Porto Maurizio: die streng gegliederte Fassade des Doms

Der schönste Platz Oneglias: der Laubengang am Fischereihafen

Sehr stimmungsvoll das unspektakuläre Ensemble des hochgelegenen Stadtteils Parásio

Eine der schönsten Reiserouten durch Ligurien beginnt in Piemont: Fährt man den wilden Tanaro-Fluß hinauf und nimmt den Paß Colle di Nava gen Süden, so durchquert man die kargen ligurischen Alpen, deren höchste Gipfel hier 2500 Meter erreichen (oben). Dann folgen endlose Kastanien- und Eichenwälder, die im Sommer köstliche Steinpilze und Kaiserlinge bergen. Nur selten ein Dorf, ein paar Häuser, ein Städtchen (Bild oben rechts). Pieve di Teco, einst wichtige Station an der Salzstraße von Hyères in die Poebene, auch Zentrum der Schuhfabrikation, dämmert seinen Dornröschenschlaf. Der Torrente Impero hat sich tief eingearbeitet in den Schiefer, der Tür- und Fensterstöcke sowie Dachplatten liefert (rechts). Dann, plötzlich, öffnet sich das Tal, und man ist auf einmal ganz im mediterranen Raum: Es beginnen die valli dell' olivo, *die Täler des Olivenbaums (folgende Seiten und Seiten 164/165). In Pontedassio lockt das Nudelmuseum der Firma Agnesi, aber machtvoller noch das Meer von Imperia*

Trockenmauern, Steinterrassen

Sie geben der ligurischen Landschaft ihren unverwechselbaren Charakter: die silbrig flimmernden Blätter der Olivenbäume, die je nach Lichteinfall wie Chamäleons ihre Farbe wechseln, von schneehell über sämtliche Grünschattierungen bis blau, sogar nachtschwarz. Gegen den strahlenden Himmel und vor dem strotzend blauen Meer betrachtet, leuchten sie mit geradezu unwirklicher Kraft. Und wenn im Winter die Sonne ganz flach die schmalen Terrassen streift, auf denen die Bäume in Reihen stehen, und das wegen der bevorstehenden Ernte kurz gehaltene Gras grellgrün gleißen läßt, dann sind das Farbenspiele, die für Ligurien typisch sind und die man nie vergißt.

Die Olivenhaine hier sind keine weitläufigen, sanft geschwungenen Hänge, wie man sie aus der Toskana kennt. Die knorrigen Bäume stehen vielmehr auf handtuchschmalen Stufen, die dem Berg mühsam abgerungen wurden, unwegsam und steil gestaffelt, mit kunstvoll geschichteten Trockenmauern sorgfältig voneinander getrennt und abgestützt. Es

Wunderschön das helle Grün auf den Terrassen im unwirklichen Licht! Die Auffangnetze unter den Bäumen wirken wie Schleier

Olivenhaine: ein Segen für das Land

ist eine mühselige Art des Anbaus, Maschinen lassen sich kaum einsetzen. Bodenbearbeitung, Schnitt und Ernte, fast alles muß auch heute noch weitgehend von Hand erledigt werden. Das kostet Zeit und teure Arbeitskraft und lohnt nur, wenn es auch bezahlt wird!
In den siebziger Jahren sah es eine Zeitlang so aus, als ob die Olivenbauern Liguriens kapitulierten. Statt des teuren Olivenöls verwendeten die Leute lieber billiges Soja- oder Saatöl. Weil sich mit Blumen leichter und schneller Geld verdienen ließ als mit den langsam wachsenden Oliven, hackten viele Bauern die Olivenbäume damals kurzerhand heraus. Innerhalb von 20 Jahren wurde die Anbaufläche allein in der Provinz Imperia nahezu halbiert. Aber das Blatt wendete sich gottlob: Wissenschaftler fanden nämlich heraus, daß Olivenöl zum Bekömmlichsten gehört, was der Mensch zu sich nehmen kann. Sie entdeckten, daß es nur noch ein Lebensmittel gibt, dessen Wertigkeit gleichbedeutend ist: die Muttermilch. Sie stellten fest, daß der hohe Anteil von einfach wie

Die Erntehelfer müssen hoch in die Bäume klettern, um auch alle Oliven mit ihren Kastanienstangen zu erreichen. Zuvor haben sie die Netze jeweils dort ausgelegt, wohin die Oliven fallen können. Nichts darf verlorengehen, jede einzelne ist kostbar. Mit Hilfe des Netzes lassen sich die Früchte bequem in breite Eimer zusammenschütten. Bevor man sie in Säcke füllt, müssen noch Blätter und kleine Äste, die ebenfalls herabgefallen sind, herausgelesen werden. Die Netze, hier grün oder (wie auf dem Photo links) weiß, am häufigsten jedoch in auffälligem Orangerot, werden nach der Ernte meist nicht entfernt, sondern einfach zusammengedreht und irgendwie längs der Terrassen zwischen die Bäume gewickelt. Das ergibt ein für diese Gegend typisches, manchmal feenhaftes Bild

mehrfach ungesättigten Fettsäuren den Cholesterinspiegel positiv beeinflußt. Sie errechneten, daß die mediterranen Völker erheblich weniger unter Herzerkrankungen, Arteriosklerose und anderen Wohlstandskrankheiten leiden als die Bewohner der nördlichen Industrienationen, und sie erkannten die Kirsche: weil sie statt tierischer Fette das gute, alte Olivenöl verwenden. Außerdem kamen die Menschen auf den Geschmack! Die mediterrane Küche hat inzwischen einen beispiellosen Siegeszug rund um den Erdball angetreten. Ob in Kalifornien oder in Japan, in Neuseeland oder bei uns: Überall stehen italienische Rezepte an der Spitze aller Hitlisten.

Die wichtigste Olive in Ligurien ist eine kleinfrüchtige Sorte, die Taggiasca, die zwar knapp ein Drittel weniger Öl enthält als andere (etwa 20 Prozent Öl, 30 Prozent Wasser und 50 Prozent feste Bestandteile wie Schale und Kern), dafür jedoch besonders aromatisch ist und auch als die geschmackvollste und beste Speiseolive gilt. Die feinsten, elegantesten, leichtesten und süßesten Olivenöle Liguriens kommen aus dem Hinterland von Imperia. Hier bieten tiefe Täler mit steilen Hängen angesichts des Meeres ein mildes Klima, die Berge im Rücken halten Frost und kalte Winde ab. Die Bäume fühlen sich bis auf eine Höhe von 600 bis 700 Metern wohl. Ihre Früchte reifen dort oben zwar extrem langsam, entwickeln dadurch jedoch ein besonderes Aroma.

Wenn die Oliven ab November sich langsam vom intensiven Grün ins Lila, allmählich dunkelblau und rötlich schimmernd und manche sogar blauschwarz verfärben, nähert sich die Zeit der Ernte. Der Bauer muß die engmaschigen Netze rechtzeitig unter die Bäume breiten und sorgfältig verspannen, damit sie die Oliven, die die Herbststürme von den Bäumen schütteln, auffangen. Sie dürfen nicht auf den Boden fallen, denn das mindert die Qualität. Solange sie im Netz schweben, passiert nicht viel. Ihr Ölsäuregehalt steigt jedoch mit jedem Tag, den sie am Boden liegen. Doch von alleine fallen Taggiasca-Oliven selbst im ausgereiften Zustand nicht – das unterscheidet sie von anderen Olivensorten. Wenn der Wind es nicht tut, müssen Erntehelfer sie mit Stangen herunterschlagen. Von Dezember bis in den März hinein wird geerntet, die Ölmühlen haben Hochbetrieb. Weil nicht das Jahr des Wachstums, sondern der Ernte auf dem Etikett vermerkt wird, gibt's schon ab Januar das Öl des neuen Jahres!

Der Goldschatz Liguriens: duftiges, zartes Olivenöl

Es ist ein durchdringendes Geräusch, wenn die gewaltigen Mahlsteine ihre Arbeit tun, kein schmerzender Lärm, sein gleichförmiges Regelmaß wirkt vielmehr beruhigend. Und der Duft, der im Raum steht, ist betörend, süß und fruchtig. Wenn man eben mal mit dem Finger probiert, schmeckt das Öl jedoch unangenehm bitter. »Es muß sich erst vom Fruchtwasser trennen«, sagt Dino Abbo und setzt die Mahlsteine wieder in Gang. Den ganzen Morgen schon laufen die fast mannshohen, weißgeäderten Steinräder in dem riesigen Granitbottich rund, sie mahlen das Fleisch der Oliven langsam zu Brei, die Kerne aber bleiben in dieser nach uralten, handwerklichen Regeln arbeitenden Mühle fast alle ganz. Sie werden später ausgesondert, dienen als Brennmaterial, während der Preßkuchen in die Ölfabriken bei Imperia geliefert wird, wo man mit chemischen Mitteln noch weiteres Öl daraus gewinnen kann. Der Ölmüller Dino Abbo in Lucinasco jedoch, nur 18 Kilometer von Imperia entfernt, aber fast 500 Meter hoch im Hinterland, produziert ausschließlich die feinste aller Ölqualitäten, Olio di oliva extra vergine, Olivenöl aus der ersten Pressung, das sogenannte Jungfernöl. Es ist jene Qualität, für die man in Brüssel das Wort »nativ extra« erfunden hat. Es soll auf den Ölflaschen vermerkt sein, die bei uns in den Handel kommen. Die Ölfabriken halten sich auch daran. Doch jene Handwerksbetriebe, die das einzig wirklich gute Olivenöl produzieren, aber keine innigen Kontakte mit den europäischen Behörden pflegen und keine Subventionen erhalten, kennen diese Vorschrift kaum. Sie produzieren ihr Öl, wie es sich gehört und wie man es seit Jahrhunderten gemacht hat.

Das ligurische Olivenöl ist unter Feinschmeckern und den großen Köchen besonders begehrt. Alain Ducasse, der produktbesessene Drei-Sterne-Koch aus Monte Carlo, zieht das Öl aus ligurischen Mühlen provenzalischen Konkurrenzbetrieben vor. »Weil es eleganter, zarter, einfach duftiger ist«, sagt er, »weil die Ligurer ihrem Öl mehr Wert beimessen als die Franzosen und es daher sorgfältiger behandeln!«

Was ist Qualität? Die EG hat als Kriterium festgelegt, daß die Ölsäure für die beste Stufe unter einem Prozent liegen muß. Tatsächlich haben die feinsten Olivenöle nie mehr als 0,2 Prozent, höchstens 0,5 Prozent. Aber die chemische Analyse mag noch so hervorragende Daten liefern, Abwesenheit von falschen Inhaltsstoffen und niedrigen Ölsäuregehalt registrieren: Über die wahre Qualität sagt dies wenig aus – das Öl kann trotzdem scheußlich schmecken. Nur der Mensch mit seinen Sinnen kann die Qualität von Olivenöl wirklich beurteilen: Die Nase spürt, ob das Öl fruchtig, sauber und würzig riecht oder fehlerhaft, dumpf, funzelig oder ranzig. Die Zunge stellt fest, ob das Öl kratzig wirkt, ob es bitter ist oder weich und süß. Das Auge erkennt: Öl aus unreifen Früchten ist grünlich, aus reifen golden bis strohfarben. Blasses Öl ist aus überreifen Früchten oder überlagert. Aber frisch aus der Mühle ist Öl niemals klar und funkelnd, sondern stets trüb und dicht.

Dino Abbo betreibt seine Ölmühle in Lucinasco seit mehr als 35 Jahren. Er verarbeitet vorwiegend Oliven aus eigenem Anbau

Die ganze Familie ist in den Betrieb integriert: hier Ehefrau Bruna und Sohn Gianni beim Einhüllen der Ölflaschen in Goldfolie

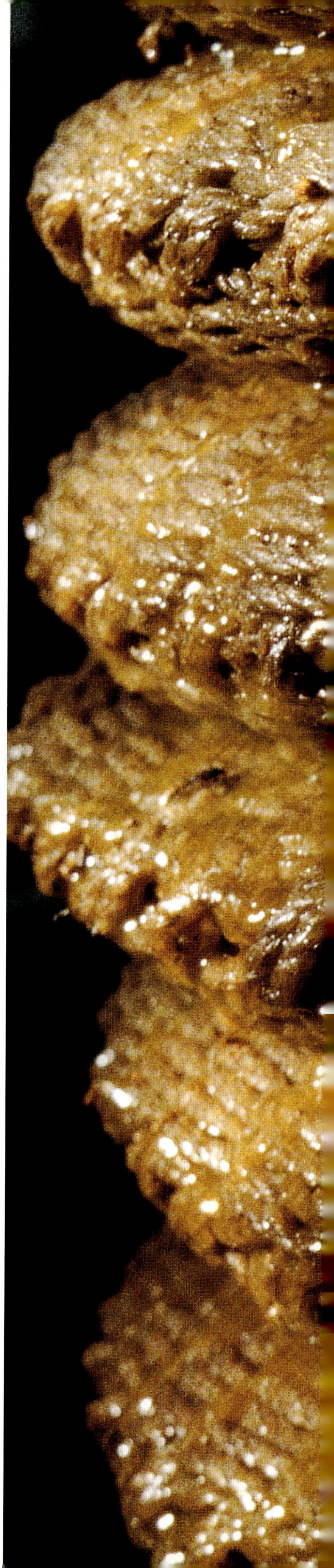

In guten Jahren ist die Haupternte im Dezember, die Oliven sind dann gleichmäßig groß und dunkel gefärbt. In schlechten Jahren geht die Ernte bis in den März. Trotzdem sind noch grüne dabei

Unreife Früchte schaden jedoch nicht, nur schlechte werden ausgelesen. Die guten werden in Kisten gefüllt und gewogen. Zwölf solcher Kisten à 50 kg sind für jeweils einen Mahlgang nötig

Der Mahlstein ist ein ungeheurer Koloß aus hellgrauem Granit, aus dem die Mahlfläche herausgemeißelt ist. Darauf laufen, von einem Motor angetrieben, zwei erstaunlich schmale Mühlsteine

Diese Steinräder bestehen aus grauem, mit weißen Adern durchzogenem Kalkstein, Colombino genannt, den man in der Gegend findet. Ein einziger solcher Mühlstein wiegt ungefähr 600 kg

Etwa 45 Minuten bis gut eine Stunde lang müssen die Steine rotieren und die Oliven langsam zu einem Brei zermahlen. Wie lange das genau dauert, hängt vom Reifegrad der Früchte ab

Auch die Jahresqualität der Ernte ist dafür wichtig, die Relation von Fruchtfleisch und Kernen. Schließlich soll nur das Fleisch zerkleinert werden, die Kerne sollen möglichst unversehrt bleiben

Erst im Vergleich mit einer danebenstehenden Person werden die Ausmaße der Mahlanlage deutlich. Ölmüller Abbo beobachtet die Walzen. Er muß entscheiden, wann sie abgeschaltet werden

Sobald die Räder nicht mehr laufen, setzt sich schon nach ganz kurzer Zeit Öl in den Furchen ab. Obwohl noch Olivenstücke in der Masse sichtbar sind, wird sie jetzt in die Preßtaschen gefüllt

Dafür wird ein Türchen im Granitbottich geöffnet, der Verteilerarm schiebt den Brei von der Mahlfläche in eine Wanne. Über eine Pumpe wird die Pulpe aufgesogen und weiterbefördert

Sie wird in die hier gebräuchlichen Preßtaschen gefüllt. Früher wurden sie aus Kokosmatten hergestellt, heute sind sie längst aus Kunststoff, der sich leichter und gründlicher säubern läßt

Eine runde Platte, auf der die Tasche liegt und die sich in der entsprechenden Geschwindigkeit dreht, hilft, daß die Pulpe gleichmäßig in dem Preßbeutel, fiscolo *genannt, verteilt wird*

Etwa dreißig solcher gefüllten Taschen werden übereinandergestapelt und in die Presse geschoben. Was nur durch das eigene Gewicht, ohne zusätzlichen Druck, jetzt seitlich aus den Taschen tropft, ist das allerfeinste Öl, im Dialekt oiü de s'ciappa *genannt. Danach wird der gesamte Turm behutsam unter Druck gesetzt. Heraus fließt eine schmutzigbraune Flüssigkeit (Bild rechts): das noch mit Fruchtwasser vermischte Öl. Erst wenn sich das Wasser abgesetzt und das leichtere Öl an der Oberfläche gesammelt hat, erkennt man die leuchtend grüngoldene Farbe des frischen Öls. Was jetzt oben abgeschöpft wird, heißt* fior d'olio, *Blüte des Olivenöls. Der Rest wird in der Zentrifuge getrennt und ist immer noch bestes* Extra vergine, *dicht, süß, aromatisch und einfach wundervoll*

San Remo: Mimosen und Roulette

Als 1860 in San Remo das »Grand Hotel de Londres« seine Pforten öffnete, hatte sich der internationale Tourismus vom soeben französisch gewordenen Nizza ins italienische Ligurien verlagert. Zunächst kamen die reiseerfahrenen Engländer, um im linden, heiteren Winter düsteren Nebeln zu entfliehen … Es folgten die Russen – für die Zarin Maria Alexandrowna baute man flugs eine Kirche –, reiche Amerikaner und, obwohl Kronprinz Friedrich hier vergeblich Heilung gesucht und als 99-Tage-Kaiser gestorben war, auch die Deutschen. Alfred Kerr notiert süffisant: »… was allein über diese Ländereien hinschallt, ist der Ruf: ›Herr Ober‹ … ›Herr Ober!‹ An allen Abendtafeln des verkafferten Liguriens breiten sich Ehepaare aus Norddeutschland hin …«

Die Deutschen sind auch heute reichlich hier vertreten und sorgen im Casino für Umsatz. Im riesigen *Portosole*, im Sonnenhafen, liegen ihre Yachten, gewiß nicht alle mit korrekt versteuertem Geld bezahlt. Heute kommt man im Sommer, zum Segeln und Baden. Im Winter ist nur wenig los, die meisten Hotels haben geschlossen. Man beklagt den Niedergang des Tourismus, aber tut nichts, um Gäste zu gewinnen. In Frankreich drüben, in Menton, Nizza, Cannes und Monte Carlo, sieht es anders aus – da ist inzwischen gerade im Winter wieder Highlife der Society!

Die Blumenriviera, wie sich der Küstenabschnitt zwischen französischer Grenze und Imperia nennt, ist von Gewächshäusern wie mit schillernden Ekzemen überzogen. Statt Gartenbau Blumenindustrie – es wird in Tonnen gerechnet: Durch künstliche Schattierung erreicht man die vorgezogene Blüte herbstlicher Chrysanthemen, produziert Weihnachtssterne pünktlich zum Fest, Veilchen zu Silvester und Maiglöckchen zu Karneval. Andererseits erlaubt das Klima in ungeheizten Häusern, die herrlichsten Nelken und langstielige, edle Rosen zu ziehen. Und draußen blühen, in üppigen Garben und auch dunkle Wolken nicht schreckend, die köstlich duftenden, empfindlichen Mimosen …

Zwei Gastgeber aus Leidenschaft

Schon mit fünfzehn haben sich Paolo und Barbara ineinander verliebt und wußten, daß sie füreinander bestimmt sind. Barbara begann nach der Schule im Restaurant ihres zukünftigen Schwiegervaters zu lernen, Paolo hingegen wußte erst nicht so recht, was er nach seiner Militärzeit anfangen sollte. Er half zunächst nur als Zeitvertreib dem damaligen Küchenchef, aber er entdeckte bald seine Neigung und wurde Koch. Seine Ausbildungszeit, die ihn auch zu den großen Köchen Frankreichs führte (Loiseau, Blanc, Troisgros), lehrte ihn vor allem die Liebe zum Produkt. Nur bestes Gemüse, das er in seinem geliebten Garten in der Nähe von Castelvittorio selbst zieht, kommt ihm in die Küche. Nur allerfrischester Fisch, den ihm die Fischer oft sogar lebendig liefern. Keine Mühe ist ihm zuviel, die Zutaten zu konservieren, kein Weg zu weit, sie aufzuspüren. Selbst die Winzer weiß er zu überreden, die Weine für ihn nicht

zu filtrieren, damit sie ihre Kraft behalten. Ihr Lokal in San Remo haben sie »Paolo e Barbara« genannt, seit der Seniorpatron sich zurückgezogen hat. Von außen sieht es mit seinen falschen Butzenscheiben wie eine altdeutsche Stube aus. Auch innen war für umfassende Veränderungen noch keine Zeit. Barbara empfängt die Gäste mit schüchterner Zurückhaltung, gewinnt jedoch sofort an Sicherheit, wenn sie das Menü erklärt. »Die Sardeneira«, die sie zum Aperitif serviert, »ist keine Pizza«, sagt sie streng und erklärt den Unterschied: »Im Teig ist erheblich mehr Olivenöl.« Auch stammen die dunklen Punkte im Brot nicht etwa von einer *tapenade*, der Teig wurde vielmehr mit einer *pasta di olive* angerührt, die im Gegensatz zur provenzalischen Variante ohne Anchovis zubereitet ist. »Überhaupt«, lächelt Barbara jetzt selbstbewußt, »haben uns Ligurern die Provenzalen so viel nachgemacht. Ihre Rezepte, von den *petits légumes farcis* bis zum *pan bagnat*, dem Sardellenbrot mit Tomaten, haben die doch von uns!« Paolo schaut aus der Küche: »Mögen Sie *bianchetti*?« Welche Frage! Nur zwischen Mitte Januar bis Mitte März ist es erlaubt, mit der *sciabica* zu fischen, einem so dicht geknüpften Netz, daß selbst die streichholzwinzige Sardinenbrut darin hängenbleibt. Von San Remo laufen nur noch zwei Kutter regelmäßig aus und bringen selten mehr als zwei, drei Kilo davon heim. Also nutzen wir die Chance!

SCAMPO AL VAPORE E MIDOLLO

GEDÄMPFTER SCAMPO MIT MARK

Eine kuriose Zusammenstellung, möchte man meinen, zumal die Sauce dazu auf der Speisekarte noch als Zitrusemulsion angekündigt wird; auf der Zunge jedoch absolut überzeugend. Wer hätte gedacht, daß Ochsenmark so gut zu Scampi paßt? Aber es ist praktisch unmöglich, dieses Rezept bei uns nachzukochen: Paolo verwendet Scampi nur, wenn der Fischer sie ihm lebendig in die Küche bringt. Nur dann sind sie wirklich frisch; dann kann er auch die grauen Eier abstreifen und als Kaviar auf dem gedämpften Ochsenmarkstück servieren. Der Schwanz wird geschält, das Tier im Dampf behutsam gegart! Das Fleisch ist zart und trotzdem fest, weit entfernt von jeder sonst üblichen Flockigkeit. Die Sauce besteht aus mitsamt der Schale gepreßtem Mandarinensaft, Weißwein, Scampijus aus dem Dämpftopf, etwas Thymian und Origano sowie reinstem Olivenöl, wird im Mixer zur Emulsion geschlagen und ist daher auf dem Teller stabil.

Tatsächlich: So leuchtend hat man die Farben der triglie *(Rotbarben), der* gamberi *(Garnelen) und der* scampi *kaum je gesehen. Die* seppia *(Tintenfisch) scheint uns zuzuzwinkern, die kleineren* totani *(Kalmare, auf dem Teller links) lächeln noch. So frisch kann Fisch auch auf dem Teller sein! Das erlebt man nur ganz selten. Alles duftet appetitlich frisch nach Meer. Fischgeruch – was ist das? Nur wenige Tage später in einem berühmten Haus in Norditalien wissen wir es wieder. Triglie sollten übrigens nie größer als knapp handspannenlang sein. Nur dann ist ihr Fleisch wirklich zart, ihr charakteristischer, würziger Duft angenehm, nicht aufdringlich im Geschmack. Je frischer die Garnelen, desto delikater der Kopf, den man genüßlich auszutzeln kann. Und Scampi, die bis zum Kochtopf noch lebten, haben das süßeste Fleisch, das man sich denken kann*

1

2

1

TRIPPETTE DI STOCCAFISSO CON FAGIOLI DI PIGNA

STOCKFISCHINNEREIEN MIT WEISSEN BOHNENKERNEN AUS PIGNA

Eine hierzulande kaum nachzuvollziehende Spezialität: Man bekommt bei uns kaum Stockfisch in annehmbarer Qualität, seine Innereien schon ganz und gar nicht. Auch sie werden getrocknet und müssen vor Gebrauch mindestens sieben Tage lang sorgfältig eingeweicht werden. Sie sind eine seltene und kostbare Zutat, die man auch in Italien nur schwer findet. Paolo schneidet die Trippette (auf dem Photo links unten) nach dem Einweichen in feine Streifen und brät sie in Olivenöl knusprig. Sie werden zusammen mit den berühmten, zarten, lauwarmen Bohnenkernen aus Pigna (Seite 146 ff.) gemischt, mit hauchfein gehobelten rohen Frühlingszwiebeln, fein gehacktem Tomatenfleisch, Petersilie und einem erstklassigen, zarten Olivenöl als Vorspeisensalat angemacht. Das Artischockenherz in der Tellermitte sitzt dort nicht nur aus dekorativen Gründen, sondern gibt mit seiner Bitterkeit dem Gericht zusätzliche Würze und Dimension.

2

BIANCHETTI AL VAPORE

GEDÄMPFTE FISCHBRUT

Für vier Personen:
250 g Fischbrut, Salz, Zitronensaft, Olivenöl
Petersiliensaft:
1 dicker Bund glatte Petersilie, Salz

Die winzigen Fischchen in einem Haarsieb unter kaltem Wasser abbrausen. In diesem Sieb über kochendes Wasser hängen und eine Minute dämpfen, bis sie schneeweiß sind. Auf Tellern anrichten, salzen, mit Zitronensaft und mit erstklassigem rohen Olivenöl beträufeln. Den Teller mit Petersiliensaftklecksen dekorieren. Dafür die Petersilie einige Sekunden in kochendes Wasser tauchen, sofort in eiskaltem Wasser abkühlen. Die Blätter im Mixer fein pürieren, dabei salzen. Das Püree in einem Tuch gut ausdrücken, den gewonnenen Saft auffangen; er duftet starkt nach Petersilie und behält seine leuchtende Farbe.
Paolo setzt in die Tellermitte eine getrocknete Tomate, die mit einem zartbitteren Püree von Artischocken gefüllt ist – farblich wie geschmacklich effektvoll!

3

ZUPPA DI CECI, FARRO E FAGIOLI

CREMESUPPE VON HÜLSENFRÜCHTEN

Eigentlich stammt dieses Gericht, genannt Mesciüa (Mischung), aus La Spezia, also von der Levante. Weil aber die weißen Bohnenkerne aus dem Hinterland dieses Teils der Riviera, der Ponente, kommen, hat Paolo diese Suppe zu seiner Spezialität gemacht – schließlich garniert er sie mit Tintenfischchen aus »seinem« Teil des Meeres. Natürlich hat er das klassische Hausfrauenrezept modernisiert, entstaubt und erleichtert.

Für sechs Personen:
je 250 g Kichererbsen, Dinkel und weiße Bohnenkerne, Bikarbonat (zum Einweichen) nach Belieben, Salz, ca. 1 l Fleischbrühe, 3–4 Majoranstiele, Olivenöl zum Beträufeln

Kichererbsen und Dinkel in reichlich lauwarmem Wasser über Nacht einweichen; nach Belieben einen Teelöffel Bikarbonat zufügen, der bewirken soll, daß die Trockengemüse schneller weich werden. Auch die Bohnen einweichen, allerdings getrennt, sie werden separat gekocht, weil sie schneller gar sind. Jeweils in schwach gesalzenem Wasser so lange sanft garen, bis sie absolut weich sind – das dauert je nach Alter zwischen einer halben (junge Bohnenkerne) und zwei bis drei Stunden (Kichererbsen und Dinkel). Abgießen, mit Fleischbrühe mischen, dabei die Majoranblättchen zufügen. Ein Drittel der Hülsenfrüchte herausheben und im Mixer pürieren. Die Suppe damit binden, abschmecken und mit einem guten Schuß frischen Olivenöls würzen. Paolo serviert die Suppe in tiefen Tellern und garniert sie mit winzig kleinen Tintenfischchen, die er rasch in heißem Olivenöl in der Pfanne gebraten, mit Salz, Pfeffer, zerdrücktem Knoblauch und gehackter Petersilie gewürzt hat. Zum Schluß streut er noch haarfeine Lauchstreifen darüber, die er in Mehl gewendet und knusprig ausgebacken hat.

3

Bild linke Seite oben: Es wird in Ligurien wahrscheinlich mehr Stockfisch als frischer Fisch gegessen. Man bereitet mit ihm Fischsuppen, Saucen und Ragouts; er wird gegrillt oder mit Kräutern mariniert. Und zwar nicht erst, seit das Meer nicht mehr so viel hergibt und Fisch sehr teuer geworden ist. Stockfisch hat hier, wie in allen mediterranen Ländern, Tradition. In Badalucco zum Beispiel, einem kleinen Ort im Hinterland von San Remo, ganz in der Nähe von Triora, wird heute noch jeden letzten Sonntag im September die Sagra dello stoccafisso gefeiert, das Stockfischfest, zu Ehren des Nahrungsmittels, das der Bevölkerung damals geholfen hatte, die Belagerung der Sarazenen zu überstehen. Stockfisch, nur zur Erinnerung, ist in der arktischen Luft Norwegens getrockneter Kabeljau. Im Gegensatz zum Klippfisch wird Stockfisch nicht gesalzen – er muß also nur eingeweicht, nicht in immer wieder frischem Wasser entsalzt werden. Die Innereien des Kabeljaus, die sogenannten trippette, *werden stets separat verarbeitet und sind eine überaus seltene Delikatesse*

Basis aller Mahlzeiten der ligurischen Küche ist Gemüse. Im Winter natürlich die herzhaften Sorten: verschiedene Kohl- und Rapsarten, Blumenkohl und seine Anverwandten, wie Brokkoli und die zarteren broccoletti. *Rund ums Jahr spielen Kartoffeln eine vielfältige Rolle. Ob in Vorspeisensalaten, zum Beispiel zusammen mit gekochtem Tintenfisch (siehe Seite 17), als Bett für gebratenen Fisch (Seite 59) oder als Bestandteil eines Nudelgerichts (Spaghetti mit grünen Bohnen, Pesto und Kartoffeln, Seite 104). Es sind stets wundervoll mehlige Kartoffeln, die sich innig mit den beigesellten Saucen und Würzen verbinden. Und dann die Bohnenkerne! Sie sind sozusagen Rückgrat der ligurischen Küche. Allein auf der Ponente streiten sich drei Orte um den Titel, wo die beste aller Bohnensorten gedeiht: Badalucco, dann etwas weiter östlich, jenseits des Tegliapasses, das Dörfchen Conio – hier wird der Bohnenkern sogar alljährlich mit einem Fest gefeiert – und schließlich Pigna, die berühmteste unter den Bohnenstädten (siehe Seite 146). Das zeigt, wie wichtig diese Zutat ist*

RAVIOLINI AI CARCIOFI

ARTISCHOCKEN-RAVIOLI

Für vier bis sechs Personen:
Nudelteig ohne Ei:
300 g Mehl, Salz, 4 EL Olivenöl, ca. 1/4 l Wasser
Artischockenfüllung:
4–5 große Artischocken, Zitrone, 2 EL Olivenöl, 2 Knoblauchzehen, 4 Stengel glattblättrige Petersilie, Salz, Pfeffer, Weißwein

Aus Mehl, Salz, Öl und so viel Wasser wie nötig einen weichen, geschmeidigen Teig kneten. Zu einer Kugel geformt eine Stunde an einem warmen Ort zugedeckt (unter einer Schüssel!) ruhen lassen.
Die Artischocken bis auf ihr Herz schälen, sofort mit Zitrone einreiben, damit sie sich nicht verfärben. Die Herzen klein schneiden, mit gehacktem Knoblauch in heißem Öl andünsten, dabei einen Teil der Petersilie zufügen. Salzen und pfeffern, mit ein wenig Wein besprenkeln, damit genügend Feuchtigkeit im Topf herrscht. Die Artischocken etwa 20 Minuten weich dünsten. Im Mixer pürieren, wenn nötig anschließend noch durch ein Sieb streichen.
Den Teig hauchdünn ausrollen, kleine, Ravioli herstellen. Im Salzwasser ein bis zwei Minuten kochen; sobald sie oben schwimmen, sind sie gar.
Zum Servieren in tiefen Tellern anrichten. Etwas Nudelkochwasser mit Olivenöl sprudelnd aufkochen, bis beides emulgiert, und über die Ravioli träufeln.
Paolo reicht ein würziges Drosselragout dazu, wofür vogelschützende deutsche Feinschmecker allerdings wenig bis gar kein Verständnis haben.

Artischocken sind in Ligurien das klassische Wintergemüse. Man bevorzugt die lilafarbenen Früchte, deren Blattspitzen oft mit martialischen Dornen bewehrt sind. Sie werden in Italien stets mit einem langen Stück ihres Stiels verkauft, denn der hält die Artischocken eine Zeitlang frisch, versorgt sie mit genügend Saft und Nährstoffen, so daß sie auch noch nach Tagen knackig, straff und fest sind. Leider wissen das unsere Gemüsehändler nicht, lassen diesen »unnützen« Ballast vor dem Transport abschneiden, um Kosten zu sparen, und wundern sich, daß sie die bald welken Früchte nicht mehr gewinnbringend verkaufen können. Übrigens sind diese Stiele durchaus kein Abfall: Wenn man sie sorgfältig schält, bleibt noch genügend Fleisch übrig, das sich wunderbar für eine Füllung (siehe Rezept oben) oder Sauce eignet, auch einem Risotto Würze geben kann. Besonders köstlich schmecken diese kleinen lila Artischocken übrigens roh. Man muß sie dafür sorgfältig schälen, wobei eine entmutigende Menge Abfall entsteht, denn übrig bleibt das nur walnußgroße Herz. Damit es sich nicht dunkel färbt, muß man es mit Zitronensaft vor Oxidation schützen. In feine Scheibchen geschnitten, mit Salz, Olivenöl und Zitronensaft gewürzt, ergibt es einen nussig-bitteren erfrischenden Salat

Zitronen und Orangen verwendet Paolo nur aus dem eigenen Garten. Zitrusfrüchte, die nicht aus dem gewerblichen Anbau kommen, haben eine wesentlich stabilere Natur. Obwohl sie nicht gespritzt wurden, bleiben sie gesund und länger frisch. Weil sie am Baum haben ausreifen können, bevor sie geerntet wurden, verfügen sie über ein üppiges Aroma; sie sind durch und durch genießbar, vor allem die Schale entwickelt einen betörenden Duft. Paolo verwendet die Früchte mitsamt der Schale, mixt sie entweder für eine Vinaigrette oder zitrusduftende Sauce, garniert gern Fischgerichte mit würzigen Zitruszesten (haarfeine Schalenstreifen), oder er kandiert die ganzen Schalen und reicht sie zum caffè. *Alles Rezeptideen, die nur zum Nachmachen geeignet sind, wenn man an absolut ungespritzte Früchte herankommt*

Natürlich ist auch die Käseplatte bei Paolo und Barbara etwas Besonderes. Es handelt sich dabei ausschließlich um Bauernkäse aus dem Hinterland. Von der frischen, mildsüßen Ricotta *(im Töpfchen auf dem Bild rechts) über* Tomette, *kleine runde Käse aus Ziegenmilch, Tome, große runde Käse, oder Suola, ein großer, rechteckiger Käse aus Schafs- und Kuhmilch. Und* Brûs *darf nicht fehlen, fermentierte, also vergorene Ricotta, der ganz schön streng schmecken kann. Maria Ghirardi vom Käseladen* »Angelu de Nuatin« *in Triora besorgt die verschiedenen Käse bei den Schäfern und Bauern, die im oberen Teil des Argentinatals verstreut leben. Sie pflegt die Käse und läßt sie in ihrem Keller reifen, bevor sie sie schließlich in ihrem Laden verkauft. Erstklassige Häuser wie »Paolo e Barbara« beliefert sie direkt*

1

2

1

FILETTI DI TRIGLIE AL MOSTO DI UVA FRAGOLA

ROTBARBENFILETS IN SAUCE VON AMERIKANER-REBENMOST

Uva fragola ist geradezu ein Kult in Italien geworden. Ursprünglich nichts weiter als die reblausresistente Unterlage, die allen Weinen in Europa Schutz vor dem üblen Schädling gibt, und allenfalls als hübsches Rankgewächs, als Zier der Hauswand oder Pergola anstelle von wildem Wein geduldet. Weil die Früchte dieser Rebe aber verführerisch nach Walderdbeeren duften (daher der Name!), hat man immer mehr damit experimentiert. Früher heimlich, denn es ist verboten, die Trauben zu keltern, weil sie unbekömmliche Fuselalkohole entwickeln, zunehmend jedoch unverhohlen, wenn auch noch nicht offiziell. Für eine solche Sauce muß man also jemanden kennen, der den jungen Wein, einen *Fragolino*, besorgen kann…

Pro Person:
2 sehr kleine Rotbarben (je kleiner, desto besser!), Salz, Pfeffer, Hartweizengrieß zum Wälzen, Olivenöl zum Braten, 1/8 l Fischfond, 1/8 l Saft oder junger Wein aus der Amerikanerrebe, Zucker, 2 EL Butter

Die Fischchen sorgfältig filieren, dabei die Haut unbedingt dranlassen – Voraussetzung allerdings: die Fischchen sind zuvor sorgfältig geschuppt worden. Mit einer Pinzette die Gräten entfernen. Die Filets salzen, pfeffern und schließlich in Grieß wenden. Überschüssigen Grieß gut abschütteln, die Filets in heißem Olivenöl schwimmend rasch auf beiden Seiten braten. Auf Küchenpapier gut abtropfen und entfetten, dann sofort mit der Sauce anrichten.
Dafür Fond und Wein einkochen, bis die Sauce sirupartig ist. Mit Salz, Pfeffer und einer Prise Zucker abschmecken. Mit einem Schneebesen die Butter unterrühren, bis die Sauce samten glänzt.

2

COMPOSIZIONE DI DOLCI

DESSERTTELLER

Eine krokante Tulpe aus Hippenteig beherbergt cremiges Schokoladeneis. Dazu gibt es ein rundes Törtchen aus Schokoladenbiskuit, gefüllt mit Orangencreme. Natürlich sind die kandierten Orangenschalenstreifen ebenfalls hausgemacht.

La Superba: Genua, stolz und prächtig

Weißer Marmor und schwarzer Schiefer gliedern in waagerechten Bändern die Fassaden der mittelalterlichen Kirchen und Palazzi der Stadt – Gegensatz oder Harmonie? Seit Jahrhunderten streiten sich die Besucher, finden die einen Genua »häßlich über alle Maßen« (Heine), entdecken andere eine »erlesene, marmorne Pracht« (Flaubert), erhoffen »hier ihr Glück« (Nietzsche) oder konstatieren »eine unglaubliche Armut an Kunstwerken« (Burckhardt). Das Schwarz und Weiß mag Symbol für die Fähigkeit Genuas sein, scheinbar Unvereinbares miteinander in Einklang zu bringen oder mit ihm in ständiger Auseinandersetzung zu leben.

Dominant, imposant und heiß umstritten: der Neubau des im Krieg von Bomben zerstörten Teatro Carlo Felice von Aldo Rossi

Genua – ein unorganisiertes Häusermeer, 33 Kilometer lang, das sich über 300 Meter die Hänge hochzieht, in die Täler drückt und alle umliegenden Orte verschlungen hat, von Autobahnen eingeschnürt und von Industrieanlagen und Öltanks belagert. Das Zentrum bildet die größte Altstadt Europas: ein ständiges Gedränge in engen, hohen, lauten Gassen, den *carrugi*, über denen Wäsche flattert – oder tropft. Eine verheißungsvolle, schicksalsgeschwängerte, abenteuerliche Mischung von Gerüchen, von Moder und Fritiertem, dem allgegenwärtigen Basilikum, Fisch und Früchten, Putzmitteln und Leder, dem Schweiß der Handwerker und dem Parfüm der Nutten. Hafenstadt.

Genua – dem Meer verbunden, ehe es durch phantasielose Lagerhallen und die *Sopraelevata*, die abscheuliche Autobahn auf Stelzen, von ihm getrennt wurde. Einst bot sich ein anderes, ein stolzes Bild: martialische Festungen auf den umliegenden Bergen, außerhalb der Stadtmauern heitere Villen über terrassierten Gärten, der Stadtkern um den natürlichen Bogen des Hafens geschmiegt. Kompakte, wuchtige Paläste und dicht gedrängte, vier- bis fünfstöckige Wohnhäuser, überragt von Türmen, Toren, unzähligen Kirchen und der *Lanterna*, dem Leuchtturm, Wahrzeichen der Stadt – ein herrlicher, großartiger Prospekt: *La Superba!*

Heute machen die Besucher der Riviera einen Bogen um Genua, haben es längst sich selbst überlassen. Und so zehrt die Stadt melancholisch, aber auch trotzig und sich modernem Lifestyle verweigernd von ihrem einstigen Ruhm.

Schnee auf dem Apennin – doch Genua liegt geschützt vor kalten Nordwinden. Die engen Gassen sind der Wohnraum der Stadt

Nur Meer und Gebirge, keinerlei fruchtbares Land: Der Naturhafen war schon vor Jahrtausenden einziges Kapital. Von hier wurden und werden die Produkte der Lombardei verschifft, früher die Handelswaren aus dem gesamten Mittelmeerraum umgeschlagen. Freilich war dieser Markt hart umkämpft – um die Jahrtausendwende beherrschten die Sarazenen das westliche Mittelmeer, hatten 935 Genua zerstört. Gemeinsam mit Pisa befreiten die Genuesen Korsika und Sardinien von den Piraten, ehe sie sich den Rivalen in einer Seeschlacht vom Leibe schafften. Genueser Reeder transportierten die Kreuzfahrer für gutes Geld ins Heilige Land, paktierten mit Byzanz gegen Venedig, das doch die Oberhand im Orient gewann – weil Genua das Geld ausging. Macht und Handlungsfähigkeit Genuas waren ständig eingeschränkt durch Fehden zwischen

Fortsetzung auf Seite 236

Die Marmorintarsien an der Fassade des Doms San Lorenzo zeugen vom Stolz der Genuesen auf ihren Reichtum. Die künstlerische Gestaltung der öffentlichen Lebensräume ist allen ein Anliegen – hier Paläste mit herrlichen Innenhöfen und üppigen Steinmetzarbeiten, dort in zarten Pastellfarben getünchte Häuser mit

Graffiti. Selten findet man Reichtum und Armut so dicht nebeneinander und dennoch so getrennt wie in Genua, dessen finstere Gassen abends anrüchig und gefährlich werden, während gleich nebenan, in den erleuchteten Prachtstraßen des untergegangenen Adels und des Bürgertums, die große Welt flaniert

Fortsetzung von Seite 233
den Patrizierfamilien, den ghibellinischen Doria und Spinola und den guelfischen Fieschi und Grimaldi (heute in Monaco). Unaufhörlich wechselte Genua – unfähig, eine vernünftige, starke Verfassung zu etablieren – die Fronten zwischen Kaiser und Papst, unterstellte sich mal Mailand, mal Frankreich, mal Spanien. *La Superba?*
Zwischen Kämpfen und Kriegen gab es jedoch genügend Ruhepausen, um Geld zu scheffeln. Das Streben nach Reichtum war stärkste Triebfeder genuesischen Tuns: Zwar gelten die Genueser als geizig, aber auch als begnadete Händler! Genueser Kaufleute gründeten eine der ersten Banken, den Banco San Giorgio, der später das Weltreich Karls V. unterstützte, an den Religionskriegen in Frankreich verdiente, gegen aberwitzigen Zins den riskanten Transport des südamerikanischen Goldes nach Spanien finanzierte. Genueser Seeleute erforschten die Welt – allen voran Cristoforo Colombo –, stellten sich als Piraten oder Admirale jedem potenten Zahler zur Verfügung, vermieteten selbst Feinden der *Superba* ihre Schiffe …
Einzelne Unternehmer und ganze Familien erwarben immense Vermögen, wurden stein-, ja marmorreich. Sie bauten sich eine prächtige, doch nur an wenigen Stellen prunkende Stadt. Das zerklüftete Gelände ließ kaum weite, beeindruckende Perspektiven zu, und das seit alters geübte Zusammenleben des Adels mit »seinem« Volk in eigenen kleinen Vierteln prägte einen besonderen Stil. So wird das reiche Innenleben der Stadt von einer eher herben Schale umhüllt: *La Superba!*

Reichtum und Armut bleiben auch im Tode bestehen: Auf dem weltberühmten Friedhof von Genua, dem Cimitero di Staglieno, *haben die Armen – wie überall in Italien – ihr schließfachähnliches Kolumbarium, die Reichen aber lassen sich mehr oder weniger üppige Grabstätten errichten. Katholische Pracht, keine protestantische Verweigerung. Im Tode haben sich auch der Handelssinn und Genueser Geiz davongemacht! Was nördlich der Alpen unbescheiden anmuten würde, ist hier selbstverständlich: ein in sentimentaler Erinnerung und träumerischer Überhöhung schwelgender Totenkult, der keine Grenzen zu kennen scheint, hier monumental, dort verklärend, mal Sarkophag, mal Grabkapelle. Von neugotischen Kathedralen über klassizistische Obelisken, romantische Engel und Jugendstilgrazien bis zu realistischen Figuren oder kühnen Allegorien können die Wünsche nach Selbstdarstellung reichen – die Grabmale wurden und werden stets noch zu Lebzeiten festgelegt und ausgeführt!*

Die Farinotti: Luxus der Bescheidenheit

Eine typische Einrichtung Genuas sind kleine Lokale für den schnellen, unkomplizierten Imbiß, die *Farinotti*. Dort ißt man *farinata*, Mehlfladen. Das klingt bescheiden und ist es auch. Aber wer sie einmal gegessen hat, diese fingerdicken Kuchen aus Kichererbsenmehl, Olivenöl, Wasser und Salz, der möchte sie nicht mehr missen. Freilich: Erstklassig müssen die Zutaten, akkurat die Zubereitung sein! Bereits im 15. Jahrhundert verbot ein Dekret – es wird nötig gewesen sein! – die Verwendung schlechten Olivenöls. Heute verdrängen reich belegte Pizzen, gefüllte Teigtaschen und Frühlingsrollen die frugale Spezialität, viele der einst zahlreichen Farinotti haben dichtgemacht oder verkaufen keine Farinata mehr.

Eines der traditionsreichen Farinotti ist das »Sà Pesta« in der Via Giustiniani, mitten im Gassengewirr der Altstadt von Castello. Der Name besagt, daß in diesem Hause einst ein Salzlager war – *Sala pestata*, gestoßenes Salz. Seit 200 Jahren aber bäckt die Familie Benvenuto hier *farinate* im flachen Steinofen unter lodernden Flammen, verkauft sie portionsweise über die Straße an die immer schlangestehenden Kenner oder serviert sie mit einem offenen Rotwein im mannshoch gekachelten, neonbeleuchteten Gastraum. Man sitzt auf Hockern, ißt von papiergedeckten Tischen, kann neben der Farinata auch von verschiede-

1

FARINATA DI CECI

KICHERERBSENMEHL-FLADEN

Für vier bis sechs Personen:
250 g Kichererbsenmehl, ca. 800 ml Wasser, Olivenöl für die Form, Salz, Pfeffer

Das Mehl in eine Rührschüssel geben, in die Mitte eine Vertiefung drücken, dort hinein langsam das Wasser gießen, dabei gleichmäßig mit einem Schneebesen rühren, damit ein glatter, homogener, ziemlich dünnflüssiger Teig entsteht. Mindestens eine Stunde, am besten sogar über Nacht ruhen lassen.
Am anderen Tag den Schaum, der sich auf der Oberfläche gebildet hat, abheben, den Teig noch einmal aufschlagen, salzen und pfeffern. Eine geschlossene, flache Backform mit Öl ausstreichen, den Teig nur ein bis zwei Zentimeter hoch eingießen. Im heißen Backofen – ideal ist ein Pizzaofen – wenige Minuten backen, bis die Farinata goldbraun und knusprig ist. Mit dem restlichen Teig ebenso verfahren. Am besten schmeckt die Farinata ganz heiß, frisch aus dem Ofen, solange sie noch schön knusprig ist!

2

TORTA DI CIPOLLA, TORTA DI SPINACI E SARDE RIPIENE

ZWIEBELKUCHEN, SPINATKUCHEN UND GEFÜLLTE SARDINEN

Es handelt sich bei diesen Gemüsekuchen um Klassiker der ligurischen Küche, denen man immer wieder als *torta verde* auch in Abwandlungen begegnet. Sie gehören auf alle Fälle zu Ostern auf den Tisch, sind aber rund ums Jahr beliebt.

Mürbteig für eine Springform von 26 cm Durchmesser:
250 g Mehl, Salz, 4 EL Olivenöl, ca. 1/8 l kaltes Wasser, Olivenöl für die Form, 1 Ei zum Bestreichen

Füllung für Zwiebelkuchen:
500 g Zwiebeln, 3 EL Olivenöl, Salz, Pfeffer, Majoran, 250 g Magerquark, 150 g geriebener Parmesan, 100 g Mehl, 3 Eier, Muskat

Füllung für Spinatkuchen:
1 kg Blattspinat, Salz, 1 Zwiebel, 2 Knoblauchzehen, 2 EL Olivenöl, 100 g roher Risottoreis, 150 g geriebener Parmesan, 3 Eier, Muskat

nen Gemüsetorten kosten, gefüllte Sardinen oder andere kleine Köstlichkeiten essen, zahlt einen geringen Obolus und weiß mal wieder, daß die einfachen Dinge, gut zubereitet, eben zum Allerbesten gehören …
Im allgemeinen darf man aber in Genua nicht allzu anspruchsvoll sein – es geht hier sparsam, manchmal sogar geizig zu. In den Kneipen der Altstadt bekommt man Billiges in meistens zweifelhafter Qualität, fast alle Restaurants der City bieten aufgedonnerte und unsensible Geschäftsmenüs. Die Genuesen selbst speisen am liebsten außerhalb, am Meer oder oben in den Bergen.

2

Gefüllte Sardinen:
2 altbackene Brötchen, Milch zum Einweichen, 1 Bund glatte Petersilie, 3 Knoblauchzehen, 2 Eier, 50 g geriebener Parmesan, Salz, Pfeffer, Muskat, Olivenöl zum Ausstreichen der Form, 12 frische Sardinen

Für den Mürbteig die Zutaten zusammenkneten – so viel Wasser verwenden, daß der Teig zwar fest ist, aber weich genug, um sich gut ausrollen zu lassen. Zuvor allerdings unbedingt unter einer heiß ausgespülten Schüssel mindestens eine Stunde ruhen und sich entspannen lassen.
Für die Zwiebelfüllung die Zwiebeln schälen, in feine Ringe hobeln und auf sanfter Hitze in Olivenöl weich dünsten, ohne daß sie Farbe annehmen. Salzen, pfeffern und mit Majoran würzen. Abkühlen lassen, dann mit Quark, frisch geriebenem Käse, Mehl und Eiern gründlich mischen. Die Füllung mit Salz, Pfeffer und Muskat abschmecken.
Für die Spinatfüllung den Spinat entstielen, mehrmals gründlich waschen, in Salzwasser blanchieren, eiskalt abschrecken, nur wenig ausdrücken und schließlich grob hacken. In einer Pfanne gewürfelte Zwiebel und gehackten Knoblauch im heißen Öl andünsten, den Spinat zufügen und kurz mitdünsten. Mit rohem Reis, Käse und Eiern vermengen und abschmecken.
Den Teig zu zwei dünnen, runden Platten ausrollen, eine vom Durchmesser der Form, die andere gut fünf Zentimeter größer. Die Form mit Öl auspinseln, mit der größeren Platte auslegen. Die vorbereitete Füllung darin verteilen. Mit der zweiten Platte zudecken. Dabei die obere und untere Teigplatte rundum gut zusammenkniffen, damit nichts von der Füllung herausquellen kann. Die Teigoberfläche mit verquirltem Ei einpinseln. Die Torte bei 180 bis 200 Grad etwa eine Stunde backen. Unbedingt eine halbe Stunde ruhen lassen, bevor sie angeschnitten wird, damit sich die Füllung festigen kann. Am besten schmeckt der Kuchen ohnehin lauwarm.
Für die Sardinenfüllung die Brötchen in heißer Milch einweichen, gut ausdrücken und mit gehackter Petersilie, durchgepreßtem Knoblauch, Eiern, Parmesan, Salz, Pfeffer und Muskat vermengen. Eine flache Form mit Öl ausstreichen, die vom Bauch her entgräteten Sardinen (den Kopf entfernen!) mit ihrer Hautseite nach unten nebeneinander hineinsetzen. Die Füllung darauf verteilen. Bei 180 Grad im Backofen etwa 20 Minuten sanft garen. Die Sardinen schmecken warm wie kalt. Zum Anrichten jeweils wieder die hübsche Hautseite der Fische nach oben drehen.

Winteridylle in Boccadasse

Der Fischer von Boccadasse schlichtet seine Angelschnur sorgfältig in einen speziellen Eimer, in dessen Korkrand er akkurat nebeneinander die Haken drückt, die in regelmäßigen Abständen in die Schnur eingeknüpft sind. Das Auslegen der *lenza* wird dadurch zu einer systematischen Arbeit, die keinerlei Nachdenken mehr erfordert – das Meer verlangt die volle Aufmerksamkeit! Blitzende Augen in wettergegerbter Haut, buschige Brauen und schwielige Hände. Es wird zwar auch mit Netzen, vor allem aber *alla lenza* gefischt, *merluzzi* und *spigole*. Letzten Sonntag hat er eine riesige *spigola*, einen Wolfsbarsch, gefangen, sieben Kilogramm schwer. Nachher erzählen sie uns in der »Antica Ostaia Dindi«, daß sie genau diese *spigola* gekauft hätten: »Ein wundervolles Festessen, und das auch noch an einem Sonntag!«

Gestern war Liga-Tag, die Fußballergebnisse werden diskutiert. Alle tragen blaue Strickmützen – aber der Bommel verrät, für wen das Herz schlägt: bei den Anhängern von »Sampdoria« *(doriani)* ist er blau, bei den *tifosi* von »Genoa« *(genovesi)* rot.

Das einst bescheidene Fischerdorf Boccadasse ist längst ein Genueser Nobelvorort geworden. Die seit je am Ort ansässigen Fischer können ihre Häuser noch halten, aber nur reiche Leute sich die heruntergekommenen neu einrichten – in den letzten Jahren wurden viele verkauft. »Bei den Wohnungspreisen kommt zuerst Portofino, dann gleich Boccadasse«, sagt unser Fischer. Camogli und Santa Margherita vergißt er einfach – zu stolz sind die Fischer auf ihren Ort! »Wir haben die Bucht zu dem schönen Platz gemacht, der er heute ist. Und wir haben die Bootsmodelle in der Kirche gebaut und gespendet – ihr müßt sie anschauen!«

Auf der kleinen, windgeschützten Terrasse neben dem Fischerheim, zu dem nur die *soci*, die eingeschriebenen Mitglieder, Zutritt haben, sitzen die alten Fischer in der Sonne und wärmen ihre müden Knochen. Auch oben an der Kirche freuen sich die Menschen an der schon wieder kräftigen Sonne, sitzen auf

der Bank, lesen Zeitung, dösen, schwatzen miteinander. Eine noch fast kindliche Mutter gibt ihrem Baby die Brust. Auf den von Brandungsgischt gesäumten Felsen richten sich die Hobbyangler ein, auf den Kieseln des »Strandes« die Mütter mit ihren Kindern. Zuerst ist es nur eine, die sich häuslich niedergelassen hat, mit Decke, Thermosflasche, Spielzeug und Zigaretten. Aber um drei Uhr ist alles voll – verliebte Paare, Familien mit gelangweilten Vätern, Omas mit ihren dick verpackten, aggressiven Enkeln und koketten Enkelinnen. Einige Kinder sind kostümiert, werfen Konfetti und Luftschlangen – der *carnevale* beginnt in einer Woche. Auch zwei soignierte Herren mit ihren in Pelze gehüllten Damen (16,5 Grad Celsius!) haben sich eingefunden, ihre Mäntel ausgebreitet: Die Damen setzen sich zierlich, die Herren stehen lieber, haben wohl Angst, daß sie später nicht mehr elegant genug aufstehen können. Aus der nahen Gelateria holen sich alle ein Eis, manche eine Pizza aus dem »Borgo Antico« und essen sie im Stehen an der Steinmauer. Das Meer rauscht, die Sonne scheint, das Leben ist auch im Winter schön!

ANTIPASTO DI MARE

VORSPEISENTELLER MIT MEERESFRÜCHTEN

In diesem Fall befindet sich dreierlei auf der Platte: *Fritelle di bianchetti*, das sind knusprige Küchlein, in die winzige Brutfischchen eingebacken sind; außerdem *Muscoli in bianco* (in Weißwein gedünstete Miesmuscheln) sowie *Polpetti affogati*, junge Oktopusse, in einer tomatenwürzigen Sauce gedünstet.

Für vier bis sechs Personen:
Fritelle di bianchetti:
150 g Mehl, ca. $^{1}/_{4}$ l Wasser, 3 Knoblauchzehen, Salz, Pfeffer, 2 EL feingehackte Petersilie, 200 g Bianchetti (streichholzkleine Fischbabys – man kann statt dessen auch kleine Shrimps verwenden oder in Streifen geschnittenes Fischfilet), Olivenöl zum Braten

Das Mehl mit dem Wasser zu einem dickflüssigen Teig rühren, mit durchgedrücktem Knoblauch, Salz, Pfeffer und feingehackter Petersilie würzen. Schließlich die unter kaltem Wasser abgebrausten, gut abgetropften Fischchen unterrühren. In einer (beschichteten) Pfanne in heißem Olivenöl fast schwimmend flache Küchlein auf beiden Seiten golden backen. Auf Küchenpapier gründlich abtropfen.

Muscoli in bianco:
1 kg Miesmuscheln, 3 Knoblauchzehen, 3–4 Stengel Blattpetersilie, 2 EL Olivenöl, 1 Glas Weißwein

Die Muscheln gründlich bürsten, wenn nötig auch vorher in mehrmals gewechseltem Wasser entsanden. Geöffnete, also bereits tote Muscheln aussondern. In einem großen Topf gewürfelten Knoblauch mit fein gehackter Petersilie in heißem Olivenöl andünsten. Die Muscheln zufügen und mit Wein ablöschen. Unverzüglich den Deckel auflegen, die Muscheln auf starker Hitze sich öffnen lassen. Nach drei, vier Minuten – den Topf immer wieder heftig schütteln, damit die Muscheln durcheinander bewegt werden – müßten sämtliche Muscheln geöffnet und gar sein. Geschlossene Exemplare auslesen und wegwerfen.

Polpetti affogati:
250 g kleine Oktopusse, Salz, 3 Knoblauchzehen, 3 EL Olivenöl, 1 kleine Dose geschälte Tomaten, 3–4 Stengel Blattpetersilie, 1 kleines Glas Weißwein, Pfeffer, 2 EL Pinienkerne

Die Oktopusse in reichlich gut gesalzenes, kochendes Wasser (Meerwasser!) legen. Auf sanftem Feuer etwa 15 Minuten ziehen, dann im Kochsud abkühlen lassen. Für die Sauce gewürfelten Knoblauch in Olivenöl andünsten, Petersilie und die Tomaten mitsamt ihrem Saft zufügen. Petersilienstiele (einige Blätter vorher abzupfen) zufügen. Salzen, pfeffern und Weißwein angießen. Ohne Deckel etwa eine halbe Stunde leise köcheln. Schließlich den in kleine Stücke geschnittenen Oktopus, die grob gehackten Petersilienblätter und die Pinienkerne zufügen. Einige Minuten darin ziehen und im Sud abkühlen lassen.

Das »Dindi« gibt es schon seit 30 Jahren, aber erst seit Anfang 96 unter diesem Team: Fabrizio Ragnati und Maria Franco führen das Lokal, in der Küche wirkt Teresa Rachele

In der hübschen »Ostaia de Boccadaze Dindi«, wie sie im ligurischen Dialekt heißt, ißt man einfach und gut, es wird mit ordentlichen Zutaten unkompliziert gekocht. Fangfrischer Fisch steht im Mittelpunkt, doch bei schlechtem Wetter und unruhigem Meer muß zugekauft werden – daher stets fragen, was die Fischer aus Boccadasse heute selbst geliefert haben!

1

STOCCAFISSO IN VERDE

STOCKFISCH IM GRÜNEN

Für sechs Personen:
500 g getrockneter Stockfisch, Salz, Pfeffer, 500 g Kartoffeln, 4–5 Knoblauchzehen, 1 Bund glattblättrige Petersilie, 2 große Tomaten, 1 Glas Weißwein, 50 g kleine, schwarze Oliven, 3 EL Pinienkerne

Den Stockfisch drei bis vier Tage lang in immer wieder frischem Wasser einweichen. Sorgfältig putzen, die Filets in mundgerechte Stücke schneiden. Mit Wasser bedecken, salzen und pfeffern, alles auf sanftem Feuer etwa fünfzehn Minuten köcheln. Die inzwischen geschälten Kartoffeln zufügen, den gehackten Knoblauch sowie die Hälfte der Petersilie. Zugedeckt weitere fünfzehn Minuten köcheln, bis die Kartoffeln weich sind. Erst jetzt die geschälten, entkernten und sehr klein gewürfelten Tomaten sowie den Weißwein zufügen. Nach weiteren zehn Minuten schließlich die Oliven und Pinienkerne. Mit Petersilie bestreuen und heiß servieren.

2

RAVIOLI DI MARE

FISCH-RAVIOLI MIT SCAMPI

Für vier bis sechs Personen:
1 Portion Nudelteig (Rezept Seite 25)

Fischfüllung:
200 g Fischfilet, 2 EL Magerquark, 1 Ei, 2 EL frisch geriebener Parmesan, 3–4 Stengel frischer Majoran, Salz, Pfeffer

Cognacsauce mit Scampi:
12 frische Scampi, 3–4 EL Olivenöl, 4 Knoblauchzehen, glatte Petersilie, 1 kleines Glas Cognac, 1 größeres Glas Weißwein, 200 g Sahne, Salz, Pfeffer

Den Nudelteig kneten und ruhen lassen. Für die Füllung das gut gekühlte Fischfleisch mit Quark, Ei, Kräutern, Käse, Salz und Pfeffer glatt mixen.
Für die Cognacsauce zunächst die Scampi im heißen Öl rasch rundum kräftig anbraten, damit ihr Panzer dem Öl seinen Geschmack abgibt. Beiseite legen und nachziehen lassen. Im Bratöl gehackten Knoblauch und Petersilie schwenken, mit Cognac ablöschen, anzünden. Weißwein und Sahne angießen, rasch einkochen. Die Sauce abschmecken, die Scampi kurz darin ziehen lassen.
Die Ravioli in Salzwasser nur wenige Minuten sanft garen, kurz in der Cognacsauce schwenken und schließlich auf heißen Tellern anrichten. Mit Scampi garnieren und mit Petersilie bestreuen.

3

PESCE PERSICO CON CARCIOFI

BARSCHFILET MIT ARTISCHOCKEN

Für vier Personen:
4 große oder 8 kleine Artischocken, Zitrone, 3–4 EL Olivenöl, 3–4 Knoblauchzehen, Petersilie, 1/4 l Weißwein, 4 Barschfiletstücke (ca. 150 g), Salz, Pfeffer, Olivenöl zum Beträufeln

Die Artischocken putzen: alle harten Blätter entfernen, bis nur noch der hellgelbe Boden beziehungsweise (bei den kleineren) das Herz übrigbleibt. In feine Scheiben schneiden, falls nötig das struppige Heu entfernen. Die Artischockenscheiben in mit Zitronensaft versetztem Wasser aufbewahren, damit sie schön hell bleiben. Im heißen Olivenöl den gehackten Knoblauch andünsten, Artischocken und Petersilie zufügen. Schließlich mit Weißwein ablöschen. Einige Minuten köcheln, bis die Artischocken fast gar sind.
Die Fischfilets mit Salz und Pfeffer würzen, auf das Artischockenbett legen und zugedeckt etwa zehn Minuten sanft gar ziehen lassen. Auf einer Platte anrichten, mit etwas frischem Olivenöl beträufeln und zu Tisch bringen.

4

MACEDONIA CALDA

HEISSER OBSTSALAT

Eine verblüffend einfache Idee für einen ebenso köstlichen wie originellen Nachtisch, der obendrein kaum Arbeit macht. Natürlich ist reifes, aromatisches Obst dafür Voraussetzung!

Für vier bis sechs Personen:
je 1 Apfel, Birne, Banane, Mandarine, Orange und Granatapfel, 3 EL Pinienkerne, je 2 EL Cognac, Rum, Weißwein, 3–4 EL Zucker (nach Gusto)

Die Früchte schälen, in Scheibchen oder Stücke schneiden und in einer Schüssel mischen. Die Granatapfelperlen aus ihrer Schale lösen und mit den Pinienkernen zufügen. Den Obstsalat mit Cognac, Rum, Weißwein und Zucker würzen; eine halbe Stunde durchziehen lassen.
Vor dem Servieren den Saft, der sich inzwischen gebildet hat, vorsichtig abgießen, erwärmen (Mikrowelle) und heiß über den Salat gießen. Besonders hübsch: wie in der Trattoria Dindi den Salat in säuberlich ausgeschabten Orangenschalen servieren.

1

2

3

4

Rezeptregister

Ricette

PONENTE: Trattorien, Restaurants und Hotels

Ristorante
① BALZI ROSSI (Seite 128)
Via Balzi Rossi, 2
Frontiera San Ludovico
I-18039 Ventimiglia (Imperia)
Tel. 01 84-3 81 32; Fax 3 85 32
Ruhetag: Mo, Di mittags, im Sommer auch So mittags. Reservieren!

Ristorante Hotel
② BAIA BENIAMIN (Seite 160)
Corso Europa, 63 – Grimaldi inferiore
I-18039 Ventimiglia (Imperia)
Tel. 01 84-3 80 02; Fax 3 80 27
Ruhetag: Mo (im Winter auch So abends). Reservieren!

Lido
③ GIUNCHETTO (Seite 120)
Via Madonna della Ruota, 2
I-18012 Bordighera (Imperia)
Liguria / Riviera di Ponente
Tel. 01 84-26 55 55
Nur Mittagessen. Nur Juni bis September geöffnet. Reservieren!

Hotel Ristorante
⑥ LA FAVORITA (Seite 84)
Regione Richelmo, 1
I-18035 Apricale (Imperia)
Tel. 01 84-20 81 86
Ruhetag: Di abends, Mi, im August immer offen. Reservieren!

Hotel Ristorante
⑦ TERME (Seite 152)
Via Madonna Assunta
I-18037 Pigna (Imperia)
Tel. 01 84-24 10 46; Fax 24 10 47
Ruhetag: Mi (außer Juli–August)

Ristorante
⑧ PAOLO E BARBARA (Seite 224)
Via Roma, 47
I-18038 San Remo(Imperia)
Tel. 01 84-53 16 53; Fax 54 52 66
Ruhetag: Mi, Do. Reservieren!

Ristorante
⑨ LA CONCHIGLIA (Seite 92)
Via Lungomare, 33
I-18011 Arma di Taggia (Imperia)
Tel. 01 84-4 31 69
Ruhetag: Mi, Do mittags. Im Sommer reservieren!

Ristorante
⑩ MONTEGRAZIE (Seite 164)
Piazza al Santuario, 41
I-18100 Montegrazie (Imperia)
Tel. 01 83-6 91 92
Nur auf Anmeldung; November geschlossen, im Winter nur Sa und So geöffnet

Trattoria
⑬ IL PESCATORE (Seite 76)
Piazza Garibaldi, 7
I-17020 Laigueglia (Savona)
Tel. 01 82-69 01 24
Ruhetag: Do

Ristorante
⑭ AL 3 (Seite 98)
Piazza IV Novembre, 3
I-17024 Calice Ligure (Savona)
Tel. 0 19-6 53 88
Ruhetag: Mi, So und Feiertage mittags nur auf Vorbestellung

Ristorante
⑮ MSÈ TUTTA – Indirizzo (Seite 184)
Via Garibaldi, 8
I-17057 Calizzano (Savona)
Tel. 0 19-7 96 47, Fax 7 94 05
Ruhetag: Mo. Nur abends, So auch mittags geöffnet. Reservieren!

Ristorante
⑯ MURAGLIA– Conchiglia d'Oro
Via Aurelia, 133 (Seite 170)
I-17029 Varigotti (Savona)
Tel. 0 19-69 80 15
Ruhetag: Im Sommer Mi, Oktober–Mai Di, Mi. Reservieren!

Ponente

Läden, Winzer, Produzenten

Tenuta
④ GIUNCHEO (Seite 140)
I-18033 Camporosso (Imperia)
Tel. 01 84-28 86 39; Fax 28 87 37

Azienda Agricola
⑤ GRILLO MARCO (Seite 144)
Via Molino, 34
I-18030 Isolabona (Imperia)
Tel. 01 84-20 84 85

Frantoio
⑪ DINO ABBO (Seite 218)
Via Roma, 2 bis
I-18020 Lucinasco (Imperia)
Tel. 01 83-5 24 11; Fax 5 28 11

Azienda Agricola
⑫ MARIA DONATA BIANCHI
Via delle Torri, 16 (Seite 72)
I-18010 Diano Castello (Imperia)
Tel. 01 83-49 82 33

Cibi e Vini
⑮ SANTAMARIA (Seite 184)
Via Sforza Gallo, 12
I-17057 Calizzano (Savona)
Tel. 0 19-7 90 60 65

Dolceria
⑰ LA CREPE (Seite 176)
Via C. Colombo, 61
I-17026 Noli (Savona)
Tel. 0 19-7 48 57 69

LEVANTE: Trattorien, Restaurants und Hotels

Ristorante
① BELVEDERE (Seite 102)
Via alla Vittoria, 39
I-16010 Mignanego (Genova)
Tel. 0 10-7 79 22 85
Fax 0 10-7 79 21 28
Ruhetag: Mi

Farinotto
② SÀ PESTA (Seite 238)
Via Giustiniano, 16 rosso
I-16123 Genova
Tel. 0 10 24-6 83 36
Ruhetag: So, Mo abend

Ostaia de Boccadaze
③ DINDI (Seite 240)
Piazza Nettuno, 11 r
I-16146 Genova-Boccadasse
Tel. 0 10-3 76 13 64
Ruhetag: Mi

Ristorante
④ MANUELINA (Seite 38)
Via Roma, 278
I-16036 Recco (Genova)
Tel. 01 85-7 41 28 oder 72 07 79
Fax 72 10 95
Hotel LA VILLA

Ristorante
⑤ AGORÀ (Seite 56)
Salita S. Fortunato, 9
I-16032 Camogli (Genova)
Tel./Fax 01 85-77 01 10
Ruhetag: Mi

Hotel Ristorante
⑤ CENOBIO DEI DOGI (Seite 62)
Via N. Cuneo, 34
I-16032 Camogli (Genova)
Tel. 01 85-72 41, Fax 77 27 96
Zwischen Dreikönig und Mitte März geschl.

Trattoria della
⑥ NONNA NINA (Seite 52)
Via F. Molfino, 126
I-16030 San Rocco di Camogli (Genova)
Tel. 01 85-77 38 35, Fax 77 29 26
Ruhetag: Mi; Sa und So mittags nur auf Vorbestellung. Reservieren!

Taverna del
⑦ MARINAIO (Seite 192)
Piazza Martiri Olivetta, 36
I-16034 Portofino (Genova)
Tel. 01 85-26 91 03

Trattoria
⑧ CESARINA (Seite 196)
Via Mameli, 2c
I-16038 Santa Margherita Ligure (Genova)
Tel. 01 85-28 60 59
Ruhetag: Di. Resevieren!

Hotel
⑨ EXCELSIOR PALACE (Seite 200)
Via S. Michele di Pagana, 8
I-16035 Rapallo (Genova)
Tel. 01 85-23 06 66; Fax 23 02 14

Trattoria
⑫ LA BRINCA (Seite 204)
Loc. Campo di Nè, 58
I-16040 Nè (Genova)
Tel. 01 85-33 74 80; Fax 33 76 39
Ruhetag: Mo; in der Woche nur abends geöffnet. Am Wochenende reservieren!

Levante

Läden, Winzer, Produzenten

Panificio
④ MOLTEDO (Seite 44)
Via Biagio Assereto, 15
I-16036 Recco (Genova)
Tel. 01 85-7 42 02

Pasticceria Pizzeria
⑤ REVELLO (Seite 60)
Via Garibaldi, 183
I-16032 Camogli (Genova)
Tel. 01 85-77 07 77; Fax 77 00 18

Lavorazione Artigianale Ardesia
⑩ LATINA (Seite 29)
Via Piana s. n.
I-16040 Orero (Genova)
Tel. 01 85-33 42 38; Fax 33 49 91

Enoteca
⑪ BISSON (Seite 210)
Corso Gianelli, 28
I-16043 Chiavari (Genova)
Tel./Fax 01 85-31 44 62

⑭ ENOTECA internazionale
Via Roma, 62 (Seite 33)
I-19016 Monterosso al Mare (La Spezia)
Tel. 01 87-81 72 78

Pasticceria
⑱ GEMMI (Seite 112)
Via Mazzini, 21/23
I-19038 Sarzana (La Spezia)
Tel. 01 87-62 01 65

Ristorante
⑬ CÀ PEO (Seite 16)
Via dei Caduti, 80
I-16040 Leivi (Genova)
Tel. 01 85-31 96 96; Fax 31 96 71
Ruhetag: Mo und Di mittags. Reservierung nötig. Zimmer

Ristorante
⑮ GLI ULIVI (Seite 36)
Via N.S. Della Salute, 114
I-19010 Manarola-Volastra (La Spezia)
Tel. 01 87-92 01 58
Ruhetag: Di

Ristorante Hotel
⑯ MIRANDA (Seite 16)
Via Fiascherino, 92
I-19030 Tellaro (La Spezia)
Tel. 01 87-96 81 30; Fax 96 40 32
Ruhetag: Mo. Reservieren!

Ristorante
⑰ VALLECCHIA (Seite 114)
Via Provinciale, 279
I-19030 Castenuovo Magra (La Spezia)
Tel. 01 87-67 41 04
Ruhetag: Mi

Stichwortverzeichnis

Bibliographie

EDSCHMID, Kasimir: Italien. Zwischen Alpen und Apennin. W. Kohlhammer, Stuttgart 1959

HENNING, Christoph: Cinque Terre und ligurische Küste, von Genua bis Portovenere. Oase, 7. Auflage, Badenweiler 1994

KERR, Alfred: Erlebtes 2. Reisen in die Welt. Argon, Berlin 1989

LEGLER, Rolf: Die italienische Riviera. DuMont, 4. Auflage, Köln 1990

MACHATSCHEK, Michael: Italienische Riviera / Cinque Terre. Michael Müller, Erlangen 1995

PAZZINI PAGLIERI, Nadia: Liguria. Guida sagep, Genova 1992

VERONELLI, Luigi: Restaurants in Italien. Heyne, 12. Ausgabe, München 1996

VERONELLI, Luigi: Weine aus Italien. Heyne, 2. Ausgabe, München 1996

L'ESPRESSO: La guida d'Italia 1995. Farigliano (Cn) 1994

GAMBERO ROSSO: Vini d'Italia 93/94. Hallwag, Bern 1993

GOURMET. Das internationale Magazin für gutes Essen. Edition Gourmet GmbH, Ahrensburg

HB-BILDATLAS Italienische Riviera, Genua. Hamburg 1989

Der ITALIEN-BROCKHAUS. Wiesbaden 1983

LIGURIEN. Olivenhaine im Schatten der Castellari. edition spangenberg bei Droemer Knaur, München 1996

MICHELIN: Guida Italia 1996. Milano 1996

MICHELIN: Reiseführer Italien. Karlsruhe 1989

OSTERIE D'ITALIA 1996/97. Italiens schönste Gasthäuser. edition spangenberg bei Droemer Knaur, München 1996

Le SOSTE: Guida ai restauranti. Vimercate (Mi) o. J.

GUIDA TOURING: Alberghi e ristoranti Italia 1995.

TOURING CLUB ITALIANO, Milano 1994